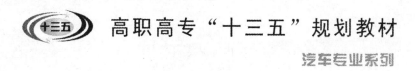

高职高专"十三五"规划教材

汽车专业系列

汽车底盘构造与检修

（第二版）

主　编　党宝英　韩　媛

副主编　吴良芹　姜晓燕　胡文娟

主　审　王凤军

南京大学出版社

内容提要

本书共分 5 章,主要内容包括汽车底盘概述、汽车传动系、汽车行驶系、汽车转向系、汽车制动系,全书以汽车底盘结构为主线,系统介绍了汽车底盘结构特点、工作原理、零部件检修等。

本书选编了"必需、够用"的理论内容,并具有较强的实践性,可供高职高专汽车运用技术、汽车检测与维修技术、汽车营销与服务、汽车电子技术等专业教学使用,也可供汽车检测、维修技术人员参考阅读。

图书在版编目(CIP)数据

汽车底盘构造与检修 / 党宝英,韩媛主编. — 2 版
. — 南京 :南京大学出版社,2018.6
高职高专"十三五"规划教材. 汽车专业系列
ISBN 978 - 7 - 305 - 20169 - 1

Ⅰ. ①汽… Ⅱ. ①党… ②韩… Ⅲ. ①汽车—底盘—构造—高等职业教育—教材②汽车—底盘—车辆修理—高等职业教育—教材 Ⅳ. ①U472.41

中国版本图书馆 CIP 数据核字(2018)第 088591 号

出版发行　南京大学出版社
社　　址　南京市汉口路 22 号　　　邮　编　210093
出 版 人　金鑫荣

书　　名　**汽车底盘构造与检修(第二版)**
主　　编　党宝英　韩　媛
责任编辑　刘 琦　吴 华　　　　编辑热线　025 - 83596997

照　　排　南京理工大学资产经营有限公司
印　　刷　常州市武进第三印刷有限公司
开　　本　787×1092　1/16　印张 16.5　字数 402 千
版　　次　2018 年 6 月第 2 版　　2018 年 6 月第 1 次印刷
ISBN　978 - 7 - 305 - 20169 - 1
定　　价　49.80 元

网　　址:http://www.njupco.com
官方微博:http://weibo.com/njupco
微信服务号:njuyuexue
销售咨询:(025)83594756

扫一扫教师可免费
获取教学资源

前　言

　　"汽车底盘构造与检修"是汽车类各专业必修的一门核心专业课程,本书是根据国家教育部对高职高专教材建设的要求,以及从事汽车运用、检测、维修及技术服务等相关工作所需的基本专业知识及技能要求,组织相关高职院校有多年教学经验的专业教师,参考许多文献资料的基础上编写完成的。

　　本书主要内容包括汽车底盘概述、汽车传动系、汽车行驶系、汽车转向系、汽车制动系,以汽车底盘结构为主线,系统介绍了汽车结构特点、工作原理、零部件检修等,有较强的理论性和实践性。本书根据人才培养方案的要求,尊重高职学生的学习特点和认知规律,选编了"必需、够用"的理论内容,同时注重内容的实用性和针对性,力求把传授专业知识和培养专业技术应用能力有机结合起来。除了正文外,每个章节都设有学习目标、本章小结及复习思考题,帮助教师和学生加深对重点专业知识点的理解与掌握。本书修订过程中,增加了学习工单、微视频,用于学生进行课后练习,并通过视频掌握必要的操作技能。

　　本书由党宝英、韩媛任主编,吴良芹、姜晓燕、胡文娟任副主编,无锡商业职业技术学院党宝英编写第1章、第5章,韩媛编写第2章第1、2、3、5节,胡文娟编写第2章第4、6节;沙洲职业工学院吴良芹编写第3章;江苏信息职业技术学院姜晓燕编写第4章。党宝英负责全书的统稿工作,无锡商业职业技术学院王凤军教授担任主审。

　　本书在编写过程中,汽车维修企业许多专家和技术人员给予了大力支持和帮助,并对本书编写提出了建议。本书还参考了许多国内公开出版的相关书籍和资料,以及汽车使用说明书、维修手册、网络资源等,在此一并深表感谢。

　　由于编者水平有限,书中不足之处在所难免,敬请读者及有关专家批评指正。

编　者

2018 年 3 月

目　录

汽车底盘概述

第 1 章

学习目标

【知识目标】

(1) 了解汽车底盘的基本结构及工作原理,熟悉汽车底盘各系统的功用、组成及安装位置。

(2) 了解汽车底盘的布置形式和汽车行驶原理,掌握汽车行驶的驱动和附着条件。

【能力目标】

(1) 能对照汽车底盘,说出各系统的组成、功用及安装位置。

(2) 能叙述汽车的行驶原理和附着条件。

§1.1　汽车底盘的组成及功用

汽车底盘的功用是支承、安装汽车发动机和汽车各部件、总成,构成汽车整体;将发动机传来的动力,经减速增矩后传给驱动车轮,驱动汽车行驶。汽车底盘上设置有转向控制、制动控制及减振缓冲等装置,确保车辆正常行驶。汽车底盘由传动系、行驶系、转向系和制动系四个部分组成。轿车底盘的组成如图1-1-1所示。

1.1.1　汽车传动系

传动系的功用是将发动机的动力传给驱动车轮。不同的汽车,其传动系的组成稍有不同,如对于载货汽车及部分轿车,其传动系一般是由离合器、手动变速器、万向传动装置、驱动桥等组成;而现在轿车中采用自动变速器的越来越多,其传动系包括自动变速器、万向传动装置、驱动桥等,即用自动变速器取代了离合器和手动变速器;如果是越野汽车(包括运动型多功能车,即SUV),还应包括分动器。

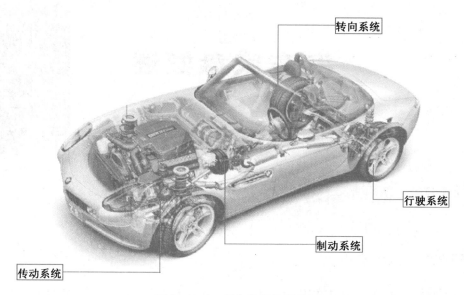

图 1-1-1 轿车底盘的组成

1.1.2 汽车行驶系

行驶系的功用是支承、安装汽车的各零部件总成,传递和承受车上、车下各种载荷的作用,以保证汽车的正常行驶。汽车行驶系主要由车架(车身)、车桥、悬架、车轮等组成。

1.1.3 汽车转向系

转向系的功用是保证汽车能够按照驾驶人选定的方向行驶。汽车转向系主要由转向操纵机构、转向器、转向传动机构组成,现在的汽车普遍采用动力转向装置。

1.1.4 汽车制动系

制动系的功用是使汽车减速、停车并保证汽车可靠地驻停。汽车制动系一般包括行车制动和驻车制动两套相互独立的制动装置,每套制动装置都包括制动器和制动传动机构。现在汽车的行车制动装置一般都装配有防抱死制动系统(ABS)。

§1.2 汽车底盘的总体布置

汽车底盘的总体布置与发动机的位置及汽车的驱动方式有关,反映发动机、驱动桥和车身的相互关系,对汽车的使用性能有很重要的影响。

汽车底盘的总体布置一般有发动机前置后轮驱动、发动机前置前轮驱动、发动机后置后轮驱动和发动机前置全轮驱动等形式。

1.2.1 发动机前置后轮驱动

发动机前置后轮驱动(FR 型)是目前普通汽车广泛采用的一种布置形式,如图 1-2-1 所示。这种布置形式是将发动机、离合器、变速器等构成的整体置于汽车前部,驱动桥置于汽车后部。这种布置形式采用前轮转向后轮驱动,发动机输出动力通过离合器、变速器、传动轴输送到驱动桥,经减速增矩后传给左、右半轴,驱动后轮使汽车运行。前后轮各行其职,转向与驱动分开,负荷分布比较均匀。国内外的大多数货车、部分轿车和部分客车采用这种形式。

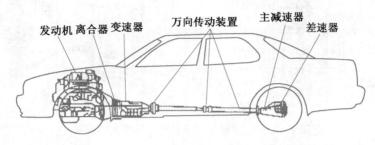

图1-2-1　发动机前置后轮驱动方式示意图

1.2.2　发动机前置前轮驱动

发动机前置前轮驱动(FF型)是将发动机、离合器、变速器等构成的整体置于汽车前部,驱动桥也置于汽车前部,简称为前置前驱,如图1-2-2所示。其优点是发动机和动力传动系统布置紧凑;由于省掉了传动轴,可使地板低而平;前轴的负荷大,有不足转向特性,整车的操纵稳定性好;易于向客货两用车变型。现在大多数轿车采取这种布置形式。其缺点是上坡时驱动轮的附着力减小、易打滑;前轮驱动兼转向使得结构复杂;轮胎易磨损;当后座无乘客制动时,后轮易抱死。

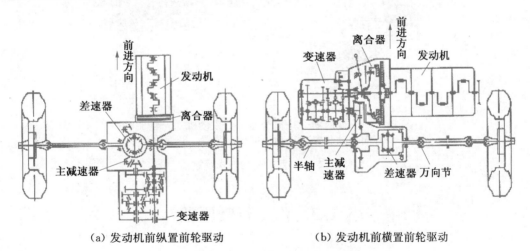

（a）发动机前纵置前轮驱动　　　　　（b）发动机前横置前轮驱动

图1-2-2　发动机前置前轮驱动方式示意图

1.2.3　发动机后置后轮驱动

发动机后置后轮驱动(RR型)是目前大型客车上用得较多的一种布置形式,少量微型、轻型轿车也有采用这种形式的,如图1-2-3所示。发动机后置使前轴不易过载,并能更充分地利用车厢面积,还可有效地降低车身地板的高度或充分利用汽车中部地板下的空间安置行李,也有利于减轻发动机的高温和噪声对驾驶人的影响。缺点是发动机散热条件差,行驶中的某些故障不易被驾驶人察觉;远距离操纵使操纵机构变得复杂、维修调整不便。由于优点较为突出,这种布置形式在大型客车上应用越来越多。

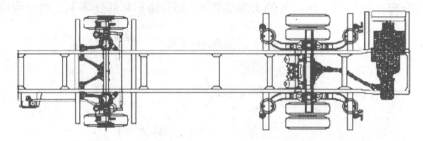

图 1-2-3　发动机后置后轮驱动方式示意图

1.2.4　发动机前置全轮驱动

越野汽车一般为发动机前置,在变速箱后面装有分动器将动力传递到全部车轮上,形成全轮驱动。目前,轻型越野汽车普遍采用 4×4 驱动形式,如图 1-2-4 所示。中型越野汽车采用 4×4 或 6×6 驱动形式,重型越野汽车一般采用 6×6 或 8×8 驱动形式。

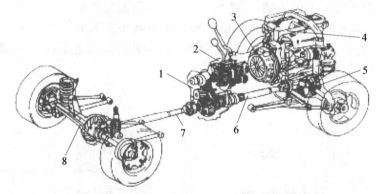

1-分动器　2-变速器　3-离合器　4-发动机　5-前驱动桥
6-前万向传动装置　7-后万向传动装置　8-后驱动桥

图 1-2-4　四轮驱动方式示意图

§1.3　汽车行驶原理

1.3.1　汽车的驱动力与阻力

汽车要运动,并以一定的速度行驶,必须由外界沿汽车行驶方向施加一个驱动力,用以克服汽车行驶中所受到的各种阻力。

1. 汽车的驱动力

汽车的动力来自发动机,发动机的转矩经汽车传动系施加给驱动车轮,作用在驱动车轮上的转矩 M_t 力图使车轮旋转。在 M_t 的作用下,驱动车轮产生对地面的一个圆周力 F_0,其方向与汽车前进方向相反。与此同时,地面对驱动轮产生一个与汽车行驶方向一致的切向

反作用力 F_t,这就是促使汽车行驶的驱动力。汽车行驶的基本原理如图 1-3-1 所示。

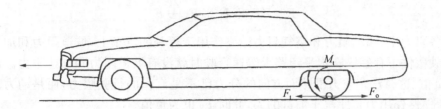

图 1-3-1　汽车行驶的基本原理示意图

2. 汽车的行驶阻力

当驱动力增大到能克服汽车静止状态的最大阻力时,汽车便开始运动。汽车行驶中遇到的阻力主要有滚动阻力、空气阻力、坡道阻力和加速阻力。

(1) 滚动阻力

滚动阻力是当车轮在路面上滚动时,由车轮和路面两者间的相互作用和相应变形所引起的。当汽车在硬路面上行驶时,车轮滚动,轮胎圆周的各个部分被不断地压缩变形,然后又不断地恢复变形。在这个变形过程中橡胶分子之间发生摩擦,伴随摩擦产生热量且热量向大气散发,使轮胎变形所做的功不能全部回收,从而消耗了汽车的输出功率,这部分功率损失称为轮胎的弹性迟滞损失。当汽车在软路面上行驶时,其滚动阻力则来自松软路面变形和轮胎弹性变形的迟滞损失。滚动阻力用 F_f 表示,其数值与汽车质量、轮胎结构和气压及地面性质等因素有关。

(2) 空气阻力

汽车是在空气介质中行驶的,汽车相对于空气运动时,空气作用力在行驶方向上的分力称为空气阻力,空气阻力分为摩擦阻力与压力阻力两部分。摩擦阻力是由于空气的黏性在车身表面产生的切向力的合力在行驶方向的分力,摩擦阻力与车身表面质量及表面积有关,约占空气阻力的 8%～10%。压力阻力是作用在汽车外表面上的法向压力的合力在行驶方向的分力。压力阻力中的形状阻力占主要部分,所以车身主体形状是影响空气阻力的主要因素,改进车身流线形体是减少空气阻力的有效途径。空气阻力用 F_w 表示,它与汽车的形状、汽车的正面投影面积有关,特别是与汽车和空气相对速度的平方成正比。

(3) 坡道阻力

汽车在纵向坡道上坡行驶时,汽车重力在与坡道平行方向上的分力与汽车行驶方向相反,即形成汽车的上坡阻力。汽车坡道阻力用 F_i 表示,汽车的上坡阻力与坡度值成正比。

(4) 加速阻力

汽车加速行驶时,需要克服其质量加速运动时的惯性力,就是加速阻力。汽车的质量分为平移质量和旋转质量两部分,加速时不仅要克服汽车平移质量在加速过程中产生的惯性力,同时还要克服旋转质量产生的惯性力。加速阻力用 F_j 表示。

1.3.2　汽车的附着条件

1. 汽车的行驶方程式

汽车行驶时必须满足驱动和附着条件,即汽车的驱动力应与阻力相平衡,由此得到汽车行驶方程式：

$$F_t = F_f + F_i + F_w + F_j$$

上述各阻力中，滚动阻力和空气阻力始终作用于行驶的汽车上，坡道阻力和加速阻力仅在相应行驶条件下存在。在水平道路上等速行驶时就没有坡道阻力和加速阻力。汽车下坡时，F_i 为负值，这时汽车重力沿路面方向的分力已不是汽车的行驶阻力，而是动力。汽车减速行驶时，惯性作用力是使汽车前进的力，此时 F_j 也为负值。

2. 汽车的附着条件

汽车能否充分发挥其动力性能，还受到车轮与地面附着作用的限制。

在平整的干硬路面上，附着作用是由于轮胎与路面在法向载荷作用下相互紧密贴合而产生的。轮胎与路面相互能够传递的作用力称为附着力，附着力用 F_ϕ 表示。

汽车可获得的驱动力最大值等于其驱动车轮与地面的附着力，当驱动车轮对地面的作用力 F_t 大于附着力 F_ϕ 时，车轮与路面就会发生滑动。在松软路面上，除了轮胎与地面的摩擦阻碍车轮滑动外，嵌入轮胎花纹凹处的软地面凸起部分所起的抗滑作用也会阻碍车轮滑动。

附着力 F_ϕ 与驱动车轮所承受的垂直于地面的法向力 G（称为附着重力）成正比，即：

$$F_\phi = G \cdot \Phi$$

式中 Φ 为附着系数，其值与轮胎的类型及地面的性质有关。

由此可知，附着力限制了汽车驱动力的发挥，其表达式为：

$$F_t \leqslant F_\phi$$

此式称为汽车行驶的附着条件。

若将汽车行驶的驱动条件和附着条件联系起来，可表示为：

$$F_f + F_i + F_w + F_j \leqslant F_t \leqslant F_\phi$$

汽车行驶的充分和必要条件是，在任何情况下，汽车由地面获得的驱动力都要能克服汽车的行驶阻力。

汽车在冰雪或泥泞路面上行驶时，由于附着力很小，受附着力的限制不能获得克服较大阻力所需的驱动力，导致汽车减速甚至不能前进。即使加大节气门开度或换入低挡，车轮也只会滑转而无法增大驱动力。为了增加车轮在冰雪路面的附着力，可采用特殊花纹轮胎、镶钉轮胎或在普通轮胎上绕装防滑链。

扫一扫可见本章小结和复习参考题

扫一扫可见
本章操作视频

汽车传动系的构造与检修

第 2 章

【知识目标】

（1）熟悉汽车传动系的功用及类型，掌握传动系的组成，熟悉汽车传动系的布置形式及各自的应用场合。

（2）了解离合器的功用和要求，掌握离合器的工作原理，熟悉常见离合器的构造及工作过程。

（3）了解变速器的功用和类型，掌握变速器的原理，熟悉常见变速器的结构及工作过程。

（4）了解万向传动装置的功用、类型和在汽车上的布置位置，熟悉不同类型万向节的结构及工作过程。

（5）了解驱动桥的功用、组成及类型，熟悉主减速器、差速器、半轴的结构及工作过程。

【能力目标】

（1）能对照汽车底盘叙述汽车传动系的功用、组成，各总成的安装位置及布置形式。

（2）会正确拆装离合器，并能进行离合器零部件的检修。

（3）会正确拆装变速器，分析变速器挡位工作情况，并能进行变速器主要零部件的检修。

（4）会正确拆装主减速器、差速器，会调整轴承预紧度的大小，会调整齿轮的啮合印痕与啮合间隙。

§2.1　汽车传动系概述

2.1.1　汽车传动系的功用与组成

汽车传动系是指从发动机到驱动轮之间所有动力传递装置的总称。其基本功用是将发动机输出的动力按需要传给驱动车轮,使汽车前进或倒退。

现代汽车传动系的组成受汽车驱动方式、底盘布置形式及传动系类型等因素影响而有所不同,现以发动机前置后轮驱动的机械式传动系为例,它主要由离合器、变速器、万向传动装置、驱动桥等组成。其中,万向传动装置由万向节和传动轴组成;驱动桥由主减速器、差速器和半轴组成,如图2-1-1所示。发动机的动力依次通过离合器、变速器、万向传动装置、主减速器、差速器和半轴传给驱动车轮,使汽车克服各种阻力而行驶。

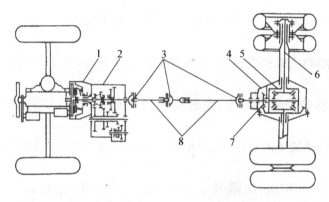

1-离合器　2-变速器　3-万向节　4-驱动桥　5-差速器
6-半轴　7-主减速器　8-传动轴

图2-1-1　机械式传动系的组成

2.1.2　汽车传动系各总成的功用

1. 离合器

按照需要适时接合或切断发动机与传动系的动力传递。汽车起步之前,必须将发动机与驱动轮之间的传动路线切断,以便起动发动机。汽车起步时,再逐渐恢复传动系统的传动能力,保证发动机不熄火且汽车平稳起步。此外,在变换挡位及汽车制动之前,也都有必要暂时切断动力的传递。

2. 变速器

变速器能够扩大发动机输出转矩和转速的变化范围。汽车在使用过程中,受道路、气候等各种条件的限制,车速和驱动力在很大范围内不断变化,而发动机输出转矩和转速的变化范围有限。因此变速器通过改变传动比,改变发动机输出扭矩和转速,使作用在驱动轮上的驱动力足以克服各种外界的阻力,如滚动阻力、空气阻力、坡道阻力等。

汽车在进入车库、掉头等情况下,需要倒车行驶,变速器实现了汽车的倒车行驶。然而,发动机是不能反向旋转的,传动系在保证发动机旋向不变的情况下,能使驱动轮反向旋转,因而在变速器内设有倒挡。汽车发动机不停运转情况下,汽车在滑行、停驻时,在变速器中设有空挡,能较长时间中断动力传递。

　　3. 万向传动装置

将变速器输出的动力传给驱动桥中的主减速器,能同时满足二者相对位置变化的需要。

　　4. 驱动桥

驱动桥主要包括主减速器、差速器和半轴。主减速器能进一步降低转速,增大转矩,改变动力的传递方向。差速器将主减速器传来的动力分配给左右两半轴,并能允许左右两侧半轴以不同角速度旋转,以适应汽车转弯,两侧驱动轮驱动条件不同时,两驱动轮差速的需要。半轴将差速器的动力传给驱动车轮。对于全轮驱动的汽车,在变速器和万向传动装置之间装有分动器,将发动机的动力分配给所有驱动桥。

2.1.3　汽车传动系的类型

按照结构和传动介质不同,汽车传动系可分为机械式、液力机械式和电力式等。

　　1. 机械式传动系

机械式传动系如图 2-1-1 所示,后面将重点介绍。

　　2. 液力机械式传动系

液力机械式传动系将液力传动与机械传动有机地组合起来,以液体为传力介质,利用液体在主动元件和从动元件之间循环流动过程中动能的变化来传递动力。液力传动装置有液力偶合器和液力变矩器两种。液力变矩器除了具有液力偶合器的全部功能外,还能实现变矩功能。如图 2-1-2 所示,液力机械式传动系一般采用液力变矩器串联一个有级式机械变速器组成液力机械变速器,以取代机械式传动系中的离合器和变速器,其他组成部件和布置方案与机械式传动系相同。液力机械式传动系能根据道路阻力的变化,自动地在若干个车速范围内分别实现无级变速,而且其中的有级式机械变速器还可以实现自动和半自动操纵,可使驾驶人的操作大为简化。

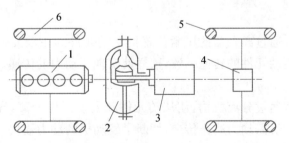

1-发动机　2-液力变矩器　3-液力机械变速器
4-驱动桥　5-驱动轮　6-转向轮

图 2-1-2　液力机械式传动系的示意图

3. 电力式传动系

电力式传动系如图2-1-3所示,主动部件是由发动机驱动的发电机,从动部件是牵引电动机。电力式传动系在组成和布置上与液力机械式传动系有些类似,可以只用一个电动机,与传动轴或驱动桥相连,电动机输出的动力经主减速器、差速器、半轴传给驱动轮;也可以在每个驱动轮上单装一个电动机,电动机输出的动力必须通过一套减速机构传递给驱动轮,因为牵引电动机的输出转矩不够大而转速过高,不能满足汽车行驶驱动的需要。减速机构可以起到降低转速、增大转矩的作用,把这种直接与车轮相连的减速机构称为轮边减速器,这种驱动轮通称为电动轮。驾驶人通过操纵控制电路来控制发动机和发电机的转速及转矩,从而控制电动轮的转速和牵引力矩的大小及方向,以实现汽车的起步、倒车、前进和停车。

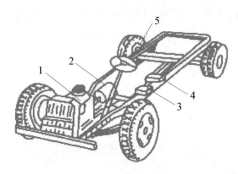

1-发动机 2-发电机 3-可控硅整流器
4-逆变装置 5-电动轮

图2-1-3 电力式传动系的示意图

§2.2 离合器的构造与检修

2.2.1 离合器的功用、分类与要求

1. 离合器的功用

(1) 传递动力

当离合器接合时,通过离合器的压紧装置把从动元件和主动元件紧压在一起成为一个整体,使从动元件与主动元件的转速一致,这样就实现了动力的传递。

(2) 切断动力

当离合器分离时,通过分离机构,使从动元件和主动元件分离,导致发动机的动力不能由主动元件传给从动元件,动力终止传递,切断了发动机的动力输出。

(3) 平稳起步

当离合器由分离状态慢慢过渡到接合状态时,汽车就很平顺地从静止到运动,实现平稳起步。

（4）便于换挡

当需要变换挡位时，可以短暂切断发动机动力的输出，让变速器处于自由状态，这样可以轻易顺畅地变换挡位。

（5）防止过载

当离合器载荷超过其可承受的最大载荷时，离合器会出现打滑现象，起保护作用。

2. 离合器的类型

（1）按从动盘片数分类

可分为单片离合器、双片离合器和多片离合器。从动盘片数越多，可传递的发动机的转矩越大。

（2）按是否浸在油中工作分类

可分为：干式离合器——摩擦阻力大，可传递的发动机的转矩较大，但长期在高温条件下工作，寿命短；湿式离合器——摩擦阻力小，可传递的发动机的转矩较小，油可以起到冷却作用，寿命长。

（3）按工作原理分类

可分为：摩擦式离合器——摩擦传动，应用广泛，工作噪声大；液力式耦合器——液力传动，工作柔和；电磁式离合器——电磁力传动，工作可靠。

（4）按压紧弹簧布置形式分类

可分为：周布弹簧离合器——轴向尺寸大，受力不均衡；中央弹簧离合器——轴向尺寸大，受力较均衡；膜片弹簧离合器——轴向尺寸小，受力均衡，分离指末端容易疲劳断裂。

3. 离合器的要求

（1）合适的储备能力。离合器应既能保证传递发动机最大转矩，又能防止传动系过载。

（2）分离彻底，结合平顺。

（3）从动部分转动惯量尽量小，减小换挡齿轮所受冲击。

（4）散热能力强。由于离合器接合过程中，主、从动部分相对滑动，故会产生大量的热量，如不及时散出，会严重影响其使用寿命和工作可靠性。

（5）操作轻便，减轻驾驶人的劳动强度。

2.2.2　摩擦式离合器的组成和工作原理

1. 组成

摩擦式离合器由主动部分、从动部分、压紧装置和操纵机构四部分组成，如图 2-2-1 所示。

（1）主动部分

离合器的主动部分包括飞轮、离合器盖和压盘。飞轮用螺栓与曲轴固定在一起，离合器盖通过螺钉固定在飞轮后端面上，压盘通过弹性钢片或凸台与离合器盖相连，相对于离合器盖可轴向移动。这样只要曲轴旋转，发动机发出的动力就可经飞轮、离合器盖传给压盘，使它们一起旋转。

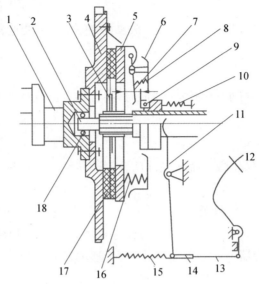

1-曲轴　2-变速器第一轴　3-从动盘　4-飞轮　5-压盘　6-离合器盖　7-分离
杠杆　8-弹簧　9-分离轴承　10,15-回位弹簧　11-分离叉　12-踏板　13-拉杆
14-拉杆调节叉　16-压紧弹簧　17-从动盘摩擦衬片　18-轴承

图 2-2-1　摩擦式离合器的组成和工作原理示意图

（2）从动部分

离合器的从动部分包括从动盘和用铆钉铆在从动盘上的从动盘摩擦衬片。从动盘通过花键与变速器第一轴相连。变速器第一轴前端用轴承支撑在曲轴末端中心孔中,变速器第一轴后端用轴承支撑在变速器壳体的前端,是变速器的动力输入轴。

（3）压紧装置

离合器的压紧装置是装在离合器盖与压盘之间的压紧弹簧,其沿圆周均匀分布,用于对压盘产生压紧力,将从动盘压紧在飞轮与压盘之间,使离合器接合。

（4）操纵机构

离合器的操纵机构由踏板、拉杆、拉杆调节叉、分离叉、分离套筒、分离轴承、分离杠杆及回位弹簧等组成。踏板中部铰接在车架上,下端与拉杆铰接;分离叉是中部带支点的杠杆,内端与分离套筒相连,外端与拉杆铰接;分离套筒松套在变速器第一轴的轴套上;分离轴承安装在分离套筒上;分离杠杆中间与离合器盖相连形成支点,外端与压盘铰接。分离叉、分离套筒、分离轴承、分离杠杆同离合器主动部分以及从动部分一起装在飞轮壳内。

2. 工作原理

（1）离合器接合状态

当不踩离合器踏板时,离合器处于接合状态,压盘、从动盘、飞轮在压紧弹簧的作用下压紧在一起。

当发动机的转矩小于离合器所能传递的最大转矩时,离合器主、从动部分同步运转,离合器正常工作。发动机运转,带动飞轮转动,通过连接螺栓带动离合器盖转动,通过弹性钢片(或凸台)带动压盘转动;在压紧弹簧的作用下,从动盘摩擦衬片的两面分别与飞轮、压盘产生摩擦力,摩擦力带动摩擦衬片转动,通过铆钉带动从动盘转动,通过花键带动变速器第一轴转动。动力经离合器往后传递。

当发动机的转矩大于离合器所能传递的最大转矩时,离合器从动部分转速低于主动部分转速,离合器打滑,起过载保护作用。

(2)离合器分离过程

需要分离离合器时,踩下离合器踏板,踏板下端右移;拉杆和拉杆调节叉跟着右移,拉伸拉杆回位弹簧;分离叉下端右移、上端左移;分离套筒和分离轴承左移,拉伸分离轴承回位弹簧;待消除分离杠上端与分离轴承之间的间隙后,分离杠杆的下端左移、上端右移,拉伸分离杠杆弹簧;带动压盘右移,压缩压紧弹簧。

(3)离合器分离状态

当离合器踏板踩到底时,离合器处于分离状态。此时压紧弹簧被压缩,从动盘与前面的飞轮、后面的压盘之间产生间隙,摩擦力消失,主动部分运转,无法带动从动部分一起运转。离合器处于分离状态,动力无法经离合器从动部分往后传递。

(4)离合器接合过程

当需要恢复动力传递时,缓慢抬起离合器踏板。此时踏板、拉杆、调节叉、分离叉在回位弹簧的作用下各自回到离合器分离之前的位置;分离套筒和分离轴承在回位弹簧的作用下往右回位;分离杠杆在弹簧的作用下回位(下端右移,上端左移);压盘在压紧弹簧的作用下重新与飞轮、从动盘压紧在一起。

当飞轮、压盘和从动盘接合还不紧密时,产生的摩擦力矩比较小,主、从动部分无法同步旋转,离合器处于打滑状态;随着飞轮、压盘和从动盘压紧程度逐渐加大,离合器主、从动部分逐渐同步,直至离合器完全接合而停止打滑。

3. 离合器的自由间隙和踏板的自由行程

从离合器的工作原理可知,从动盘摩擦片经使用磨损变薄后,在压紧弹簧作用下,压盘要向前(飞轮方向)移动,分离杠杆内端则相应地要向后移动,才能保证离合器完全接合。如果未磨损前分离杠杆内端和分离轴承之间没有预留一定间隙,则在摩擦片磨损后,分离杠杆内端因抵住分离轴承而不能后移,使分离杠杆外端牵制压盘不能前移,从而不能将从动盘压紧,离合器难以完全接合,传动时会出现打滑现象。这不仅会降低离合器所能传递的最大转矩,而且会加速摩擦片和分离轴承的磨损。因此,当离合器处于正常接合状态时,在分离杠杆内端与分离轴承之间必须预留一定的间隙,即为离合器的自由间隙。

由于自由间隙的存在,踩下离合器踏板时,首先要消除这一间隙,然后才能开始分离离合器。为消除这一间隙所需要的离合器踏板行程,称为离合器踏板的自由行程。通过拧动调节叉,改变拉杆的工作长度,可以调整自由间隙的大小,从而调整踏板的自由行程。

2.2.3　摩擦式离合器的构造

以东风 EQ1090E 型汽车离合器为例,介绍摩擦式离合器的基本构造,如图 2-2-2 所示。离合器的主动部分、从动部分和压紧装置都安装在发动机后部的离合器壳体内,而操纵机构的各个部件分别位于离合器壳内部、外部和驾驶室中。

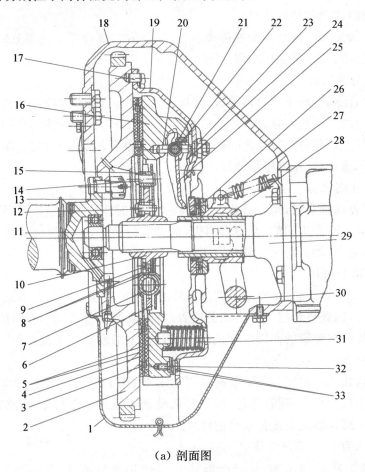

（a）剖面图

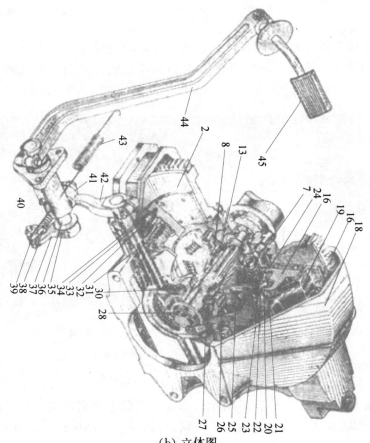

(b) 立体图

1-离合器壳底盖　2-飞轮　3-摩擦片铆钉　4-从动盘本体　5-摩擦片　6-减振器盘　7-减振器弹簧　8-减振器阻尼片　9-阻尼片铆钉　10-从动盘毂　11-变速器第一轴(离合器从动轴)　12-阻尼弹簧铆钉　13-减振器阻尼弹簧　14-从动盘铆钉　15-从动盘铆钉隔套　16-压盘　17-离合器盖定位销　18-离合器壳　19-离合器盖　20-分离杠杆支承柱　21-摆动支片　22-浮动销　23-分离杠杆调整螺母　24-分离杠杆弹簧　25-分离杠杆　26-分离轴承　27-分离套筒回位弹簧　28-分离套筒　29-变速器第一轴轴承盖　30-分离叉　31-压紧弹簧　32-传动片铆钉　33-传动片　34-传动片固定螺钉及螺钉座　35-滚花圆柱销　36-踏板轴　37-拉臂　38-分离拉杆弹簧　39-分离拉杆　40-踏板轴支座　41-球形调整螺母　42-分离叉臂　43-踏板回位弹簧　44-踏板臂　45-踏板　46-平衡片

图 2-2-2　东风 EQ1090E 型汽车离合器

1. 主动部分

飞轮、压盘和离合器盖是离合器的主动部分。

(1) 离合器盖

如图 2-2-2 所示,离合器盖常用螺钉与飞轮固定在一起,并通过离合器盖定位销与飞轮保持良好的对中。离合器盖不仅可以传递发动机的部分转矩,而且可以用来支撑离合器压紧弹簧和分离杠杆。因此,要求离合器盖有足够的刚度。汽车离合器盖常用 3 mm～5 mm 厚的低碳钢板冲制成比较复杂的形状,为加强离合器的冷却,离合器盖上开有许多通风窗口。

（2）压盘

无论离合器接合还是分离，压盘都必须通过一定的连接方式和飞轮一起旋转，且自身还应该能做轴向移动。通常飞轮或离合器盖驱动压盘的方式有多种选择，如图 2-2-3 所示。

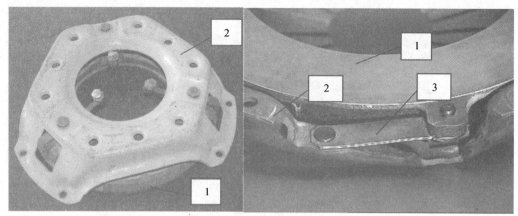

(a) 连接方式一   (b) 连接方式二

1-压盘　2-离合器盖　3-传动钢片

图 2-2-3　压盘的几种常用驱动方式

第一种连接方式如图 2-2-3(a)所示。固定在飞轮上的离合器盖开有长方形窗口，压盘上的铸造凸台装配时伸进离合器盖上相应窗口，以保证发动机转矩的可靠传递。这种连接方式的缺点在于连接件之间有间隙，导致传动时产生的噪音和冲击随连接部位的磨损而增加，甚至造成压盘凸台和键销过早损坏。因此，汽车上普遍采用第二种连接方式。

第二种连接方式如图 2-2-3(b)所示。离合器盖和压盘之间是通过四组传动钢片来传递转矩的。传动钢片用弹簧钢片制成，每组两片，其一端用铆钉铆在离合器盖上，另一端则用螺钉与压盘连接，因此压盘能随飞轮一起旋转。在离合器分离时，弹性的传动片产生弯曲变形（其两端沿离合器轴向做相对位移）。为使离合器分离时不破坏压盘的对中和离合器的平衡，四组传动片是相隔 90°沿圆周切向均匀分布的。

2. 从动部分

在飞轮和压盘之间装有从动盘，从动盘分为带扭转减振器的从动盘和不带扭转减振器的从动盘。不论是哪种从动盘，一般都由从动盘本体、摩擦片和从动盘毂组成。

（1）从动盘本体

从动盘本体的质量应尽可能小，并使其质量分布尽可能靠近旋转中心，以减小从动盘转速变化时引起的惯性力。从动盘本体通常用 1.3 mm～2.0 mm 厚的钢板冲压而成。为使离合器结合平顺，车辆起步平稳，从动盘本体的结构应使其具有轴向弹性，使主动部分（飞轮和压盘）和从动部分之间的压力逐渐增长。具有轴向弹性的从动盘本体有整体式、分开式和组合式三种。

1）整体式

整体式弹性从动盘本体沿半径方向开有 T 形槽，如图 2-2-4 所示。其外缘部分分成许多扇形块，扇形部分依次向不同方向冲压成弯曲的波纹形状，使其具有轴向弹性。两侧的摩擦片则分别铆在每相隔一片的扇形片上。离合器结合时，从动盘被压紧，弯曲的扇形部分逐渐被压平，从动盘上的压力和所传递的扭矩也逐渐增大，使接合过程较为平顺。

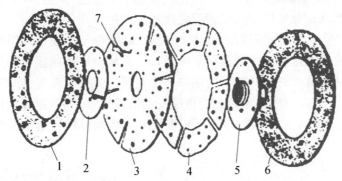

1-前摩擦片　2-压片　3-从动盘本体　4-波浪形弹簧钢片
5-从动盘毂　6-后摩擦片　7-平衡片

图 2-2-4　整体式弹性从动盘

2）分开式

分开式弹性从动盘如图 2-2-5 所示。从动盘本体的直径做得较小，而在其外缘上铆有若干块扇状波形弹簧片，两摩擦片分别与波形弹簧片铆接在一起。由于分开的波形弹簧片是由同一模具冲压而成，故刚度比较一致。此外，波形弹簧片厚度仅为 0.7 mm～0.8 mm，致使从动盘的转动惯量减少。

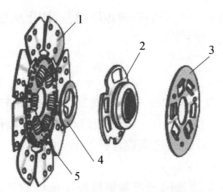

1-波形弹簧片　2-从动盘毂　3-减振器盘　4-减振器阻尼片　5-从动盘本体

图 2-2-5　分开式弹性从动盘

3）组合式

在从动盘本体靠近压盘一面上铆有波形弹簧片，摩擦片用铆钉铆在波形弹簧片上，靠近飞轮一边的摩擦片则直接铆在从动盘本体上。

前两种结构的从动盘本体常用于轿车，而后一种结构则常用在载重汽车上。

（2）摩擦片

摩擦片根据所用材料及其成分的差异,分为石棉塑料摩擦片、金属摩擦片、金属陶瓷摩擦片等。传统的摩擦片为圆环形,一般与从动片铆接。为了充分利用摩擦片的面积和厚度,摩擦片与从动片的连接愈来愈多地采用粘接方式。

（3）从动盘毂

如图2-2-4所示,一般从动盘毂通过铆钉与从动盘本体连接,其内花键孔与变速器输入轴连接。为了避免传动系统产生共振,并使汽车起步平稳,愈来愈多的汽车采用带有扭转减振器的从动盘,其从动盘本体和从动盘毂之间通过减振弹簧传递转矩。

如图2-2-6所示,为带减振器的从动盘结构。减振盘与从动片用限位销铆接,其中间夹有从动盘毂,限位销通过从动盘毂圆周上的缺口。在从动片和减振盘圆周切线方向,均布四个长方形窗孔,从动盘毂有相同数目的缺口与之对应。窗孔中设置的减振弹簧将从动片、减振盘与从动盘毂在周向弹性地连接。当传递发动机转矩时,减振弹簧被压缩,从动片和从动盘毂之间实现相对转动。为了防止减振弹簧超载,采用限位销限制减振弹簧的最大变形。

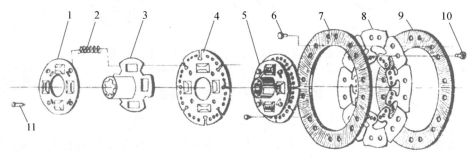

1-减振盘　2-减振弹簧　3-从动盘毂　4-从动片　5-从动片与从动盘毂总成
6-铆钉　7、9-摩擦片　8-波形弹簧片　10-摩擦片铆钉　11-限位销

图2-2-6　带扭转减振器的从动盘

同时,在减振盘和从动盘毂之间还装有减振摩擦片,依靠减振摩擦片与它们之间的摩擦吸收传动系统扭转振动能量。

3. 压紧装置

（1）圆周螺旋弹簧

如图2-2-2所示,沿压盘周向对称布置的螺旋弹簧将压盘和从动盘压向飞轮,使离合器处于接合状态。发动机的动力一部分由飞轮经摩擦作用直接传到从动盘上;另一部分由离合器盖、传动片传给压盘,最后也通过摩擦片传给从动盘。

（2）膜片弹簧

如图2-2-7所示,膜片弹簧是用薄弹簧钢板冲压成形的空心无底截锥体,锥面均布若干通透径向槽,由此槽间部分构成若干弹性杠杆。膜片弹簧两侧的钢丝支承圈依靠膜片弹簧固定铆钉使其安装在离合器盖上。

如图2-2-8(a)所示,正确安装后的膜片弹簧离合器,其膜片弹簧钢丝支承圈压向膜片弹簧,迫使膜片弹簧发生一定的弹性变形,即锥角适度变小,由此膜片弹簧外端对压盘产生足够的压紧力,使离合器处于接合状态。当操纵离合器使分离轴承左移,如图2-2-8(b)所示,膜片弹簧被压在钢丝支承圈上,并以此为支点迫使该膜片弹簧变形呈反锥形,使膜片弹

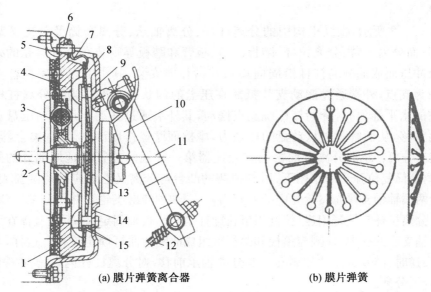

(a) 膜片弹簧离合器   (b) 膜片弹簧

1-从动盘 2-飞轮 3-扭转减振器 4-压盘 5-压盘传动片 6-固定铆钉
7-分离弹簧钩 8-膜片弹簧 9-膜片弹簧固定铆钉 10-分离叉 11-分离叉臂
12-操纵索组件 13-分离轴承 14-离合器盖 15-膜片弹簧钢丝支承圈

图2-2-7 微型汽车的膜片弹簧离合器

簧外端右移,并通过分离弹簧钩拉动压盘右移,使离合器处于分离状态。

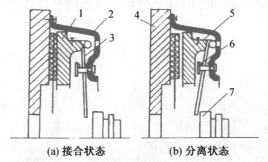

(a) 接合状态   (b) 分离状态

1-压盘 2-离合器盖 3-膜片弹簧 4-飞轮
5-分离弹簧钩 6-膜片弹簧钢丝支承圈 7-分离轴承

图2-2-8 膜片弹簧离合器的工作原理简图

4. 操纵机构

离合器操纵机构是保证离合器可靠分离与平顺接合的一套专门机构。

按照分离离合器时所需要的操纵能源获得方式的不同,离合器操纵机构分为人力式和助力式两类。前者是以驾驶人作用在踏板上的力作为唯一的操纵能源;后者则以发动机动力或其他形式能量作为主要操纵能源,而驾驶人的力只作为辅助或后备操纵能源。人力式操纵机构按传动装置的不同分为机械式和液压式。

(1) 机械式

机械式操作机构又分为杆式和绳索式两种。

1）杆式

如图2-2-2所示,操纵机构中的分离杠杆、分离轴承、分离套筒及分离叉装在离合器壳的内部;而分离叉臂、分离拉杆、踏板轴、踏板臂和踏板等则装在离合器壳的外部。四个用薄钢板冲压而成的分离杠杆沿周向均布并沿径向安装,其中部以分离杠杆支承柱孔中的浮动销为支点,外端通过摆动支片抵靠在压盘的沟状突起部。当在分离杠杆内端施加一个向前的水平推力时,分离杠杆绕支点摆动,其外端通过摆动支片推动压盘克服压紧弹簧的力而后移,从而解除对从动盘的压紧力,摩擦面摩擦作用消失,实现离合器的分离。

前端装有分离轴承的分离套筒松套在变速器第一轴轴承盖管状延伸部分的外圆柱面上,并在分离套筒复位弹簧的作用下,以其两侧的凸台与分离叉上对应的两圆弧表面接触。分离叉以其两端轴颈支撑在飞轮壳中的衬套内,一端轴颈伸出飞轮壳并与分离叉臂固定,分离叉臂通过分离拉杆与拉臂相连,拉臂用滚花圆柱销与踏板轴固定,踏板轴支撑在固定于车架上的踏板轴支座的孔中,外侧与踏板和踏板臂组成的刚性曲杆固定连接。这样,当踏下踏板时,分离叉逆时针转动,拨动分离套筒及分离轴承前移,对分离杠杆内端施加一个向前的推力,使离合器分离。

机械杆式操纵机构具有结构简单和工作可靠等优点,但传动杠杆和铰接部位较多,磨损大,车架或车身变形或者发动机移位时都会影响离合器操纵机构的正常工作。

2）绳索式

桑塔纳轿车采用的是绳索式操纵机构,如图2-2-9所示,主要由踏板、拉索、传动臂、分离轴等组成。拉索一端与离合器踏板摆臂相连,另一端与传动臂相连。当踩下离合器踏板时,绳索拉动传动臂,带动分离轴把分离轴承压向膜片弹簧,使离合器分离。

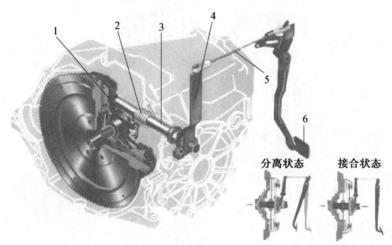

1-分离轴承　2-复位弹簧　3-分离轴　4-传动臂　5-拉索　6-踏板

图2-2-9　桑塔纳轿车绳索式操纵机构

绳索式操纵机构可以避免杆式操纵机构的各种缺点,但绳索寿命较短,拉伸刚度小,传动效率低,多用于轻型、微型和部分轿车。

（2）液压式

离合器的液压式操纵机构主要由储液室、主油缸、工作油缸及管路系统等组成,如图2-2-10所示。

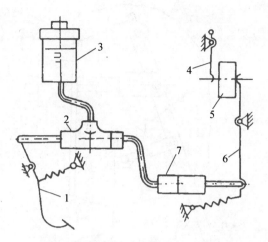

1-踏板　2-主油缸　3-储液室　4-分离杠杆
5-分离轴承　6-分离叉　7-工作油缸

图 2 - 2 - 10　离合器液压式操纵机构示意图

当需要离合器分离时,踩下踏板,主油缸推杆推动主油缸活塞右移,主油缸内工作腔的油压升高,并经油管传至工作油缸的工作腔,推动工作油缸活塞连同分离叉下端右移,分离叉上端推动分离轴承与分离杠杆的内端左移,使离合器分离。

当需要离合器接合时,放松踏板,主油缸活塞在复位弹簧的作用下左移回到原位,工作油缸内油液回到主油缸,油压下降,工作油缸活塞及分离叉、分离轴承、分离杠杆在复位弹簧作用下复位。

液压式操纵机构具有摩擦阻力小,布置方便,接合柔和及质量小等特点,应用广泛。

（3）助力式

为了尽可能减小作用于离合器踏板上的力,减轻驾驶人的劳动强度,在离合器的操纵机构中采用弹簧助力式操纵机构。

如图 2-2-11 所示,助力弹簧的两端分别挂在固定于支架和三角板上的两个支承销上,三角板可以绕其轴销转动。当离合器踏板完全放松,离合器处于接合位置时,助力弹簧的轴线位于三角板销轴的下方。当踩下踏板时,通过可调推杆推动三角板绕其轴销逆时针转动。这时,助力弹簧的拉力对轴销的力矩实际上是阻碍踏板和三角板运动的反力矩,该反力矩随着离合器踏板下移而减小。当三角板转到使弹簧轴线通过轴销中心时,弹簧反力矩为零,踏板继续下移到使助力弹簧的拉力对三角板轴销的力矩方向转为与踏板力对踏板轴的力矩方向一致时,就能起到助力作用。在踏板处于最低位置时,这一助力作用最大。助力弹簧的助力作用由负变正的过程是可以允许的,因为在踏板的前一段行程中,要消除自由间隙,离合器压紧弹簧的压缩力还不大,总的阻力也在允许范围内,在踏板后段行程中,压紧弹簧的压缩量和相应的作用力继续增大到最大值。在离合器彻底分离以后,为了变速器换挡或制动,往往需要将踏板在最低位置保持一段时间,由此导致驾驶人疲劳,因而最需要助力作用。

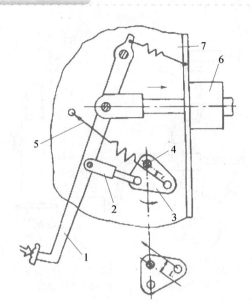

1-离合器踏板　2-长度可调推杆　3-可转三角板
4-销轴　5-助力弹簧　6-主缸　7-支架板

图 2－2－11　离合器操纵机构弹簧助力装置

2.2.4　离合器的检修与调整

1. 离合器零部件检修

(1) 从动盘的检修

从动盘是离合器的主要零件,离合器传递动力是靠从动盘摩擦片和主动部分的摩擦作用来实现的。因此,摩擦片的常见损伤现象有磨损烧蚀、破裂和沾有油污。从动盘的损伤一般是花键孔的磨损、钢片翘曲、破裂等。

离合器在正常使用中,摩擦片的磨损是缓慢的,因为它只有在接合和分离的瞬间才与飞轮、压盘产生滑磨。摩擦片的磨损加剧甚至烧坏,多是因为离合器的摩擦力不够,长期打滑,或因使用、调整不当所致。摩擦片上有油污的原因很多,如飞轮后面变速器第一轴的轴承或分离轴承装油过多,发动机曲轴后面油封漏油,以及变速器的油沿第一轴漏出等。此外驾驶中起步过猛也是导致摩擦片损坏破裂的原因之一。

1) 从动盘摩擦片的检查

从动盘上的摩擦片是离合器使用中主要易损零件,从动盘摩擦片磨损的检查如图 2-2-12所示。

① 从动盘摩擦片磨损的检查

用游标卡尺测量铆钉头的深度 t,检查摩擦片的磨损程度。摩擦片工作面与铆钉头深度 t 极限为 0.50 mm,磨损极限为 0.30 mm,超过极限应更换。如部分铆钉头露出,而摩擦片的厚度适宜,可加深铆钉孔重铆。摩擦片磨损过薄或破裂,应予以更换。摩擦片的技术状况通常用"目测法"检查。

在修理中,如摩擦片技术状况确实比较完好,可继续使用。如摩擦片有轻微烧蚀、硬化,可用锉刀或用粗纱布磨光后使用。若摩擦片有轻微油污,可用喷灯火焰烧去,或用汽油清

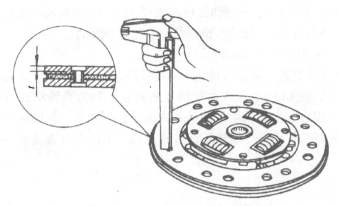

图 2-2-12　从动盘摩擦片磨损的检查

洁,表面的轻微烧焦可用砂纸打磨。如摩擦片磨损超过使用限度、有裂纹或脱落、烧焦面积大而深或有严重油污时,则需要换用新的摩擦片。

② 从动盘旧摩擦片的拆除

拆除旧片时,应用比旧铆钉直径小 0.40 mm～0.50 mm 的钻头,钻出铆钉铆头,然后再轻轻锉下旧铆钉,取下旧片。

③ 从动盘新摩擦片的选配

换用的新摩擦片直径、厚度应符合原厂规格,两片应同时更换,质量应相同。两摩擦片的厚度差不应超过 0.50 mm。摩擦片用的铆钉应是铜或铝质的,铆钉的粗细应与从动盘上的孔径相密合。铆钉的长度必须根据摩擦片铆钉孔下平面和从动盘的厚度确定,将铆钉穿入孔中,再伸出 2 mm～3 mm 为宜。将两片新摩擦片同时放在钢片上,使其边缘对正,并用夹具夹牢。选用与钢片孔相对应的钻头钻孔,钻好对称两孔后,用螺钉定位,再钻其他各孔,然后用埋头钻钻出埋头坑。含铜丝的摩擦片深度应为摩擦片厚度的 2/3,不含铜丝的为 1/2。铆钉头的位置应交错排列,摩擦片内外圈的铆钉头应相对,相邻的铆钉头必须一正一反。

④ 从动盘新摩擦片的铆合

摩擦片的铆合可手工进行,也可在铆合机上进行。将与铆钉头直径相同的平铳夹在虎钳上,将铆钉插入摩擦片铆钉孔中,使摩擦片向下,将铆钉头抵紧平铳,再用开花铳将铆钉铳开后铆紧。铆钉紧度要适宜,不可过紧,以免损伤摩擦片。新铆摩擦片的表面距铆钉头的距离应为 1.20 mm～1.50 mm,外边缘的径向圆跳动不大于 0.10 mm。

⑤ 摩擦片表面的修磨

为了使摩擦片与飞轮、压盘能很好地接触,铆好的摩擦片表面还应进行修磨。其方法一般是在飞轮表面上涂一层白粉,放上从动盘,略施压力转动检查,锉去较高的部分,直到平整均匀,平面度误差不大于 0.50 mm。

⑥ 摩擦片修后质量及其平衡的检查

最后对铆合的摩擦片进行质量检查,其要求是摩擦片不得有严重裂纹或损伤,铆钉头的深度应距摩擦片平面 1 mm 以上;无弹片的从动盘、摩擦片与钢片应密合(0.10 mm 的塞尺不能插入)。

将从动盘组合件置于顶针间进行静平衡试验,不平衡度应在原规定范围内。一般的不平衡允许差为 18 g·cm。如有不平衡时,可在直径 128 mm 的圆周上装置平衡块。

用钢丝刷去从动盘的灰尘和锈迹,检查从动盘的其他零件。

2) 从动盘钢片翘曲的检查与校正

从动盘钢片翘曲会引起车辆起步时离合器发抖以及磨损不均匀现象,因此需对其翘曲度进行检查,如图 2-2-13 所示。从动盘钢片翘曲度又称为圆跳动或偏摆,可将从动盘钢片安装在检查架上,用百分表在从动盘的最外周边缘进行测量。其圆跳动极限为 0.80 mm,如超过极限,可用特制夹具进行冷压校正或放在专用架上用百分表检测,边测边用特制扳手予以校正。

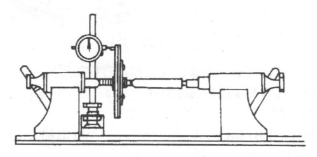

图 2-2-13 从动盘翘曲度的检查

3) 从动盘花键的检查

从动盘花键套键槽磨损过大将导致车辆起步或车速突然改变时发响,可用样板检查,其键齿宽度磨损不得超过 0.25 mm。或将其套在变速器第一轴未磨损的花键部分,用手来回转动从动盘做配合检查,不得有明显的晃动(其间隙不超过 0.44 mm),否则应更换新件,或将键槽堆焊后用机床修整其齿面。更换或修整后的花键套键槽与第一轴花键的配合间隙应为 0.04 mm~0.19 mm,过大会发响,过小会导致分离不彻底。

(2) 压盘的检修

压盘出现裂纹、翘曲变形、严重磨损、工作面烧蚀,应更换。检查翘曲变形的方法如图 2-2-14 所示,压盘工作面向上,用钢直尺和塞尺检查其平面度误差,使用极限为 0.2 mm。

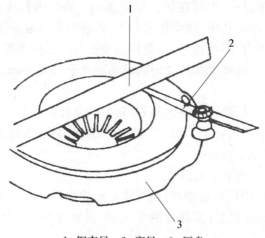

1-钢直尺 2-塞尺 3-压盘

图 2-2-14 压盘的检修

（3）压紧弹簧检修

1）螺旋弹簧的检查

弹簧因经受长久的负荷而疲劳，造成弯曲、折断或弹力减弱，因而影响到动力的传递。检查弹簧，如有弯曲、折断应予以更换。各弹簧的高度相差不得超过 3 mm，否则应更换，或在弹簧座上加垫圈，但厚度不得超过 2 mm。弹簧强度不得低于规定。

2）膜片弹簧的检修

膜片弹簧变形，其弹簧高度会发生变化。如图 2-2-15 所示，可用专用量具与塞尺来检查膜片弹簧指形部分的高度，其与标准高度相差不应超过 0.5 mm，否则应用专用工具或活扳手扳动指形部分来调整。若膜片弹簧折断，或由于疲劳使弹性下降，必须更换。膜片弹簧磨损的检查如图 2-2-16 所示，用游标卡尺检查离合器膜片弹簧的指形部分与分离轴承接触部位磨损的情况，磨损深度不得大于 0.6 mm，磨损过大应更换新膜片弹簧或压盘总成。

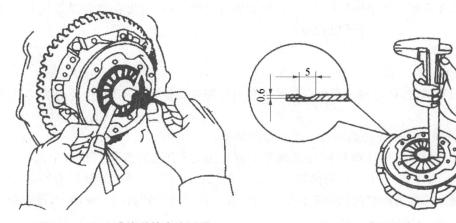

图 2-2-15　膜片弹簧高度测量　　　　图 2-2-16　膜片弹簧磨损检查

（4）分离轴承检修

分离轴承常因保养不当、缺油而发响，或受自然磨损而松旷甚至损坏。分离轴承应转动灵活，检查方式如图 2-2-17 所示，将轴承用手压紧，转动轴承内套，转动方向如箭头所示。若有阻滞，则为轴承座或滚珠磨损，应予以更换；若转动灵活，但稍有"沙沙"的响声，则为缺油。分离轴承座轴颈如磨损松旷可堆焊修复。分离轴承内孔磨损超过 0.03 mm 或轴向间隙超过 0.60 mm 时，均不得继续使用。加油软管如破裂应予更换，管内堵塞应予疏通。

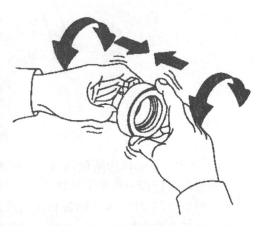

图 2-2-17　分离轴承的检查

分离轴承缺油时，加油的方法有两种。一种方法是用润滑油和润滑脂各 50% 加温溶解后，将轴承放入油内浸煮（温度不可过高，以免变质），待冷却后，将轴承取出，清除外部油脂；另一种是用注油管将轴承接在注油软管上，用黄油枪加注润滑脂。

（5）操纵机构检修

1）离合器主缸、工作缸的检修

离合器液压缸主缸内壁磨损超过规定值,活塞与缸筒间隙超过规定值,橡胶碗老化或复位弹簧失效时,应更换相应零件。检查离合器工作缸各零件的磨损情况,磨损严重的零件应修理或更换。

2）离合器踏板、分离叉及拉索的检修

检查离合器踏板衬套的磨损,若衬套与踏板轴间隙过大,应从踏板上冲出衬套并更换之。离合器分离叉内端磨损超过规定时,可堆焊修复。分离叉轴衬套磨损,与离合器分离叉轴的间隙过大时,应更换衬套。检查离合器拉索的内钢索,若有断股、开焊应更换。将机油注入拉索套内,并抽拉内钢索,以保证钢索在拉索套内滑动自如。

（6）离合器盖的检修

离合器盖因压盘弹簧强弱不均匀或固定螺栓松动的影响,会产生变形或裂痕等。离合器盖变形可放在平板上用手按住检查,如有摇动即有变形;或用塞尺在离合器盖几个凸缘处测量,如间隙超过 0.5 mm,应予以校正。

2. 离合器调整

（1）踏板自由行程调整

由于结构不同,各种类型汽车离合器踏板自由行程的调整方法不同,主要分为机械式和液压式两种。

1）机械式操纵机构离合器踏板自由行程的调整

一般是通过分离叉拉杆调整螺母来调整拉杆长度,或通过改变钢索长度来进行调整。桑塔纳轿车离合器踏板自由行程的调整方法如图 2-2-18 所示,通过旋转钢索外套上的调整螺母改变钢索长度来调整离合器踏板的自由行程。钢索伸长则自由行程增大,反之减小。

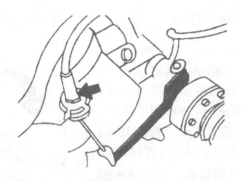

图 2-2-18 桑塔纳离合器自由行程调整

2）液压式操纵机构踏板自由行程的调整

踏板自由行程一般是主缸活塞与推杆之间、分离杠杆内端与分离轴承之间两部分间隙之和在踏板上的反映,因此踏板自由行程的调整实际上就是这两处间隙的调整。调整时先调整主缸活塞与推杆的间隙,有的通过调整螺母调整推杆长度,有的通过踏板臂与推杆相连的偏心装置调整推杆伸出长度。其间隙量有的可直接测量,有的则测量此间隙在踏板上反映的自由行程量。北京吉普 BJ2020 型就是通过偏心螺柱调整推杆伸出长度,使其与活塞间的间隙为 0.5 mm～1.0 mm,测量反映到踏板上的自由行程应为 3 mm～6 mm。

再通过调整分离叉推杆长度调整分离轴承与分离杠杆间的间隙,使踏板自由行程总量符合要求。如北京吉普 BJ2020 汽车通过调整分离叉推杆使踏板自由行程总量为 32 mm~40 mm,这样分离轴承与分离杠杆的间隙也就达到了规定值 2.5mm。

（2）离合器踏板高度的调整

有的车型的踏板高度也是可调的,即踏板高度限位装置是由螺栓调整的,在调踏板自由行程时应先调整踏板高度至规定值。踏板高度的检查如图 2-2-19 所示,拧松锁紧螺母直至高度符合规定。离合器踏板高度可用直尺测量,一般轿车规定值为 170 mm~190 mm。

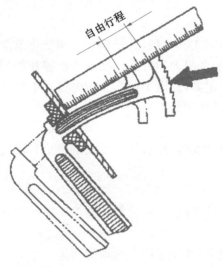

图 2-2-19　踏板高度检查

（3）踏板自由行程和推杆行程的检查与调整

正常的踏板自由行程是保证离合器完全接合和彻底分离的必要条件。检查踏板自由行程时可用直尺测量,其方法是先检查出踏板完全松开的高度,再测出当按下踏板感觉有阻力时的高度,前后两次高度差即为踏板自由行程,其值应符合规定,见表 2-2-1。如踏板自由行程不符合规定时应予调整。

表 2-2-1　部分轿车离合器踏板的自由行程

车型	离合器踏板自由行程(mm)	车型	离合器踏板自由行程(mm)
红旗 7220	26~40	广州本田	9~15
一汽奥迪 100	15	丰田皇冠	20~25
捷达/高尔夫	15~20	三菱 GALANT	20~30
上海桑塔纳	15~20	日本蓝鸟 1.60×BLU11D	1~3
二汽神龙富康	5~15	拉达	25~35
广州标致	15	伏尔加 M-21	32~40
天津夏利 TJ7100	15~30	日产公爵 V-30SGL	10~15
上汽奇瑞	5~15	日冕 RT8L	25~45

（4）踏板有效行程的检查

在踏板高度和自由行程调整正确后,再检查踏板有效行程是否符合规定,如一汽奥迪

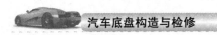

100 轿车规定为 145 mm,上海桑塔纳轿车规定为(150±50)mm,雪铁龙汽车规定为 140 mm 等。检查有效行程的目的是为了保证踏板踩下后,其与底板间保持有一定间隙,如天津夏利轿车规定的间隙为 25 mm。

§2.3　手动变速器的构造与检修

2.3.1　概述

1. 变速器的功用

由于汽车上广泛采用活塞式发动机,其转矩和转速变化范围较小,而汽车实际行驶的道路条件非常复杂,要求汽车的牵引力和行驶速度必须能够在相当大的范围内变化。另外,活塞式发动机的旋转方向是一定的,而汽车在实际行驶过程中常常需要倒向行驶。为此,在汽车传动系中设置了变速器,其功用如下。

（1）改变传动比

通过改变变速器挡位改变其传动比,扩大发动机转矩和转速的变化范围,以适应汽车不同行驶条件的需要。

（2）倒向行驶

在发动机旋转方向不变的条件下,利用倒挡使汽车能够倒向行驶。

（3）切断动力传递

在发动机不熄火的情况下,利用空挡中断动力传递,可以使驾驶人松开离合器踏板离开驾驶位置,且便于汽车起动、怠速、换挡和动力输出。对于多轴驱动的越野汽车,在变速器之后还装有分动器,以便将变速器输出的动力分配到各个驱动轮上。

2. 变速器的类型

（1）按传动比变化方式分类

按传动比变化方式,汽车变速器可分为有级式变速器、无级式变速器和综合式变速器三种。

1）有级式变速器

有级式变速器应用最广泛,它采用齿轮传动,具有若干个数值一定的传动比。目前轿车和轻、中型货车变速器的传动比通常有 4~6 个前进挡和一个倒挡。按所用轮系不同,有轴线固定式的普通齿轮变速器和轴线旋转式的行星齿轮变速器两种。行星齿轮变速器通常与液力变矩器组成液力机械变速器。

2）无级式变速器

无级式变速器的传动比在一定的数值范围内可按无限多级连续变化,常见的有电力式和液力式两种。电力式无级变速器的变速传动部件为直流串激电动机,除在无轨电车上应用之外,在超重型自卸车传动系中也有广泛应用的趋势。液力式无级变速器的变速传动部件是液力变矩器。

3）综合式变速器

综合式变速器是指由液力变矩器和齿轮式有级变速器组成的液力机械式变速器,其传动比可在最大值与最小值之间的几个间断的范围内做无级变化,目前应用较多。

（2）按操纵方式分类

按操纵方式，汽车变速器可分为强制操纵式手动变速器、自动操纵式自动变速器和半自动操纵式变速器三种。

1）强制操纵式手动变速器

它是通过驾驶人手动操纵变速杆来选定挡位，并直接操纵变速器的换挡机构进行挡位变换。齿轮式有级变速器大多数都采用强制操纵的换挡方式。

2）自动操纵式自动变速器

这种变速器的传动比选择和换挡是自动进行的。所谓"自动"，是指机械变速器挡位的变换是借助反映发动机负荷和车速的信号系统来控制换挡系统的执行元件而实现的，驾驶人只需操纵加速踏板控制车速。

3）半自动操纵式变速器

这种变速器有两种形式。一种是预选式，即驾驶人预先用按钮选定挡位，在踩下离合器踏板或松开加速踏板时，接通一个电磁装置或液压装置来进行换挡；另一种是常用的几个挡位自动操纵，其余挡位则由驾驶人手动操纵。

2.3.2 变速器变速传动机构

变速器包括变速传动机构和操纵机构两部分。变速传动机构是变速器的主体，主要由一系列相互啮合的齿轮副、同步器、支撑轴以及作为基础件的壳体组成。按变速器轴的数目分类，有两轴式变速器和三轴式变速器。下面分别介绍两轴式和三轴式普通齿轮变速器传动机构的基本构造和工作过程。

1. 两轴式变速器

在发动机前置前轮驱动（FF 型）或发动机后置后轮驱动（RR 型）的中级和普通级轿车上，由于总体布置的需要，采用了两轴式变速器。这种变速器的特点是输入轴与输出轴平行，且无中间轴，各前进挡的动力分别经一对齿轮传递。

（1）奥迪 100 型轿车所用变速器结构

如图 2-3-1 所示是一汽奥迪 100 型轿车变速器，发动机采用纵向布置。该变速器具有五个前进挡和一个倒挡，所有挡位均用锁环式惯性同步器换挡。输入轴通过一个球轴承和两个滚子轴承三点支承在变速器前、后壳体上，输出轴则通过两个圆锥滚子轴承支承在壳体上，离合器从动盘将动力传给变速器输入轴。驾驶人可通过变速器操纵机构、各挡接合套及同步器挂上所需挡位。

变速器输入轴与其一挡齿轮、二挡齿轮和倒挡齿轮制成一体。另外，输入轴上还装有三挡齿轮和四挡齿轮，这两个齿轮通过滚针轴承套在输入轴上，三、四挡同步器接合套与该轴花键配合，五挡齿轮与该轴为过盈配合。以上这些构成了输入轴的主动部分。

输出轴与主减速器主动圆锥齿轮制成一体，前端借助圆锥滚子轴承支承在变速器前壳体上，后端用小圆锥滚子轴承支承在变速器后壳体上，中间装有五个前进挡和一个倒挡的从动齿轮（24、22、21、19、17 和 15）。一、二挡同步器和五、倒挡同步器的花键毂与该轴为过盈配合，除了三、四挡齿轮（21、19）以花键与输出轴配合外，其他各挡齿轮均通过滚针轴承自由地空套在输出轴上。

该变速器各个挡位的主、从动齿轮均为斜齿圆柱齿轮，平时均处于常啮合状态。

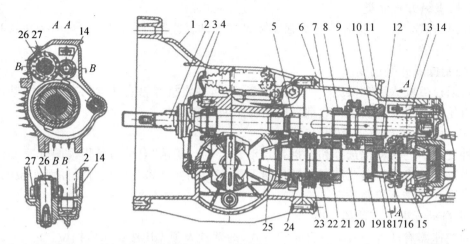

1-变速器前壳体　2-输入轴　3-分离轴承　4-分离杠杆　5-输入轴一挡齿轮　6-变速器后壳体
7-输入轴二挡齿轮　8-输入轴三挡齿轮　9、16、23-接合套　10-输入轴四挡齿轮　11、18-隔离套
12-输入轴五挡齿轮　13-集油器　14-输入轴倒挡齿轮　15-输出轴倒挡齿轮　17-输出轴五挡齿轮
19-输出轴四挡齿轮　20-输出轴　21-输出轴三挡齿轮　22-输出轴二挡齿轮　24-输出轴一挡齿轮
25-主减速器主动圆锥齿轮　26-倒挡中间轴　27-倒挡中间齿轮

图 2-3-1　奥迪 100 型轿车所用变速器

（2）奥迪 100 型轿车所用变速器各挡传动过程

各挡的动力传递路线如图 2-3-2 所示。

空挡：未挂挡时，各接合套均处于中间位置，如图 2-3-2 所示。当动力输入时，输入轴 1 旋转，固定在输入轴上的一、二、五挡及倒挡的主动齿轮（2、3、7、9）与之同步旋转。三、四挡主动齿轮（4、6）处于自由状态，可空转。一、二、五挡和倒挡的从动齿轮（18、16、13、10）随输入轴旋转而在输出轴上空转，输出轴不被驱动，汽车处于静止或空挡滑行状态。

一挡：在空挡位置的基础上，操纵变速杆通过一、二挡换挡拨叉，使一、二挡同步器接合套左移，与一挡从动齿轮啮合同步旋转。这样，从离合器传来的发动机转矩经输入轴上的二挡齿轮及与其常啮合的从动齿轮、一、二挡同步器接合套，经花键毂传到输出轴，直至主减速器。一挡传动比计算如下。

$$i_1 = \frac{z_{18}}{z_2} = \frac{39}{11} = 3.545$$

二挡：通过一、二挡换挡拨叉使一、二挡同步器接合套右移，退出一挡，进入空挡。继续向右推动该换挡拨叉，使一、二挡同步器接合套右移，与二挡从动齿轮啮合同步旋转。发动机传来的转矩经输入轴上的二挡主动齿轮及与其常啮合的从动齿轮、同步器接合套和花键毂传到输出轴，直至主减速器。二挡传动比计算如下。

$$i_2 = \frac{z_{16}}{z_3} = \frac{40}{19} = 2.105$$

三挡：操纵三、四挡换挡拨叉推动三、四挡同步器接合套左移，与三挡主动齿轮啮合同步旋转。则来自发动机的转矩从输入轴上的花键传至三、四挡同步器接合套，经该同步器接合

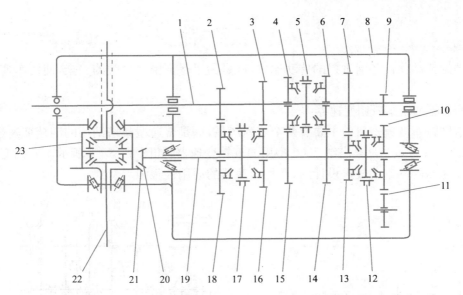

1-输入轴　2-输入轴一挡齿轮(齿数为11)　3-输入轴二挡齿轮(齿数为19)　4-输入轴三挡齿
轮(齿数为28)　5、12、17-接合套　6-输入轴四挡齿轮(齿数为34)　7-输入轴五挡齿轮(齿数为
37)　8-变速器壳体　9-输入轴倒挡齿轮(齿数为10)　10-输出轴倒挡齿轮(齿数为35)　11-倒
挡中间齿轮　13-输出轴五挡齿轮(齿数为31)　14-输出轴四挡齿轮(齿数为35)　15-输出轴三
挡齿轮(齿数为40)　16-输出轴二挡齿轮(齿数为40)　18-输出轴一挡齿轮(齿数为39)　19-输
出轴　20-主减速器主动圆锥齿轮　21-主减速器从动圆锥齿轮　22-半轴　23-差速器壳

图 2 - 3 - 2　奥迪 100 型轿车所用变速器传动示意图

套传到三挡主动齿轮,再传到与它常啮合的从动齿轮,再经花键传给输出轴,直至主减速器。
三挡传动比计算如下。

$$i_3 = \frac{z_{15}}{z_4} = \frac{40}{28} = 1.429$$

四挡:操纵三、四挡换挡拨叉推动三、四挡同步器接合套右移,与四挡主动齿轮啮合同步
旋转。则来自发动机的转矩从输入轴上的花键传到三、四挡同步器接合套,经该同步器接合
套传到四挡主动齿轮,再传到与它常啮合的从动齿轮,再经花键传给输出轴,直至主减速器。
四挡传动比计算如下。

$$i_4 = \frac{z_{14}}{z_6} = \frac{35}{34} = 1.029$$

五挡:操纵五、倒挡换挡拨叉推动五、倒挡同步器接合套左移,与五挡从动齿轮啮合同步
旋转。则来自发动机的转矩从输入轴上的五挡主动齿轮及与之常啮合的从动齿轮,经同步
器接合套、花键传给输出轴,直至主减速器。五挡传动比计算如下。

$$i_5 = \frac{z_{13}}{z_7} = \frac{31}{37} = 0.838$$

倒挡:操纵五、倒挡换挡拨叉推动五、倒挡同步器接合套右移,与倒挡从动齿轮啮合同步旋
转。则来自发动机的转矩从输入轴上的倒挡主动齿轮及与之常啮合的倒挡轴从动齿轮,再到
输出轴倒挡齿轮,经同步器接合套、花键传给输出轴,直至主减速器。倒挡传动比计算如下。

$$i_R = \frac{z_{10} z_{11}}{z_{11} z_9} = \frac{z_{10}}{z_9} = \frac{35}{10} = 3.5$$

倒挡的传动比比各前进挡的传动比大，这是为了保证倒向行驶的安全，使倒车速度尽可能低些。

（3）桑塔纳轿车所用变速器

桑塔纳轿车变速器目前主要有两个系列产品，一是普通型桑塔纳用的四挡变速器，如图 2-3-3 所示；另一个是桑塔纳 2000 型用的五挡变速器，如图 2-3-4 所示。五挡变速器是在四挡变速器的基础上改进设计的，两种变速器的通用性很强。

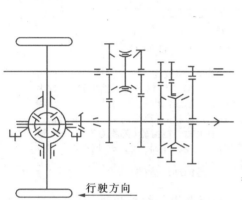

图 2-3-3 普通型桑塔纳轿车四挡变速器

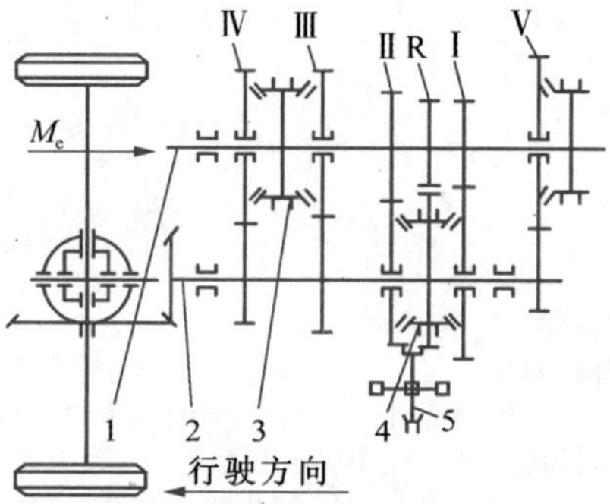

1-输入轴 2-输出轴 3-三、四挡同步器 4-一、二挡同步器 5-倒挡轴到倒挡齿轮 Ⅰ-一挡齿轮 Ⅱ-二挡齿轮 Ⅲ-三挡齿轮 Ⅳ-四挡齿轮 Ⅴ-五挡齿轮 R-倒挡齿轮

图 2-3-4 桑塔纳 2000 型五挡变速器

桑塔纳轿车变速器（不论是四挡还是五挡），其内部结构均采用两轴式布置形式，其中四挡变速器共有四个前进挡，全部采用同步器操纵换挡，两个锁环式惯性同步器分别安装在输入轴和输出轴上；五挡变速器中的五个前进挡也全部采用同步器操纵换挡，而三个锁环式惯性同步器，一个安装在变速器的输出轴上，其他两个装在变速器的输入轴上。输入轴的一、二挡齿轮和倒挡齿轮与轴制成一体，其他均为带衬套式齿轮。桑塔纳 2000 型轿车各挡位变速器动力传递路线如表 2-3-1 所示。

表 2-3-1 桑塔纳 2000 型轿车五挡变速器动力传递路线

挡位	动力传递路线
一挡	变速器操纵杆从空挡向左、向前移动，实现： 动力→输入轴→输入轴一挡齿轮→输出轴一挡齿轮→输出轴一、二挡同步器→输出轴→动力输出
二挡	变速器操纵杆从空挡向左、向后移动，实现： 动力→输入轴→输入轴二挡齿轮→输出轴二挡齿轮→输出轴一、二挡同步器→输出轴→动力输出
三挡	变速器操纵杆从空挡向前移动，实现： 动力→输入轴→输入轴三、四挡同步器→输入轴三挡齿轮→输出轴三挡齿轮→输出轴→动力输出

续表

挡位	动力传递路线
四挡	变速器操纵杆从空挡向后移动,实现: 动力→输入轴→输入轴三、四挡同步器→输入轴四挡齿轮→输出轴四挡齿轮→输出轴→动力输出
五挡	变速器操纵杆从空挡向右、向前移动,实现: 动力→输入轴→输入轴五挡同步器→输入轴五挡齿轮→输出轴五挡齿轮→输出轴→动力输出
倒挡	变速器操纵杆从空挡向右、向后移动,实现: 动力→输入轴→输入轴倒挡齿轮→倒挡轴上倒挡齿轮→输出轴倒挡齿轮→输出轴→动力反向输出

2. 三轴式变速器

以东风 EQ1092 型汽车变速器为例介绍三轴式变速器结构。

（1）基本结构

如图 2-3-5 所示为东风 EQ1092 型汽车五挡变速器结构图,如图 2-3-6 所示为该变速器变速传动示意图,两图上零部件编号相同,图 2-3-6 中括号内的数字为齿轮的齿数。该变速器有五个前进挡,一个倒挡,三根轴——第一轴(输入轴)、中间轴和第二轴(输出轴)。

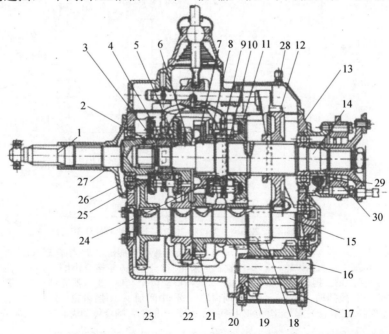

1-第一轴　2-第一轴常啮合传动齿轮　3-第一轴齿轮接合齿圈　4、9-接合套　5-四挡齿轮接合齿圈　6-第二轴四挡齿轮　7-第二轴三挡齿轮　8-三挡齿轮接合齿圈　10-二挡齿轮接合齿圈　11-第二轴二挡齿轮　12-第二轴一、倒挡滑动齿轮　13-变速器壳体　14-第二轴　15-中间轴　16-倒挡轴　17、19-倒挡中间齿轮　18-中间轴一、倒挡齿轮　20-中间轴二挡齿轮　21-中间轴三挡齿轮　22-中间轴四挡齿轮　23-中间轴常啮合传动齿轮

图 2-3-5　EQ1092 型汽车五挡变速器结构图

第一轴一般与常啮合传动齿轮制成一体,轴的前端用轴承支承在发动机飞轮的中心孔内,后端用轴承支承在变速器壳体前壁座孔中。第一轴既是变速器输入轴,又是离合器的输出轴,离合器从动盘就是套装在该轴前端的花键上。第一轴轴承盖的内圆柱面切有回油螺纹(左旋),以防止变速器中的润滑油窜入离合器。

第二轴的前端用滚针轴承支承在常啮合传动齿轮的内孔中,后端用轴承支承在壳体上。轴上装有一、二、三、四挡从动齿轮(12、11、7、6)。第二轴一挡滑动齿轮用花键套在轴上,可在轴上沿轴向滑动。二、三、四挡齿轮均通过滚针轴承自由地套在轴上,轴上还装有二、三挡及四、五挡换挡同步器装置。第二轴后轴承的外侧还装有里程表传动齿轮,轴的最后端的花键上装有凸缘,它与万向传动装置中的万向节叉连接。

中间轴为一根阶梯形光轴,两端用轴承支承在壳体上。其上装有一、二、三、四挡主动齿轮(18、20、21、22)及中间轴常啮合传动齿轮,其中一挡齿轮因尺寸小而与轴制成一体,其余齿轮均用半圆键与轴连接。

除上述三根轴外,变速器中还有一根倒挡轴,轴的两端分别支承在壳体上和箱体内的支承上,轴被锁片固定在壳体上,其上用滚针轴承自由地套装有倒挡中间齿轮。变速器中除一、倒挡齿轮外,其余齿轮均为斜齿齿轮。

(2) 各挡传动路线及传动比

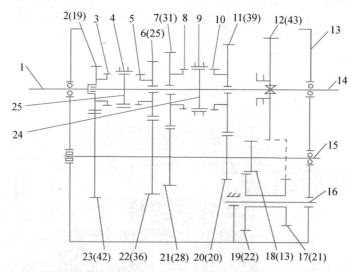

1-第一轴　2-第一轴常啮合传动齿轮　3-第一轴齿轮接合齿圈　4、9-接合套　5-四挡齿轮接合齿圈　6-第二轴四挡齿轮　7-第二轴三挡齿轮　8-三挡齿轮接合齿圈　10-二挡齿轮接合齿圈　11-第二轴二挡齿轮　12-第二轴一、倒挡滑动齿轮　13-变速器壳体　14-第二轴　15-中间轴　16-倒挡轴　17、19-倒挡中间齿轮　18-中间轴一、倒挡齿轮　20-中间轴二挡齿轮　21-中间轴三挡齿轮　22-中间轴四挡齿轮　23-中间轴常啮合传动齿轮　24、25-花键毂

图 2-3-6　EQ1092型汽车五挡变速器变速传动示意图

空挡:未挂挡时,各接合套及齿轮均处于中间位置,如图2-3-6所示。当动力输入时,第一轴旋转,与第一轴一体的常啮合齿轮与之同步旋转,带动中间轴上的常啮合齿轮旋转,从而带动中间轴及其上面的齿轮(22、21、20、18)一起旋转,分别与之啮合的齿轮(6、7、11)在第二轴上空转,而第二轴不被驱动,汽车处于静止、空挡滑行或怠速状态。

一挡:操纵变速杆,通过拨叉使第二轴上的一挡滑动齿轮左移,与中间轴上的一挡齿轮相啮合,动力便从第一轴常啮合传动齿轮、中间轴常啮合传动齿轮、中间轴、中间轴一挡齿轮、第二轴一挡滑动齿轮经花键传至第二轴输出。一挡传动比计算如下。

$$i_1 = \frac{z_{23}}{z_{12}} = \frac{42 \times 43}{19 \times 13} = 7.31$$

二挡:将第二轴上的一挡滑动齿轮退出啮合后,拨动带同步器的接合套右移,与二挡齿轮的接合齿圈啮合,便从一挡换入二挡。动力从第一轴经常啮合齿轮传至中间轴,再经中间轴上的二挡主动齿轮传至第二轴上的二挡从动齿轮。因齿轮空套在第二轴上,故动力不能由齿轮直接传到第二轴上,而是经其上的接合齿圈传至接合套再到花键毂,最后传至第二轴。二挡传动比计算如下。

$$i_2 = \frac{z_{23} z_{11}}{z_2 z_{20}} = \frac{42 \times 39}{19 \times 20} = 4.31$$

三挡:将接合套左移与接合齿圈啮合,即挂入三挡。动力通过第一轴常啮合齿轮、中间轴常啮合传动齿轮,中间轴,中间轴齿轮,第二轴三挡齿轮,接合齿圈,接合套,花键毂传至第二轴。三挡传动比计算如下。

$$i_3 = \frac{z_{23} z_7}{z_2 z_{21}} = \frac{42 \times 31}{19 \times 28} = 2.45$$

四挡:将第二轴四、五挡接合套向右移动,与接合齿圈啮合,即可挂入四挡。动力通过第一轴依次经常啮合齿轮,中间轴,四挡主、从动齿轮,接合齿圈,接合套,花键毂传至第二轴。四挡传动比计算如下。

$$i_4 = \frac{z_{23} z_6}{z_2 z_{22}} = \frac{42 \times 25}{19 \times 36} = 1.54$$

五挡:将第二轴上的接合套左移,与第一轴上常啮合主动齿轮的接合齿圈啮合,即挂入五挡。这时,第一轴经接合套与第二轴通过花键毂连成一体。动力从第一轴经齿轮、接合齿圈、接合套和花键毂直接传至第二轴,不再经过中间轴,故通常把这种挡位称为直接挡。直接挡动力传动路线最短,传动效率最高,在公路上行驶的车辆,经常都是用直接挡。五挡传动比计算如下。

$$i_5 = 1$$

上述一到五挡均为前进挡,动力从第一轴到第二轴一般均经两对齿轮传动(或第一轴、第二轴直接连接),故第二轴的旋转方向和第一轴相同。为使汽车能倒向行驶,应使第二轴的旋向与第一轴相反,这时从第一轴至第二轴应采用三对齿轮传动,即倒挡传动路线。

倒挡:将第二轴一挡从动齿轮(也兼作倒挡从动齿轮)右移,与倒挡中间直齿齿轮 17 啮合,即挂入倒挡。动力由第一轴经常啮合齿轮,中间轴,一挡主动齿轮,倒挡中间齿轮至一挡从动齿轮,再经花键传至第二轴。倒挡传动比计算如下。

$$i_R = \frac{z_{23} z_{19} z_{12}}{z_2 z_{18} z_{17}} = \frac{42 \times 22 \times 43}{19 \times 13 \times 21} = 7.66$$

2.3.3 变速器的换挡

1. 变速器换挡方式

变速器的换挡装置常见的有直齿滑动齿轮式、接合套式和同步器式三种。

(1) 直齿滑动齿轮式换挡

对于采用直齿齿轮传动的挡位,常采用这种换挡形式。它是通过直接移动啮合齿轮副中的一个齿轮,使之与另一个齿轮进入啮合或退出啮合,从而实现挂挡或退挡。如桑塔纳变速器的倒挡、东风 EQ1092 型汽车五挡变速器中的一挡和倒挡就是采用这种换挡形式。由于直齿齿轮传动冲击大、噪声大、承载能力低,所以变速器中的直齿齿轮传动及滑动齿轮式换挡越来越少,只限于一挡和倒挡采用。

(2) 接合套式换挡

这种换挡装置用于常啮合斜齿轮传动的挡位,如解放 CA1092 型汽车变速器一、倒挡即采用这种形式。接合套式换挡装置由于其接合齿短、换挡时拨叉移动量小,故操作较轻便,且换挡元件受冲击的工作面增加使换挡冲击减小,换挡元件的寿命增长。

(3) 同步器式换挡

它是在接合套式换挡机构的基础上又加装了同步元件而构成的一种换挡装置。它可以保证在换挡时接合套与待接合齿圈的圆周速度迅速相等,即迅速达到同步状态,并防止二者在同步之前进入啮合,从而可消除换挡的冲击,使换挡操作平顺、简捷和轻便。如解放 CA1092 型汽车变速器,除一、倒挡外其他各挡均采用同步器式换挡。目前,几乎所有的轿车和大部分载货汽车均采用同步器式换挡。

2. 无同步器时的换挡过程

在换挡过程中,应使待啮合的一对齿轮或接合套与接合齿圈的圆周速度达到同步,才能避免冲击和噪音,使之顺利进入啮合。为此,要求驾驶人必须采取合理的换挡操作步骤,现以图 2-3-7 所示无同步器的五挡变速器中四、五挡(四挡为直接挡,五挡为超速挡)互相转换的过程为例来说明其原理。

(1) 从低速挡(四挡)换入高速挡(五挡)

变速器在四挡工作时,接合套与齿轮 2 上的接合齿圈接合,此时 $v_3 = v_2$,$v_4 = \dfrac{z_6 z_2}{z_4 z_7} v_2$,很显然 $v_4 >$ v_2。欲从四挡换入五挡,驾驶人应先踩下离合器踏板,使离合器分离,随即通过变速杆将接合套右移,推入空挡位置。

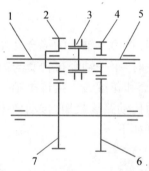

1-第一轴 2-第一轴齿轮 3-接合套 4-第二轴五挡齿轮 5-第二轴 6-中间轴五挡齿轮 7-中间轴常啮合齿轮

图 2-3-7 无同步器的五挡变速器四、五挡齿轮示意图

当变速器挂入空挡的瞬间,依然是 $v_3 = v_2$,$v_4 > v_2$,即 $v_4 > v_3$。为避免产生冲击,不应在此时立即将接合套推向齿轮 4 挂五挡,而需在空挡停留片刻。此时,由于离合器从动盘已与发动机脱离,动力传递中断,接合套与齿轮 4 的转速都在逐渐下降。但是变速器尚处于空挡,接合套与齿轮 4 之间没有联系,所以接合套与齿轮 4 的转速下降的快慢有所不同。由于

接合套通过第二轴与万向传动装置、驱动桥相连,惯性很大,所以接合套的转速下降较慢;而齿轮 4 只与齿轮 6、中间轴、齿轮 7、齿轮 2、第一轴和离合器从动盘相连,惯性很小,所以齿轮 4 的转速下降较快。这样,虽然齿轮 4 原先的转速大于接合套的转速,但由于齿轮 4 的转速下降比接合套 3 的快,必然会有一个瞬间出现 $v_4 = v_3$ 的情况,而过了这个时刻,齿轮 4 的转速会慢慢地小于接合套的转速。所以想要实现无冲击的换挡,最好是在 $v_4 = v_3$ 的时刻右移接合套而挂入五挡。

(2) 从高速挡(五挡)换入低速挡(四挡)

变速器在五挡工作时,接合套与齿轮 4 上的接合齿圈接合,此时 $v_3 = v_4$,$v_4 = \dfrac{z_6 z_2}{z_4 z_7} v_2$,很显然 $v_4 > v_2$。欲从五挡换入四挡,驾驶人应先踩下离合器踏板,使离合器分离,随即通过变速杆将接合套左移,推入空挡位置。

当变速器挂入空挡的瞬间,依然是 $v_3 = v_4$,$v_4 > v_2$,即 $v_3 > v_2$。但是推入空挡后,由于齿轮 2 转速下降比接合套快,根本不可能出现 $v_3 = v_2$ 的情况;相反,停留在空挡的时间愈久,二者差值将愈大。为实现无冲击换挡,只能提高齿轮 2 的转速。具体操作步骤是分离离合器挂入空挡后,随即重新接合离合器,同时踩一下加速踏板,使发动机连同离合器从动盘和第一轴一同加速到高于接合套转速,然后分离离合器,等待片刻直到 $v_3 = v_2$ 时,即可挂入四挡。上述相邻挡位相互转换原理以接合套换挡为例,它同样适用于移动齿轮换挡的情况。

由此可见,欲使一般变速器换挡时不产生轮齿或花键齿间的冲击,需要进行复杂的操作,并应在短时间内迅速而准确地完成。这对于即使是技术很熟练的驾驶人,也容易造成疲劳。因此,要求在变速器结构上采取改进措施,既保证挂挡平顺,又使操作简化,减轻驾驶人劳动强度,同步器即是在这样的要求下产生的。

3. 有同步器时的换挡过程

同步器的作用是使接合套与待接合的齿圈之间迅速达到同步,并阻止二者在同步之前进入啮合,从而可消除换挡时的冲击,缩短换挡时间,简化换挡过程。

同步器由同步装置(包括推动件和摩擦件)、锁止装置和接合装置三部分组成,目前所有的同步器几乎都是采用摩擦式惯性同步器。惯性同步器根据锁止机构不同,可分为锁环式和锁销式两种。

(1) 锁环式惯性同步器

1) 结构分析

图 2-3-8 所示为锁环式惯性同步器的结构图,它由锁环、花键毂、滑块和接合套组成。

通常花键毂制成内外花键,套装在轴上,轴向用挡圈定位。花键毂上开有三个轴向环槽,三个滑块分别嵌合在这三个轴向环槽中,并可沿槽轴向滑动。在花键毂两端有两个青铜制成的锁环,锁环的内锥面上制有细密螺旋槽,以使其与接合齿圈锥面相接触后,能破坏油膜,而增加锥面间的摩擦力。锁环上也开有三个缺口,三个滑块可插入其中。另外,在锁环上还制有短花键齿圈,它的尺寸、齿数和花键毂上的外花键齿相同,且对着接合套一端的短齿都有倒角,与接合套齿端的倒角相同,起锁止作用,故称为锁止角。

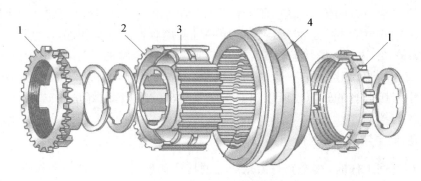

1-锁环　2-花键毂　3-滑块　4-接合套

图 2-3-8　锁环式惯性同步器的结构图

2）工作原理

图 2-3-9 所示为锁环式惯性同步器工作原理示意图。

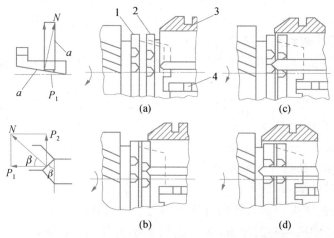

1-四挡主动齿轮　2-锁环　3-接合套　4-滑块

图 2-3-9　锁环式惯性同步器工作原理示意图

变速器由三挡换入四挡,当接合套从三挡退出而进入空挡时,接合套与锁环都在惯性作用下以相同的转速旋转。此时,四挡主动齿轮的转速大于接合套和锁环的转速(如图 2-3-9(a)所示)。

当要挂入四挡时,接合套 3 便在拨叉的作用下,带动滑块 4 左移。当滑块推动锁环 2 压向四挡主动齿轮 1 时,锁环的内锥面与四挡主动齿轮接合齿圈的外锥面间产生摩擦力矩,在此力矩作用下四挡主动齿轮带动锁环旋转,相对接合套超前一个角度,超前角的大小,正好是锁环缺口的一侧与滑块一侧所留的间隙,即正好半个短齿(如图 2-3-9(b)所示)。此时,由于四挡主动齿轮相对于锁环和接合套做减速旋转,四挡主动齿轮与锁环、接合套的转速相同,即达到同步旋转。当拨叉作用在接合套上的力继续向左,使接合套上的短齿倒角压在锁环的短齿倒角上,致使倒角接触面上的力 N 分解出 P_1 和 P_2 两个力。P_1 使锁环锥面更紧地压在四挡主动齿轮的锥面上,P_2 使锁环相对接合套倒转一个角度,使两花键齿倒角不再抵触

（滑块此时正好在锁环缺口的中间），锁环的锁止作用消除，于是接合套继续左移，从而与锁环的花键齿圈进入啮合（如图 2-3-9(c)所示）。当接合套穿过锁环短齿与四挡主动齿轮接合齿圈的短齿倒角接触时（如图 2-3-9(c)所示），作用在短齿倒角上的力同样分解成两个力，一个力使接合套左移，另一个力使四挡主动齿轮相对接合套转过一个角度，从而最终完成接合套与四挡主动齿轮接合齿圈上短齿的顺利啮合（如图 2-3-9(d)所示）。

上述换挡过程可简要的归纳为：滑块推动锁环左移使锁环锥面与接合齿圈锥面接触而产生摩擦力矩，该力矩使齿轮降速，锁环升速（实现齿轮、锁环、接合套快速同步）；同步器转过一个角度，使锁环锥面与接合套锥面相抵触，防止接合套前进（实现同步前无法进入啮合）；当齿轮、锁环与接合套同步后，惯性力消失，锁环转过一个角度，锁止作用消失，接合套与接合齿圈进入啮合，从而完成同步换挡。

（2）锁销式惯性同步器

图 2-3-10 为五挡变速器的四、五挡同步器。

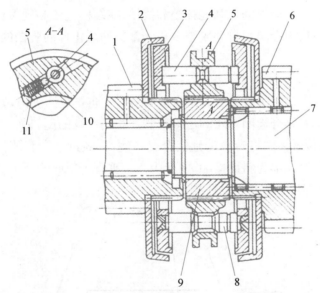

1-第一轴齿轮　2-摩擦锥盘　3-摩擦锥环　4-定位销　5-接合套
6-第二轴四挡齿轮　7-第二轴　8-锁销　9-花键毂　10-钢球　11-弹簧

图 2-3-10　锁环式惯性同步器

1）结构分析

两个带有内锥面的摩擦锥盘，以其内花键分别固装在带有接合齿圈的斜齿轮 1 和 6 上，随齿轮一起转动。两个有外锥面的摩擦锥环 3，其上有圆周均布的三个锁销、三个定位销与接合套装在一起。定位销与接合套的相应孔是滑动配合，定位销中部切有一小段环槽，接合套钻有斜孔，内装弹簧，把钢球顶向定位销中部的环槽，使接合套处于空挡位置，定位销随接合套能轴向移动。定位销两端伸入两摩擦锥环内侧面的弧线形浅坑中，定位销与浅坑有周向间隙，锥环相对接合套在一定范围内做周向摆动。锁销中部环槽的两端和接合套相应孔两端切有相同的倒角（锁止角），锁销与孔对中时，接合套才能沿锁销轴向移动，锁销两端铆接在锥环相应的孔中。可见，两个锥环（即摩擦件，其上有螺纹槽）、三个锁销（锁止件）、三个定位销(推动件)和接合套(接合件)构成一个部件,套在花键毂的齿圈上。

2)工作原理

锁销式惯性同步器的工作原理与锁环式惯性同步器类似。如图2-3-10所示,当接合套受到轴向推力 P_1 作用时,通过钢球、定位销推动摩擦锥环向前移动,即欲换入五挡。因摩擦锥环与锥盘有转速差,故接触后的摩擦作用使锥环和锁销相对于接合套转过一个角度,锁销与接合套上相应孔的中心线不再同心,锁销中部倒角与接合套孔端的锥面相抵触。在同步前,作用在摩擦面的摩擦力矩总大于切向分力形成的拨销力矩,接合套被锁止不能前移,防止在同步前接合套与齿圈进入啮合。同步后惯性力矩消失,拨销力使锁销、摩擦锥盘和相应的齿轮相对于接合套转过一个角度,锁销与接合套的相应孔对中,接合套克服弹簧的张力压下钢球并沿锁销继续向前移动,顺利地换入五挡。

总之,锥环与锥盘的摩擦力矩较大,多用在中型和重型汽车上。

4. 防止自动脱挡的措施

变速器换挡装置除应能保证顺利地挂挡和摘挡,在结构上还必须保证在汽车行驶中,当变速器换入某一挡位后不会出现自动脱挡现象。常见的防止自动脱挡的结构有齿端倒斜面式和减薄齿式两种形式。

(1)齿端倒斜面式

解放CA1091型汽车变速器采用的是齿端倒斜面式防止脱挡机构,如图2-3-11所示。它是将接合套的两端及接合齿圈1、4的齿端都制有相同斜度的倒斜面。当接合套2左移与接合齿圈1接合时,接合齿圈将转矩传到接合套一侧,再经过接合套的另一侧传给花键毂。由于接合齿圈与接合套端部为斜面接触,便产生一个垂直于斜面的压力 N,其分力分别为 F 和 Q,其轴向分力 Q 即用于防止自动脱挡。

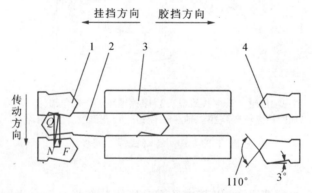

1、4-接合齿圈 2-接合套 3-花键毂
F-圆周力 N-倒锥齿面正压力 Q-防止脱挡的轴向力

图2-3-11 齿端倒斜面式防止脱挡机构

(2)减薄齿式

东风 EQ1090E 型汽车变速器采用的是减薄齿式防脱挡机构。在该变速器二三挡、四五挡同步器花键毂外齿圈的两端,齿厚各减薄 0.3 mm～0.4 mm,使各齿中部形成一凸台。当同步器的接合套左移与接合齿圈接合时,如图2-3-12所示位置,结合齿圈的转矩传给接

合套的一侧,再由接合套的另一侧传给花键毂。由于接合套的后端被花键毂中部的凸台挡住,在接触面上产生一个力 N,其轴向分力 Q 即为防止自动脱挡的阻力。

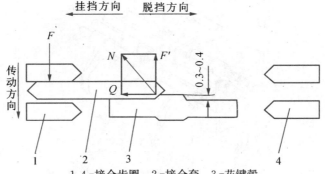

1,4-接合齿圈　2-接合套　3-花键毂
F-圆周力　N-凸台对接合套的总阻力　Q-防止脱挡的轴向力

图 2-3-12　减薄齿式防止脱挡机构

2.3.4　变速器操纵机构

1. 功用及要求

变速器操纵机构的功用是保证驾驶人根据使用条件,将变速器换入某个挡位。要使操纵机构可靠地工作,应满足下列要求:① 设有自锁装置,防止变速器自动换挡和自动脱挡。② 设有互锁装置,保证变速器不会同时换入两个挡,否则会产生运动干涉,甚至会损坏零件。③ 设有倒挡锁,防止误换倒挡,否则会损坏零件或发生安全事故。

2. 变速器操纵机构的类型

变速器操纵机构多为机械式。按操纵杆与变速器的相互位置不同,分为直接操纵式和远距离操纵式两类。

(1) 直接操纵式

变速器布置在驾驶人座位附近,操纵机构多集装于上盖或变速器侧面,结构简单,操纵方便。驾驶人直接操纵变速杆来换挡且"手感"明显。

这种操纵机构由变速杆、拨块、拨叉、拨叉轴及锁止装置等组成。如图 2-3-13 所示,变速杆球节支承于变速器盖顶部的球座内,球节上面用弹簧(图中未画)压紧以消除间隙,球节上开有竖槽,固定于变速器盖的销钉伸入该槽内且为滑动配合,变速杆只能以球节为支点前后左右摆动但不能转动。变速杆下端球头带动叉形拨杆绕换挡轴的轴线转动,叉形拨杆下端球头对准某一拨块的凹槽,然后纵向移动,带动拨叉轴及拨叉向前或向后移动,可实现换挡。拨块(3、4、14)及拨叉(1、2、5、6)都以弹性销固装在相应的拨叉轴上,拨叉轴两端支承于变速器盖相应孔中,可轴向移动。图 2-3-13 中叉形拨杆下端球头是在一、二挡拨块的凹槽中,当变速杆带动叉形拨杆向前(或向后)移动时,一、二挡拨块带动一、二挡拨叉轴、拨叉向前(或向后)移动,可换入二挡(或一挡)。

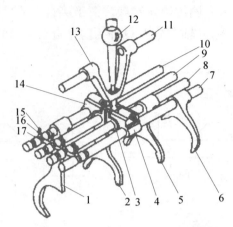

1-五、六挡拨叉　2-三、四挡拨叉　3-一、二挡拨块　4-倒挡拨块　5-一、二挡拨叉
6-倒挡拨叉　7-倒挡拨叉轴　8-一、二挡拨叉轴　9-三、四挡拨叉轴　10-五、六挡
拨叉轴　11-换挡轴　12-变速杆　13-叉形拨杆　14-五、六挡拨块　15-自锁弹簧
16-自锁钢球　17-互锁销

图 2-3-13　六挡变速器直接操纵机构示意图

（2）远距离操纵式

某些轿车以及发动机后置的汽车，由于其总体布置的需要，变速器的安装位置离驾驶人座位较远，因而变速杆不能直接布置在变速器盖上。为此，在变速杆与变速器之间加装了一套传动杆件，构成远距离操纵的形式。

桑塔纳轿车的远距离操纵机构如图 2-3-14 所示。远距离操纵机构应具有足够的刚度，且各连接件间隙不能过大，否则换挡时手感不明显。由于布置上的原因，该形式多用在轿车和轻型汽车上。

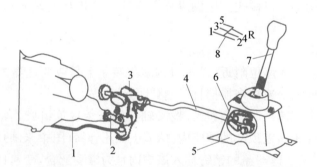

1-支撑杆　2-内换挡杆　3-换挡杆接合器　4-外换挡杆
5-倒挡保险挡块　6-换挡手柄座　7-操纵杆　8-换挡标记

图 2-3-14　桑塔纳 2000 型轿车五挡变速器远距离操纵机构

3. 变速器操纵机构的锁止装置

为满足变速器操纵机构的要求，在变速器操纵机构中设置了自锁装置、互锁装置和倒挡锁，三种锁止装置均安装在变速器盖内。

（1）自锁装置

大多数变速器的自锁装置都采用定位钢球对拨叉轴进行轴向定位锁止。如图 2-3-15 所示为东风 EQ1090E 型汽车变速器的自锁装置。该装置是在变速器盖的前端凸起部钻有三个深孔,在孔中装入自锁钢球和自锁弹簧,其位置正处于拨叉轴的正上方,每根拨叉轴对着钢球的表面沿轴向设有三个凹槽,槽的深度小于钢球的半径。中间的凹槽对正钢球时为空挡位置,前边或后边的凹槽对正钢球时则处于某一工作挡位置,凹槽对正钢球时,钢球便在自锁弹簧的压力作用下嵌入该凹槽内,拨叉轴的轴向位置便被固定,其拨叉及相应的接合套或滑动齿轮便被固定在空挡位置或某一工作挡位置,而不能自行挂挡或自行脱挡。当需要换挡时,驾驶人通过变速杆对拨叉轴施加一定的轴向力,克服弹簧的压力,从而将自锁钢球从拨叉轴凹槽中挤出并推回孔中,拨叉轴便可滑过钢球并带动拨叉及相应的换挡元件轴向移动。当拨叉轴移至另一个凹槽与钢球对正时,钢球又被压入凹槽,变速器刚好换入某一工作挡位或推入空挡。相邻凹槽之间的距离保证齿轮处于全齿长啮合或是完全退出啮合。

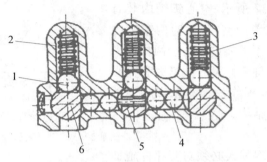

1-自锁钢球　2-自锁弹簧　3-变速器盖(前端)
4-互锁钢球　5-互锁销　6-拨叉轴

图 2－3－15　东风 EQ1090E 型变速器的自锁装置

（2）互锁装置

互锁装置的作用是阻止两根拨叉轴同时移动,即当一根拨叉轴轴向移动时,其他拨叉轴都被锁止,从而可以防止同时挂入两个挡位。如图 2-3-15 所示为变速器的自锁和互锁装置。锁球式互锁装置主要由互锁钢球及互锁销组成,互锁销装在中间拨叉轴的孔中,其长度相当于拨叉轴直径减去互锁钢球的半径,互锁钢球装于变速器盖的横向孔中。在空挡位置时,左、右拨叉轴在对着互锁钢球处开有深度相当于钢球半径的凹槽,中间拨叉轴则左、右均开有凹槽,凹槽中开有装互锁销的孔。这种互锁装置可以保证变速器只有在空挡位置时,驾驶人才可以移动任一个拨叉轴挂挡。若某一拨叉轴被移动而挂挡时,另两个拨叉轴便被互锁装置固定在空挡位置而不可能再轴向移动了。

互锁装置的工作原理如图 2-3-16 所示,变速器处于空挡时,所有的拨叉轴的侧面凹槽同互锁钢球、互锁销都在同一条直线上。当移动中间拨叉轴时(如图 2-3-16(a)所示),拨叉轴两侧的钢球从其侧面凹槽中被挤出,而两互锁钢球 2 和 4 则分别嵌入拨叉轴 1 和 5 的侧面凹槽中,因而将拨叉轴 1 和 5 刚性地锁止在其空挡位置。若欲移动拨叉轴 5,则应先将拨叉轴 3 退回到空挡位置(如图 2-3-16(b)所示)。于是,在移动拨叉轴 5 时,互锁钢球 4 便从拨叉轴 5 的凹槽中被挤出,同时通过互锁销和其他互锁钢球将拨叉轴 3 和 1 均锁止在空挡位置。同理,当移动拨叉轴 1 时,则拨叉轴 3 和 5 被锁止在空挡位置(如图 2-3-16(c)所示)。由此可知,互锁装置的作用是当驾驶人用变速杆推动某一拨叉轴时,自动锁止其他所有拨叉轴。

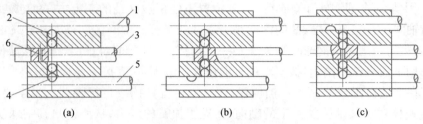

1、3、5—拨叉轴　2、4—互锁钢球　6—互锁销

图 2-3-16　锁球式互锁装置工作示意图

有的变速器操纵机构将自锁装置与互锁装置合二为一，如图 2-3-17 所示，空心锁销内装有自锁弹簧。图中所示位置为空挡，此时两锁销内端面距离 a 等于槽深 b，不可能同时拨动两根拨叉轴，起互锁作用。另外，自锁弹簧的预紧力和空心锁销对拨叉轴又起到自锁作用。北京 BJ2020N 型越野汽车就采用这种结构。

（3）倒挡锁

倒挡锁的作用是使驾驶人必须对变速杆施加

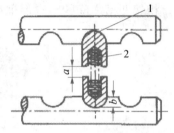

1—空心锁销　2—自锁弹簧

图 2-3-17　起自锁与互锁双重作用的锁止装置

较大的力，才能挂入倒挡，起到提醒作用，防止误挂倒挡，提高安全性。多数汽车变速器采用结构简单的弹簧锁销式倒挡锁（如图 2-3-18 所示）。

它由一、倒挡拨块（五挡变速器）中的锁销和弹簧组成。锁销杆部装有弹簧，杆部右端的螺母可调整弹簧的预压力和锁销的长度。欲换倒挡（或一挡）时，须用较大的力向一侧摆动变速杆，推动倒挡锁销压缩弹簧后，变速杆下端进入拨块才能实现换挡。只要换入倒挡，其拨叉轴就接通装在变速器壳上的电开关，警告灯亮（有的汽车仪表盘上有倒挡指示灯）、报警器响，有效地防止误挂倒挡。

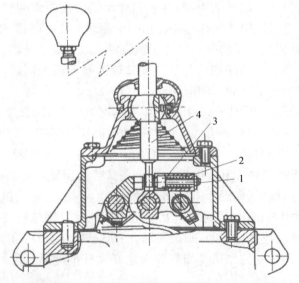

1—倒挡锁销　2—倒挡锁弹簧　3—倒挡拨块　4—变速杆

图 2-3-18　弹簧锁销式倒挡锁结构示意图

2.3.5　分动器

1. 分动器的功用

越野汽车因多轴驱动而装有分动器。分动器的首要功用是将变速器输出的动力分配到各驱动桥,其基本结构也是齿轮传动系统。输入轴直接或通过万向传动装置与变速器第二轴相连,其输出轴有若干个,分别经万向传动装置与各驱动桥连接。

目前大多数越野汽车装用两挡分动器,兼起副变速器的作用。

2. 分动器的构造

分动器由齿轮传动机构和操纵机构两部分组成。

（1）齿轮传动机构

分动器的齿轮传动机构是由若干齿轮、轴和壳体等零件组成,有的还装有同步器。

1）三个输出轴式分动器

图2-3-19为三轴式两挡分动器。分动器单独安装在车架上,其输入轴用凸缘通过万向传动装置与变速器第二轴连接,输出轴分别经万向传动装置通往后、中、前驱动桥。

分动器的降速增扭作用比变速器大,它的常啮合齿轮均为斜齿轮,轴的支承多采用轴承。轴前端通过锥轴承支承在壳体上,后端通过锥轴承支承在与轴8制成一体的齿轮6的中心孔内。齿轮5与轴1制成一体,齿轮3、10、13分别用半圆键连接在轴1、11、12上,齿轮15和9之间装有换挡接合套。前桥输出轴17后端装有接合套16,其右移使轴17和轴12相连接,即前桥驱动。

为了调整轴承预紧度,在轴8两锥轴承之间(除装有里程表驱动齿轮和隔圈外)装有调整垫片。轴1前端、轴11两端、轴12后端和轴17前端的轴承盖处装有垫片,其作用是密封,也可调整轴承预紧度。另外,轴11、12两端轴承盖处的垫片可调整轴及齿轮的轴向位置,保证常啮齿轮能全齿长啮合。

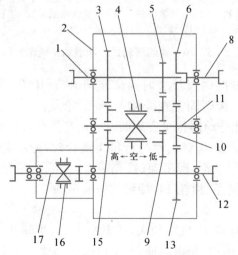

1-输入轴　2-分动器壳　3、5、6、9、10、13、15-齿轮　4-换挡接合套　8-后桥输出轴
11-中间轴　12-中桥输出轴　16-前桥接合套　17-前桥输出轴

图2-3-19　三个输出轴式分动器的结构

图 2-3-19 所示的是分动器空挡位置。将换挡接合套左移与齿轮 15 的齿圈接合时为高速挡,动力经输入轴 1、齿轮 3、15 和中间轴 11 传到齿轮 10,再分别经齿轮 6、13 传到输出轴 8 和 12。因齿轮 6 和 13 齿数相同,故轴 8 和 12 转速相同。

将前桥接合套右移,轴 17 和 12 相连接,便接上了前驱动桥,再将换挡接合套右移与齿轮 9 的齿圈接合时为低速挡,动力由输入轴经齿轮 5、9 传到中间轴 11 和齿轮 10,再分别传到输出轴 8、12、17,三轴的转速相同。

2) 两个输出轴式分动器

两轴式分动器用于轻型越野汽车,即前、后桥都为驱动桥。齿轮传动机构常采用普通齿轮式和行星齿轮式两种。普通齿轮式的工作原理与前述三轴式分动器类似,不再重述,行星齿轮式分动器介绍如下。

如图 2-3-20 所示,齿圈、行星轮(装有三或四个)、行星架及太阳轮组成行星齿轮机构,这里只介绍动力传递情况。

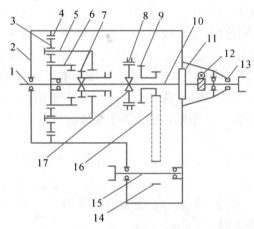

1-输入轴　2-分动器壳　3-行星轮　4-齿圈　5-行星架　6-太阳轮　7-换挡齿毂
8-接合套　9、14-齿轮　10-后桥输出轴　11-转子式油泵　12-里程表驱动齿轮
13-油封　15-前桥输出轴　16-锯齿式链条　17-花键毂

图 2-3-20 典型两轴式分动器的结构示意图

换挡齿毂左移与太阳轮的内齿接合时为高速挡(传动比为 1)。动力经由输入轴、太阳轮、齿毂,传到后桥输出轴。齿圈固定在壳体上,行星轮及行星架空转(不传力)。上述过程称为两轮驱动高挡(2H),此分动器也可实现四轮驱动高挡(4H)。

接合套右移与齿轮 9 接合,齿毂右移与行星架接合时,分动器处于四轮驱动低挡(4L)。动力经由输入轴、太阳轮、行星轮、行星架、换挡齿毂,传到后桥输出轴,另一路经后桥输出轴、花键毂、齿轮 9、锯齿式链条、齿轮 14,传到前桥输出轴。轴 10 与轴 15 的转速相同。

(2) 操纵机构

因分动器换入低速挡时,输出扭矩较大,为避免中、后桥超载,要求操纵机构必须保证:非先接上前桥,不得换入低挡;非先退出低挡,不得摘下前桥。为此要有互锁装置;为防止自动换挡和脱挡,须有自锁装置。

操纵机构由操纵杆、杠杆机构(或摆板机构)、拨叉轴、拨叉、自锁及互锁装置等组成。自锁装置的结构、工作原理与变速器的自锁装置相同。互锁装置有钉、板式,球销式和摆板滑槽凸面式。

1）钉、板式互锁装置

这种装置在前桥操纵杆上装有螺钉或铁板，与换挡操纵杆互相锁止，多用于两拨叉轴距离较大的操纵机构。

图 2-3-21 所示的操纵机构采用螺钉式互锁装置。两个支承臂固定在变速器壳体上，轴与前桥操纵杆固定在一起可在支承臂上转动。换挡操纵杆松套在轴上，前桥操纵杆下端有互锁螺钉，其头部顶靠在换挡操纵杆的下部。只有前桥操纵杆向前移动接上前桥后，换挡操纵杆才能换低挡；同理，先退出低挡，才能摘下前桥驱动。这样可以避免中、后桥超载。

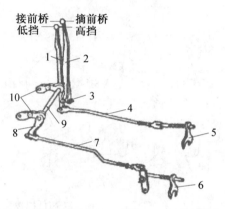

1-换挡操纵杆　2-前桥操纵杆　3-螺钉　4、7-传动杆　5-换挡拨叉
6-前桥接合套拨叉　8-摇臂　9-轴　10-支撑臂

图 2-3-21　螺钉式互锁装置

2）球销式互锁装置

球销式互锁装置多用在两拨叉轴距离较小的情况下。如图 2-3-22 所示，两根拨叉轴之间装有互锁销，与前桥接合叉轴上的凹槽对准时（即接上前桥驱动后），高低挡变速叉轴才能向左移动换入低挡。同理应先退出低挡后，才能摘下前桥驱动。

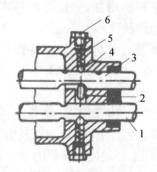

1-前桥接合叉轴　2-互锁销　3-高低挡变速叉轴
4-自锁钢球　5-弹簧　6-螺塞

图 2-3-22　球销式互锁装置

3）摆板滑槽凸面式互锁装置

如图2-3-23所示，摆板绕转轴的中心线转动，转轴与操纵杆相连。滑槽驱动高低挡拨叉，凸面驱动接、摘前桥拨叉，两拨叉在同一根轴上前后移动，其中接、摘前桥驱动拨叉被一弹簧压靠在凸面上。各挡位两拨叉的相对位置已在图中表明，两者的运动关系是相互对应的，可见摆板兼起互锁作用。

总之，接上前桥驱动时，前中后桥的车轮同步转动，若前后轮胎磨损不同、气压不等或路面情况不同，易产生滑转或滑移。故在路况较好的条件下行驶时，应使用高速挡且不接前桥，以免增加功率消耗、轮胎和传动系零件的磨损；在路况较差的条件下行驶时，为使汽车具备足够的牵引力，应接上前桥驱动用低速挡（或高速挡）行驶。

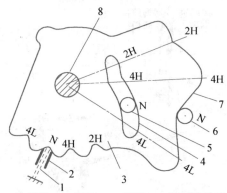

1-自锁弹簧　2-自锁销　3-摆板　4-滑槽　5-高低挡拨叉　6-接、摘前桥驱动拨叉　7-凸面　8-转轴　N-空挡　4H-四轮驱动高挡　2H-两轮（后轮）驱动高挡　4L-四轮驱动低挡

图2-3-23　摆板滑槽凸面式互锁装置

2.3.6　变速器的检修

变速器的主要功用就在于改变由发动机传到驱动轮上的转矩和转速，以适应各种行驶条件的需要。由此可知，变速器内的零件工作时，其相对运动很频繁，零件本身承受了各种力的作用。这样，随着汽车行驶里程的增加，变速器内各零件的磨损和变形也随之加大，造成零件配合的失准，并引起一系列的故障。

因此，必须对变速器常见故障进行分析，找出零件损坏的原因和部位，适时加以维护修理，保持变速器总成状态的完好，满足汽车在各种条件下行驶的需要。

1. 传动齿轮

齿轮的损伤形式主要有齿面磨损、齿端磨损、疲劳剥落、腐蚀斑点、轮齿破碎或断裂等，主要是由齿轮间的摩擦、齿轮工作时所受的机械应力以及润滑油变质腐蚀所致。修理齿轮时，轮齿工作表面上有小斑点，如果面积不超过齿面面积的20%～25%时，允许继续使用。齿顶有细小剥落，允许继续使用，但必须整修并磨光其锋边利角。轮齿表面如有不大于0.25 mm痕迹或阶梯形磨损时，允许修平使用。轮齿磨损超过0.25 mm、啮合间隙超过0.50 mm、长度方向上磨损超过全齿长的30%时，必须予以更换。齿轮上无论何处产生裂纹，必须更换。

齿轮在轴上磨损松旷，通常用千分表测量齿轮和内座圈之间的游隙来检查，如图2-3-24所示。在装上滚针轴承的状态下，用千分表测量齿轮内座圈与轴承之间的间隙。例如丰田

HIACE汽车变速器第一轴齿轮、副轴第五齿轮的游隙,标准游隙为 0.009 mm～0.032 mm,最大游隙为 0.032 mm。若游隙超过最大值,则可能是齿轮内孔轴承或座圈内外径磨损,一般需要更换或加套修复。

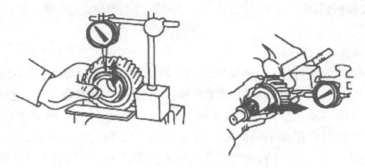

图 2-3-24 变速器齿轮游隙的测量

2. 第一轴

在工作过程中,由于受转矩、弯矩、冲击和滑磨等影响,变速器轴往往产生弯曲变形、轴颈磨损及键与齿磨损等损伤,使齿轮啮合间隙变大、轴向游隙增加,易出现跳挡、噪声。

如图 2-3-25 所示,轴的弯曲变形用百分表和 V 形支块检查(径向圆跳动量),当最大径向圆跳动量达到 0.05mm 时,应校正或更换。轴接合齿和花键的齿顶磨损超过 0.25 mm,齿长磨损超过全长 30% 或啮合间隙超过 0.5 mm 的损伤程度时,应更换。用千分尺检查轴颈的磨损情况,如图 2-3-26 所示。轴颈磨损达到 0.04 mm 时,可堆焊后进行修磨、镀铬修复或更换。滚动轴承或齿轮与轴颈的配合属于过盈配合的,应无间隙,且最大过盈量应不超过原设计规定;属于过渡配合的,其间隙允许比原设计规定增加 0.003 mm;属于间隙配合的,允许比原设计规定增加 0.02 mm。超过规定时,可对轴颈进行刷镀修复。轴承、轴承挡圈及轴颈如有损坏或轴颈磨损超过轴颈与轴承配合间隙允许的极限时(国产载货汽车一般为 0.07 mm),必须更换。轴体上不得有任何性质的裂纹,否则应更换。

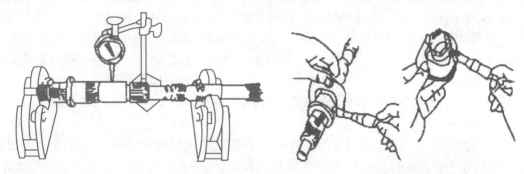

图 2-3-25 轴的弯曲变形检查   图 2-3-26 轴颈磨损的检查

3. 中间轴

检修同第一轴,中间轴中部摆差大于 0.10 mm 时,应进行校正或更换。各轴颈磨损超过 0.02 mm 时,应采用镀铬修复或更换。带齿轮的中间轴,其轮齿磨损超过 0.25 mm、啮合间隙超过 0.50 mm 时,应予以更换。轴体上不得有任何性质的裂纹。

4. 第二轴

检修同第一轴,轴中部摆差大于 0.10 mm 时,应进行校正或更换。轴颈磨损超过 0.02 mm 时,应采用镀铬修复或更换。花键齿磨损超过使用极限时,应予以更换。轴体上不得有任何性质的裂纹,后螺纹的损伤超过两牙时,必须重新清理螺纹配螺母,或堆焊后重新加工螺纹。

5. 同步器

(1) 锁环式同步器的检修

锁环齿尖磨损轻微的可锉修,磨损严重、断齿的应更换。锁环内锥面螺旋槽磨损,会造成与齿轮外锥面配合间隙增大,内、外锥面摩擦作用减弱以致完全消失,使同步器失效。检查的方法一般是将锁环放在齿轮端部外锥面上,用力压紧使其相对转动来检查摩擦效果,再用塞尺测量锁环背和齿轮花键端的间隙。标准间隙一般为 1.0 mm～2.0 mm,最小间隙为 0.8 mm。若间隙小于 0.8 mm,则说明锁环内锥面磨损严重,一般应更换。锁环上三个缺口的磨损过大或因更换锁环不当使缺口过小,都会给换挡带来困难。缺口磨损过大的一般应更换新件,若更换新件后发现锁环上的缺口过小时,可锉修。用塞尺测量齿轮的轴向间隙,如图 2 - 3 - 27 所示,标准间隙为 0.15 mm～0.25 mm,最大间隙为 0.25 mm。如间隙过大,则应检查轴上台阶长度及齿轮厚度是否符合要求,否则应更换。

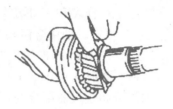

图 2 - 3 - 27　齿轮的轴向间隙测量

(2) 锁销式同步器的检修

锁销式同步器零件的主要耗损是由于换挡操作不当、冲击过猛使锥盘外张,摩擦角变大,造成同步效能降低;锥环锥面上的螺纹槽磨损严重,使摩擦系数过低,甚至两者端面接触,使同步作用失效。铜制锥环外锥面上的螺纹槽深为 0.4 mm(东风 EQ1090 型汽车),如因螺纹磨损,锥环端面与锥盘锥面接触,可用车削锥环端面修复,但车削总量应不大于 1 mm。如锥环外锥面螺纹槽的深度小于 0.1 mm,而锥环端面未与锥盘接触,则应更换同步器总成。更换新总成时,可保留原有的锥盘,但两者的端面间隙应不小于 3 mm。

同步器的锁销和支撑销松动或有散架,会引起同步器突然失效,一般应更换同步器。

6. 变速器换挡拨叉

变速器换挡拨叉(简称变速叉)的损坏主要是变速叉的弯曲和扭曲,其检验可按图 2-3-28 所示的方法进行。一旦产生弯曲和扭曲变形,可采用敲击或冷压方法进行校正。当变速叉上端导动块凹槽磨损及下端端面磨损后,往往影响齿轮的正常啮合,使齿面产生不均匀磨损,严重时将导致变速器产生自动脱挡故障。因此变速叉上端导动块凹槽及下端端面磨损超过其使用极限,或其相应的配合间隙超过使用极限时,必须修复或更换新件。

7. 变速叉轴和定位互锁装置

当变速叉轴的弯曲、磨损,定位球凹槽、互锁销凹槽的磨损,定位球、互锁销的磨损和定位弹簧的疲劳损伤等达到一定程度时,也将导致变速器出现自动脱挡等故障。变速叉轴弯曲变形可用百分表或平板进行检查,如图 2-3-29 所示。测量的摆差值或缝隙值若超过车辆的使用极限(国产中型货车通常为 0.20 mm)时,应进行冷压校正或更换。

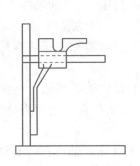

图 2-3-28　换挡拨叉的检验

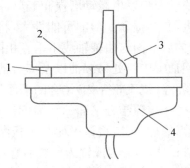

1-垫块　2-90°角尺　3-变速叉　4-变速器盖

图 2-3-29　变速叉轴垂直度的检验

变速叉轴磨损超过 0.15 mm 时,均应将叉轴经车、磨后镀铬修复或予以更换。定位球凹槽、互锁销凹槽轴向磨损有明显沟痕或其深度超过 0.70 mm 以上时,可堆焊高硬度合金后用砂轮进行修整。

定位球、互锁销磨损严重,定位弹簧疲劳损伤或折断,均应更换。定位弹簧的自由长度弹性检查方法是将弹簧放入变速器盖上的定位孔内,弹簧与孔的上边缘平齐或接近平齐时即为合适,否则为不合适,应及时更换。

8. 变速器壳体

变速器壳体的损伤形式主要有变形、裂纹及轴承孔的磨损,主要是由工作负荷和自身重力所致。工作负荷即传递转矩过程中齿轮通过轴与轴承作用于壳体的力。对常见的第一、二轴在上方,中间轴在下方,发动机前置,后桥驱动的汽车变速器来说,第一轴与中间轴和中间轴与第二轴齿轮传动中的径向分力通过轴与轴承施加于壳体前、后端,造成轴承孔偏磨和壳体变形,从而使上、下两轴线间距加大,且后端大于前端,这将导致两轴线在其公共平面内产生平行度误差。齿轮传动所产生的力将造成壳体扭转,导致上、下轴线在其垂直于公共平面的方向产生偏斜和翘曲变形。频繁使用紧急制动(包括中央驻车制动器)时,也会使壳体发生扭转,但与前进方向所产生的扭转变形方向相反。当汽车在繁重工作条件下较多使用低速挡运行时,壳体承受很大的扭曲力矩,更易出现由上述变形所产生的形位误差。

变速器壳体所产生的上述轴线平行度误差,会导致变速器自动脱挡。同时,轴线不平行还使齿轮啮合印痕减小、单位压力增加,并引起齿面接触处在传力过程中的弹性变形加大而发生边缘啮合,这将加大齿轮传动中的不等速和扭矩不均匀性,这是产生啮合冲击噪声和加剧齿轮磨损的原因之一。如图 2-3-30 所示,壳体因变形或轴承孔磨损使各轴承孔圆度误差超过 0.008 mm、轴线间平行度误差大于原设计 0.02 mm、轴承孔磨损大于

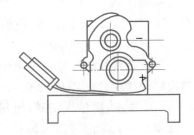

图 2-3-30　变速器壳体平面度检查

0.025 mm 时,应镶套修复或更换变速器壳体。变速器拨叉轴与盖(或壳体)承孔配合间隙应

为 0.04 mm～0.20 mm，超过最大值时可视情况换新轴或盖(壳体)。

对于悬臂式固定于发动机机体或飞轮壳体后端面的变速器来说，在自身重力及冲击力的作用下，前端面将发生微动磨损和变形，甚至在固定螺栓孔处发生断裂。由于平面下方受挤压，压力大，其磨损和变形的可能性大，将造成壳体前端面与第一、二轴轴线不垂直，其后果与飞轮壳体后端面与曲轴轴线不垂直相同，即变速器直接挡易自动脱挡、第一轴轴承易损坏、第一轴回油螺旋线处易漏油以及离合器从动盘易损坏。变速器壳体通常容易在变速器壳体与变速器盖(或飞轮壳体)结合的平面处产生翘曲变形。

变速器壳体与盖结合平面的平面度误差，特别是对非上置式盖者可造成漏油。如仅是接合处的变形修理，则应将该平面与平板贴合，或将两配合表面扣在一起检查缝隙，当缝隙超过 0.50 mm 时，用铲刀或锉刀修整后即可使用。

变速器壳体上的裂纹一般用目测法或敲击法检查。凡未延伸到轴承孔的裂纹均可用环氧树脂胶粘接，或用螺钉填补法修复，也可用焊接法修复。但应特别注意保证修复质量，以防再次开裂。在条件许可的情况下，应更换壳体，因为任何形式的裂纹均属非正常的工况。

变速器壳体轴承孔的磨损将导致变速器轴轴线的偏移，使变速器各轴之间难以保持正常的平行关系，从而加剧齿轮的磨损或轴的弯曲变形。修理时应检查第一轴、中间轴及第二轴两两中心线的不平行度与倾斜度，在 300 mm 长度内不平行度和倾斜度不应超过 0.15 mm，否则应堆焊轴承孔后再镗孔或更换壳体。

9. 变速器盖

变速器盖的损伤主要有裂纹和球节座的磨损。用目测法检查变速器盖边缘上的裂纹，当其长度不超过 50 mm，并且不通过变速叉轴安装孔，数目不多于三条时，可用环氧树脂胶粘接、螺钉填补或焊接修复；当裂纹较严重时，应予以更换。

10. 变速器换挡操纵机构的检查与调整

换挡操纵机构各铰接点球头严重磨损或间隙过大时，会使变速操纵杆产生抖动，也有可能造成换挡位置不准、换入的各挡不能完全到位，以致在使用中发生换挡困难和跳、脱挡现象。此时应旋紧各球头螺塞，以消除过量间隙。拨叉轴的弯曲可以用百分表加 V 形支块或平板加塞尺检查，如弯曲度超过极限，应通过冷压予以校正。拨叉轴磨损过大时，应将拨叉轴车削后镀铬恢复或更换，定位槽磨损可堆焊修复。定位球、互锁销磨损严重，定位弹簧折断或弹性下降均应更换。调整后的铰接点球头应转动灵活、无摩擦、无松旷。

每 6 个月调整一次操纵机构各铰接点球头与球座的间隙，并加注润滑脂。

以空挡位置为换挡操纵机构的原始位置，对手动操纵杆进行调整。

变速器拨叉端面磨损量应小于 0.4 mm，该端面与齿轮环槽配合间隙应为 0.2 mm～1.0 mm，如图 2-3-31 所示，超过规定时，可对磨损的拨叉端面堆焊修复。拨叉端面对拨叉轴孔轴线的垂直度误差应

图 2-3-31 用塞尺检测拨叉与槽的间隙

不大于 0.2 mm。超过时，可进行压力校正。其垂直度的检验如图 2-3-29 所示，可在变速器盖上用角尺进行。

变速杆下端球头与拨叉、拨槽磨损,其磨损量应分别不大于 0.4 mm 和 0.6 mm,变速杆定位槽磨损应不大于 0.4 mm,超过要求时可堆焊修复。

§2.4　自动变速器的构造与检修

自动变速器是指汽车行驶时,变速器的操纵和换挡全部或部分实行自动化的变速器。自动变速器已经在各种车辆中得到了广泛应用。

2.4.1　自动变速器概述

与手动变速器相比,自动变速器具有操作容易、动力性和排放性能好等优点,但也存在机构复杂、传动效率低、维修困难等缺点。自动变速器可改变发动机传到驱动轮上的转矩和转速,其位置如图 2-4-1 所示。

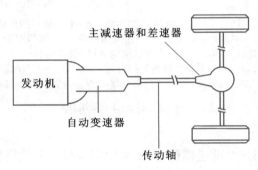

图 2-4-1　自动变速器的位置

1. 自动变速器的工作原理与组成

自动变速器的工作原理如图 2-4-2 所示。汽车的行驶速度和节气门开度能控制自动换挡系统,同时系统中各控制阀不同的工作状态将控制变速齿轮机构中离合器的分离与接合、制动器的制动与释放,并改变变速齿轮机构的动力传递路线,实现变速器挡位的自动变换。自动变速器的组成如图 2-4-3 所示。

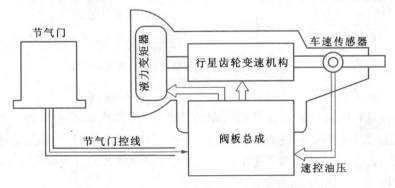

图 2-4-2　自动变速器工作原理框图

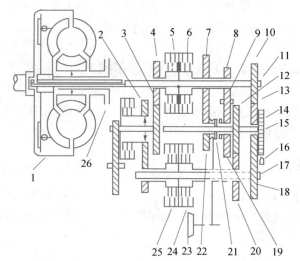

1-变矩器　2-中间轴一挡齿轮　3-中间轴三挡齿轮　4-第一轴三挡齿轮　5-三挡离合器
6-四挡离合器　7-第一轴四挡齿轮　8-第一轴倒挡齿轮　9-倒挡惰轮　10-第一轴惰轮
11-第一轴　12-中间轴二挡齿轮　13-中间轴惰轮　14-驻车齿轮　15-中间轴　16-停车锁
17-第二轴　18-第二轴惰轮　19-中间轴倒挡齿轮　20-第二轴二挡齿轮　21-倒挡接合套
22-中间轴四挡齿轮　23-伺服阀　24-二挡离合器　25-一挡离合器　26-油泵

图 2-4-3　自动变速器的组成

2. 自动变速器的挡位

自动变速器为了获得多个前进挡位,需要采用多排行星齿轮机构,目前常采用双排行星齿轮机构。一般来说,自动变速器的挡位分别为 P 挡、R 挡、N 挡、D 挡、二挡、一挡等,见表2-4-1。

表 2-4-1　自动变速器的挡位

常见位置	挡位
P 挡	停车挡
R 挡	倒挡
N 挡	空挡
D 挡	前进挡(变速器可以在所有前进挡变换)
二挡	闭锁挡位(即低速挡位,变速器只能在较低的几个挡位变换或只能在某一低挡位行驶)
一挡	

P 挡。P 挡是利用机械装置去锁紧汽车的转动部分,使汽车不能移动。当汽车需要在一固定位置上停留一段较长时间,在停车之后驾驶人员离开车辆前,应该拉好手制动杆并将拨杆推进至 P 挡的位置上。但要注意,车辆一定要在完全停止时才可使用 P 挡,要不然自动变速器机械部分会受到损坏。

R 挡。R 挡操作时,通常要按下拨杆上的保险按钮,才可将拨杆移至 R 挡。但要注意,当车辆尚未完全停稳时,绝对不可以强行转至 R 挡,否则变速器会受到严重损坏甚至出现事故。

N挡。将拨杆置于N挡,发动机与变速器之间的动力已经切断分离。如短暂停留可将拨杆置于此挡并拉出手制动杆,右脚可移离刹车踏板稍作休息。

D挡。D挡用在一般道路上行驶。由于各国车型有不同的设计,所以D挡一般包括从一挡至高挡或者二挡至高挡,并会因车速及负荷的变化而自动换挡。将拨杆放置在D挡上,驾车者控制车速快慢只要控制好油门踏板就可以。

二挡。二挡可以用作上、下斜坡之用,此挡段的好处是当上斜坡或下斜坡时,车辆会稳定地保持在一挡或二挡位置,不会因上斜坡的负荷或车速的不平衡,令变速器不停地转挡。在下斜坡时,利用发动机低转速的阻力作制动,也不会令车子越行越快。

一挡。变速器闭锁挡位时,只能在一挡内工作,不能变换到其他挡位。它适合在严重交通堵塞的情况和斜度较大的斜坡上发挥作用。上斜坡或下斜坡时,可充分利用汽车发动机的扭矩。

3. 自动变速器的形式

自动变速器常见的形式有三种,即液力自动变速器、机械无级自动变速器和电控机械自动变速器。目前轿车广泛采用液力自动变速器。

液力自动变速器是由液力变矩器、行星齿轮和液压操纵系统组成,通过液力传递和齿轮组合的方式实现变速变矩。其中液力变矩器是系统的重要部件,由泵轮、涡轮和导轮等构件组成,兼有传递扭矩和离合的作用。

典型的机械无级自动变速器的传动原理如图2-4-4所示。

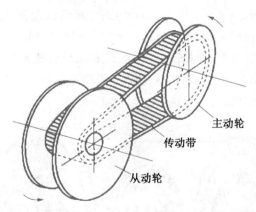

主动轮

传动带

从动轮

图2-4-4　机械无级变速器传动原理

电控机械自动变速器是在液力自动变速器基础上增设电子控制系统而形成的。它通过传感器和开关,监测汽车和发动机的运行状态,接受驾驶人的指令,并将所获得的信息转换成电信号输入到电控单元。电控单元根据这些信号,通过电磁阀控制液压控制装置的换挡阀,使其打开或关闭通往换挡离合器和制动器的油路,从而控制换挡时刻和挡位的变换,以实现自动变速。

4. 液力自动变速器的特点

液力自动变速器具有结构紧凑、传动平稳、换挡冲击小等特点,主要表现在以下几个方面:① 减少换挡操作,有利于提高行驶的安全性。② 液力传动的工作介质是液体,大大减轻了传动系统承受的动负荷,因而延长了有关部件和零件的使用寿命。③ 能以很低的车速稳定行驶。④ 在一定范围内进行无级变速,能自动适应行驶阻力的变化,有利于提高汽车的动力性和平均车速。⑤ 汽车起步更加平稳,提高了乘坐的舒适性。⑥ 主要缺点是结构复杂,成本较高。

5. 液力自动变速器的组成

液力自动变速器一般是由液力变矩器、行星齿轮变速器、液压控制系统和电子控制系统等组成。

2.4.2　液力变矩器

1. 液力变矩器

液力变矩器是在液力偶合器的基础上,改变了液力偶合器只能传递力矩而不能改变力矩的缺陷。液力变矩器位于自动变速器的最前端,安装在发动机的飞轮上,其作用与采用手动变速器的汽车中的离合器相似。

液力变矩器是利用油液循环流动过程中动能的变化将发动机的动力传递给自动变速器的输入轴,并根据汽车行驶阻力的变化,在一定范围内自动地、无级地改变传动比和扭矩比,具有一定的减速增扭功能。

2. 液力变矩器的分类

液力变矩器可分为普通液力变矩器和带锁止离合器的液力变矩器两种。

(1) 普通液力变矩器

普通液力变矩器如图 2-4-5 所示,是由泵轮、涡轮以及固定不动的导轮三个元件组成,各工作轮用铝合金或钢板冲压焊接而成。泵轮、涡轮和导轮三者之间保持一定的间隙,液力变矩器外壳做成两半,装配后焊成一体。泵轮和液力变矩器外壳连成一体,用螺栓固定在发动机曲轴后端的突缘上。涡轮通过输出轴与传动系的其他部件相连。导轮则固定在不动的套筒上,其内充满工作液。

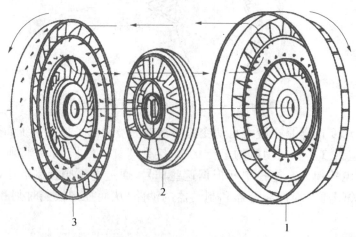

1-泵轮　2-导轮　3-涡轮

图 2-4-5　普通液力变矩器的组成

当曲轴带动变矩器工作时,液流由泵轮沿着叶片以一定的速度冲向涡轮叶片,并沿着叶片冲向导轮,然后液流再从固定不动的导轮叶片流入泵轮中。当液体流过叶片时,由于液流受叶片的作用,其方向发生变化,使得液流对涡轮作用的扭矩等于液流对导轮和泵轮作用扭矩之和,这样增加了经涡轮输出的转矩。

(2)带锁止离合器的液力变矩器

带锁止离合器的液力变矩系统中加入了单向离合器的导轮,从而使转矩增大。当汽车行驶到一定车速时,锁止离合器接合,泵轮、涡轮连成一体,从而提高了传动效率、行驶速度和经济性。带锁止离合器的液力变矩器的结构如图2-4-6所示,其锁止离合器由主动部分和从动部分构成。传动盘和压盘是主动部分,它们与泵轮一起旋转,装在涡轮轮毂花键的从动盘为从动部分。

当汽车在路况良好的道路上行驶时,涡轮高速转动,控制系统使活塞左腔与控制油路接通,压力油经油道进入工作腔,推动活塞右移,锁止离合器接合使变矩器的输入轴与输出轴成为摩擦连接,变矩器不起作用,传动效率最高。当汽车起步或在不平路面上行驶时,控制系统使操纵油缸活塞左腔无油压,锁止离合器分离,变矩器起作用,这样可充分发挥液力传动自动适应行驶阻力剧烈变化的特点。

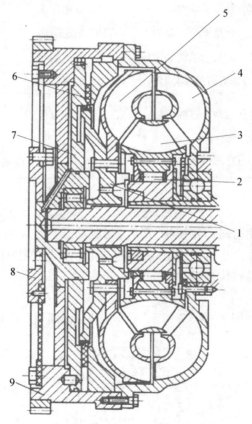

1-涡轮轮毂　2-自由轮机构　3-导轮　4-泵轮　5-涡轮　6-离合器从动盘
7-压盘　8-曲轴突缘盘　9-锁止离合器操纵油缸

图2-4-6 带锁止离合器的液力变矩器

2.4.3 行星齿轮变速器

液力变矩器虽然能自动和无级地改变转矩和传动比,但仍然存在变矩系数小、效率不高等缺点,难以满足汽车的实际行驶需要,目前广泛采用的是液力变矩器后配齿轮变速机构的结构。

1. 齿轮变速机构

齿轮变速机构有行星齿轮式和平行轴式,目前绝大多数自动变速器使用行星齿轮变速机构。

行星齿轮变速机构由太阳轮、行星齿轮、行星架、齿圈组成。根据对太阳轮、行星架、齿圈三者施加不同的约束,可得到如表2-4-2所示的几种运动形式。

表2-4-2 行星齿轮变速机构的几种运动形式

施加的约束	运动状态	输入输出转动方向
太阳轮固定、齿圈输出动力、行星架输入动力	加速运动	相同
太阳轮固定、齿圈输入动力、行星架输出动力	减速运动	相同
太阳轮输入动力、齿圈固定、行星架输出动力	减速运动	相同
太阳轮输出动力、齿圈固定、行星架输入动力	加速运动	相同
太阳轮输入动力、齿圈输出动力、行星架固定	减速运动	相反
太阳轮输出动力、齿圈输入动力、行星架固定	加速运动	相反
太阳轮、行星架、齿圈三者任意两个连成一体	直接传动,即直接挡	
太阳轮、行星架、齿圈三者都不施加约束	太阳轮、行星架、齿圈三者均可自由转动,行星齿轮机构不能传递动力,即为空挡	

2. 行星齿轮结构

行星齿轮变速器是由行星齿轮机构、离合器、制动器和单向离合器等执行元件组成的。其中行星齿轮机构通常由多个行星排组成,行星排的多少与挡数的多少有关,其基本结构可用最简单的单排行星齿轮机构来讲述。

(1)单排行星齿轮

单排行星齿轮结构如图2-4-7所示,由太阳轮、齿圈、行星齿轮及行星齿轮架等基本元件组成。

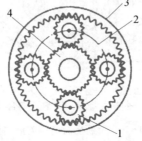

1-行星齿轮 2-行星齿轮架 3-齿圈 4-太阳轮

图2-4-7 单排行星齿轮结构图

太阳齿轮位于中心位置,几个行星齿轮借助滚针轴承和行星齿轮轴安装在行星齿轮架上,这些行星齿轮与太阳齿轮相啮合,并均匀布置在太阳轮周围,最外面是同行星齿轮相啮合的齿圈。单排行星齿轮传动原理如图 2－4－8 所示。

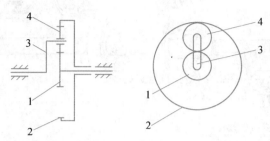

1-太阳轮　2-齿圈　3-行星齿轮架　4-行星齿轮

图 2－4－8　单排行星齿轮传动简图

（2）拉威那式行星齿轮

如图 2－4－9 所示的拉威那式行星齿轮是由一大一小两个太阳轮和长行星齿轮和短行星齿轮等组成。所有行星齿轮共用一个行星齿轮架和一个齿圈。长行星齿轮分两段,可使三、四挡转换更平顺。小太阳轮与短行星齿轮啮合,短行星齿轮充当惰轮驱动长行星齿轮,长行星齿轮与大太阳轮和齿圈啮合,三个多片离合器分别控制太阳轮、行星齿轮架,并以齿圈为动力输出端。

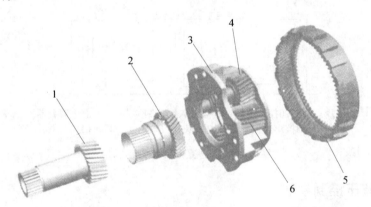

1-小太阳轮　2-大太阳轮　3-行星架　4-短行星齿轮
5-齿圈　6-长行星齿轮

图 2－4－9　拉威那式行星齿轮

3. 行星齿轮的应用

单排行星齿轮机构通过固定不同的元件,可得到不同的传动状态。现代汽车行星齿轮变速器广泛采用了辛普森式行星齿轮机构和复合行星齿轮机构。

（1）辛普森式行星齿轮机构

辛普森式行星齿轮机构由共用一个太阳轮的前、后两排行星齿轮机构组成,如图 2－4－10 所示。

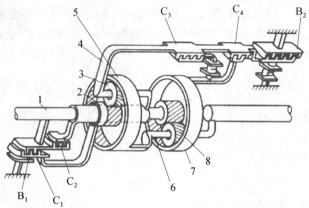

1-输入轴　2-前太阳轮　3-前行星齿轮　4-前行星架　5-前齿圈　6-后行星架
7-后齿圈　8-后行星齿轮　C_1-倒挡离合器　C_2-高速挡离合器　C_3-前进离合
器　C_4-前进强制离合器　B_1-二挡、四挡制动器　B_2-低挡、倒挡制动器

图 2－4－10　辛普森式行星齿轮机构

（2）复合行星齿轮机构

复合行星齿轮机构的结构，如图 2－4－11 所示，其特点为两排行星齿轮机构共用一个齿圈和一个行星齿轮架。同时，行星齿轮架上的两套行星齿轮互相啮合，其中短行星齿轮与小太阳齿轮相啮合，长行星齿轮与大太阳轮相啮合。

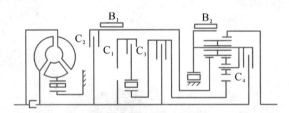

B_1-二挡、四挡制动器　B_2-低挡、倒挡制动器　C_1-前进离合器
C_2-倒挡离合器　C_3-前进强制离合器　C_4-高速挡离合器

图 2－4－11　复合行星齿轮机构

2.4.4　液压控制系统

1.液压控制系统的组成

液压控制系统主要由换挡阀、油泵、手控制阀、调速装置、节气门阀、调速阀、锁止离合器控制阀等组成。

（1）换挡阀

换挡阀是操纵系统中的核心件，主要功用为自动选择挡位（按照换挡规律的要求，随着节气门开度和车速的变化，选择最佳换挡时刻，发出换挡信号）、完成换挡操作（操作换挡执行机构的分离或接合动作）、进行换挡区范围的手动选择（随着行车条件的变化，能让驾驶人手动选择）。

（2）油泵

油泵是液压控制系统的压力来源。目前广泛采用的是叶片泵和齿轮泵，如图 2－4－12 所示。油泵必须能提供足够的压力和流量，同时通过油料的循环散热冷却，使整个变速器的热量散发,保持合适的油温。

(a) 叶片泵

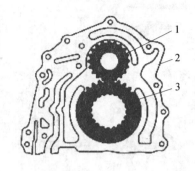

(b) 齿轮泵

1-从动齿轮 2-壳体 3-主动齿轮

图 2-4-12 常用油泵示意图

（3）手控制阀与调速装置

手控制阀在自动变速器液压控制系统里相当于油路总开关,由驾驶室里的换挡手柄控制。当操纵手柄位于不同的位置时,手控制阀将主油路的液压油分配给不同的工作油道。调速装置是将油泵泵出的油压稳定在一定的范围内,以供液压系统在各挡位工作时使用的一种机构。

（4）节气门阀

节气门阀是液压控制系统中反映节气门开度的控制阀。在行驶过程中,驾驶人会根据各种情况来控制加速踏板,对应地反映到节气门开度。节气门阀根据节气门信号输入的方式不同有机械式和真空式两种。机械式节气门阀直接由节气门拉索拉动凸轮驱动阀芯,达到调压的目的;真空式节气门阀是利用发动机进气总管的负压使控制阀中的真空节流阀工作,真空式节气门阀安装在变速器的外壳上,用真空管与进气总管相连通。

（5）调速阀

调速阀安装在输出轴上,由初级调速阀和次级调速阀组成,随输出轴一同旋转。调速阀能够将油路压力调制成随输出轴车速变化的油压。调速压力作为控制油压去控制换挡阀工作。

（6）锁止离合器控制阀

锁止离合器控制阀的功用是当车速上升到一定值时,将液力变矩器的泵轮与涡轮直接连接起来,实现直接传动。

2. 液压控制系统的控制过程

液压控制系统的控制过程,如图 2-4-13 所示。

（1）选挡手柄置于"前"位置

当汽车起步时,节气门阀压力油进入低挡制动器油缸,活塞被推向下移,使低挡制动器箍紧,挂上了低速挡。

随车速的提高调速器油压不断升高,换挡阀打开通往直接挡离合器和低挡制动器油缸的通道,使直接挡离合器接合,低挡制动器松开,由低速挡自动挂入直接挡。

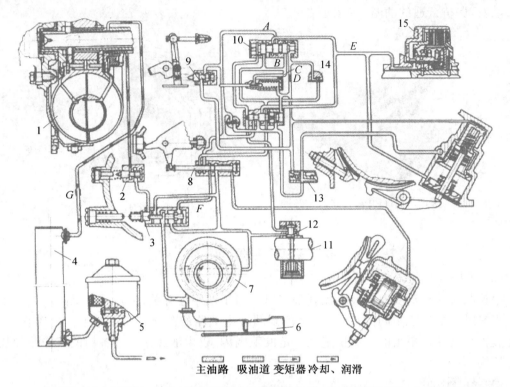

主油路　吸油道　变矩器冷却、润滑

1-变矩器　2-变矩器阀　3-主油路调压阀　4-油液散热器　5-油液细滤器　6-油液集滤器
7-油泵　8-手控制阀　9-节气门阀　10-换挡阀　11-第二轴　12-离心调速器阀　13-低挡
限流阀　14-低挡单向阀　15-直接挡离合器

图2-4-13　液压控制系统的控制过程

（2）选挡手柄置于"低"位置

与上述低速挡情况相比，手控制阀中增加了一支输出油路，使换挡阀受调速器阀油压和主油路油压的共同作用而无法右移，即不可能跳回直接挡，故汽车将保持低速挡行驶。

（3）选挡手柄置于"倒"位置

此时手控制阀滑阀在最右端位置，主油路压力油只能通往液力变矩器和低挡制动器油缸，使倒挡制动器箍紧，从而挂上倒挡。

（4）选挡手柄置于"空"位置

直接挡离合器油缸及低挡制动器油缸的各工作腔均与泄油道相通，而通往倒挡制动器油缸的通道又被切断，故变速器处于空挡，但主油路调压阀和变矩器阀仍正常工作。

3. 液压控制系统的作用

液压控制系统应能保证安全可靠地执行自动换挡控制、液力变矩器锁止控制，同时保证提供液压油等重要功能。

（1）自动换挡控制

自动换挡控制是控制系统的核心工作和主要任务，其作用是控制换挡过程平稳、防止产生大的动载荷。一般是通过在通向执行机构液压缸的油路上增加蓄压器、缓冲阀、压力调节阀等实现。

驾驶人通过操纵变速杆限制变速器在几个挡位自动切换，或锁在低挡位。自动变速器的换挡时刻是由节气门开度和车速决定的,同时受变速杆位置的控制。当发动机负荷较大,汽车速度较低时,换入低挡;反之则换入高挡。

（2）液力变矩器锁止控制

液力变矩器以液压油传递动力,效率较低,当车速达到一定值后,控制油路将变矩器涡轮和泵轮锁在一起,实现直接传动。液力变矩器的锁止主要受车速控制,由变矩器锁止阀改变油路实现。

（3）提供液压油

提供液压油包括向液力变矩器供油,并保持足够的补偿油压,以保证油温不致过高或产生气蚀;向换挡系统提供液压油;向离合器、制动器等提供足够油压,保证可靠闭合,使挂挡准确、传动安全;向整个变速器包括齿轮、轴承、摩擦片等提供温度适合的润滑油。

2.4.5 电子控制系统

目前绝大部分自动变速器控制系统采用电子控制系统、辅助液压控制系统完成换挡及调节油压。电子控制系统具有控制精度高、响应快、控制灵活多样、结构简单及故障易检查与排除等优点。

1. 电子控制系统的组成

电子控制系统主要包括传感器、电子控制系统、执行元件及控制电路等,如图 2-4-14 所示。

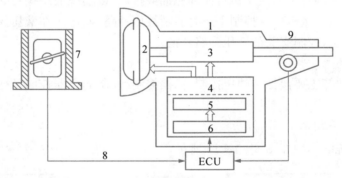

1-自动变速器　2-变矩器　3-行星齿轮机构　4-液压控制机构　5-换挡阀门
6-电磁阀　7-节气门　8-节气门工作信号　9-车速传感器图

图 2-4-14　电子控制系统的组成

（1）传感器

传感器是将车速、发动机负荷、挡位等与挡位控制相关的工况信息转换为电信号,输入自动变速器的控制器。目前常用的传感器有车速传感器、油温传感器及节气门位置传感器。其中车速传感器目前常采用电磁感应式传感器,根据感应电压的脉冲频率变化计算车速;油温传感器主要由一个具有负温度系数的可变电阻构成,当液压油温度变化时,电阻发生变化,产生的电信号发生变化;节气门位置传感器主要作用是将发动机节气门开度的变化转变为电信号输入电子控制单元,其电气原理如图 2-4-15 所示。

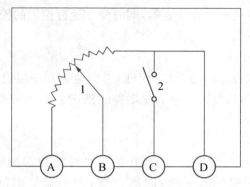

1-怠速开关滑动触点　2-线性电位计滑动触点　A-基准电压
B-节气门开度信号　C-怠速信号　D-搭铁

图 2-4-15　节气门位置传感器的电气原理

（2）电子控制系统

电子控制系统中常用的电磁阀有线性磁脉冲电磁阀和开关式电磁阀两种。线性磁脉冲电磁阀常用于油路压力调节和液力变矩器锁定控制；开关式电磁阀用来作为换挡控制电磁阀、锁定控制电磁阀、超速离合控制电磁阀。

（3）执行元件

执行元件有锁止电磁阀、速比电磁阀、蓄压器调节电磁阀、调压电磁阀、强制离合器电磁阀等。电磁阀的应用有两种方式，一种方式是在微机程序控制下，适时调节液压油路的转换和油液压力变化，控制有关的液压执行元件充油或排油，以实现液压执行元件的接合和分离动作；另一种方式是在微机程序控制下适时通断液压油路，使作用在液压阀一端的压力发生变化，推动滑阀移位，控制有关的液压油路转换。

（4）控制电路

控制电路的功能主要包括主油压控制、换挡控制、强制离合器控制及变矩器锁止离合器控制等。

2. 电子控制系统的作用

电子控制系统的作用如图 2-4-16 所示。

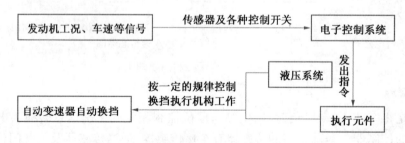

图 2-4-16　电子控制系统的作用

2.4.6　自动变速器的检查与调整

1. 油液的检查与调整

多数自动变速器换油周期为二万至四万公里。自动变速器对油液的要求极其严格，它要求油液不仅有润滑、冷却、清洗作用,还应具有传递扭矩和传递液压以控制离合器、制动器的工作性能,所以自动变速器油是一种特殊的润滑油,通常称之为 ATF。ATF 型号有多种,型号不同,其摩擦系数也不一样。油质检查时,如无专业的检测设备,只能从外观上判断,可用手指捻一捻,感觉一下黏度,用鼻子闻一闻气味如何。若油液已变色或有烧焦的气味,则应更换新油。另外,自动变速器油量的检查也很重要,其生产厂家不同,工作液的检查条件也就不同。检查时一般都要求在变速器热态时将汽车停放在水平路面上,发动机怠速运转,选挡杆放在 P 位,此时将油尺插入油箱检查,油面应达到油尺上规定的上限刻度附近。

2. 手动选挡机构的检查与调整

有时自动变速器修理结束后,由于没有调整选挡机构,导致换挡冲击力过大,甚至会造成事故。手动选挡机构从选挡杆到手动阀是通过连杆或拉线连接起来的,手动手柄的位置应与自动变速器内的弹簧卡片位置一一对应,若不对应则需调整。

3. 制动带的调整

自动变速器的制动带为可调结构,以补偿其正常磨损。制动带调整的作业位置视变速器的型号不同而不同。制动带的调整应按技术规定进行,调整后可通过道路试验判断调整的结果。

4. 停车挡的制动性能检查

在坡道上停车,应将选挡杆扳入 P 位,此时松开制动踏板,汽车不会自行滑下。如果需要将选挡杆从 P 位移开,应记住必须先踩下制动踏板,否则会摘不下来。因此在停车挡无制动性能时,应检查维修。

§2.5　万向传动装置的构造与检修

2.5.1　概述

1. 功用

万向传动装置的作用是连接不在同一直线上的变速器输出轴和主减速器输入轴,并保证在两轴之间的夹角和距离经常变化的情况下,仍能可靠地传递动力。在汽车传动系中,为了实现一些轴线相交或相对位置经常变化的转轴之间的动力传递,必须采用万向传动装置,如图 2-5-1 所示。但要注意,在安装时必须使传动轴两端的万向节叉处于同一平面。

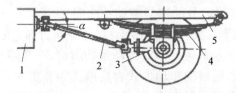

1-变速器　2-万向传动装置　3-驱动桥　4-后悬架　5-车架

图 2-5-1　变速器与驱动桥之间的万向传动装置

2. 组成

万向传动装置一般由万向节和传动轴组成,对于传动距离较远的分段式传动轴,还需设置中间支撑以提高传动轴的刚度,如图2-5-2所示。

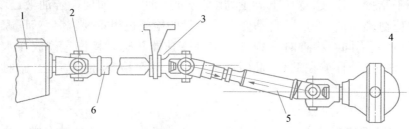

1-变速器 2-万向节 3-中间支撑 4-驱动桥 5、6-传动轴

图2-5-2 万向传动装置的组成

3. 应用场合

（1）布置在变速器与驱动桥之间

对于采用FR型布置形式的汽车传动系,即发动机前置、后轮驱动的汽车,其变速器通常与发动机、离合器连成一体支承在车架的前部,而驱动桥则通过弹性悬架与车架连接。变速器输出轴与驱动桥的输入轴线难以布置在同一条线上,只能呈一定的夹角,并且在汽车行驶过程中,由于路面不平弹性悬架受路面冲击而产生振动,使两轴相对位置经常发生变化。故变速器的输出轴与驱动桥的输入轴不能刚性连接,而必须采用一般由两个万向节和一根传动轴组成的万向传动装置,如图2-5-3所示。

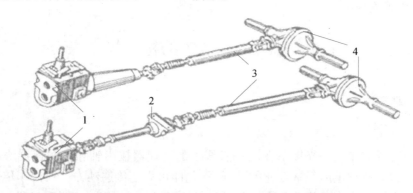

1-变速器 2-中间支撑 3-万向传动装置 4-驱动桥

图2-5-3 变速器与驱动桥之间的万向传动装置

（2）布置在变速器与分动器、分动器与驱动桥之间

对于双轴驱动的越野汽车,当变速器与分动器分开布置时,虽然它们都支承在车架上,但为了消除制造、装配误差以及车架变形对传动系的影响,在其间也常设有中间传动轴。

三轴驱动的越野汽车中、后桥的驱动形式有贯通式和非贯通式两种,若采用非贯通式结构时,其后桥传动轴也必须设置中间支撑,并把它固定在中桥桥壳上。布置在变速器与分动器、分动器与驱动桥之间的万向传动装置,如图2-5-4所示。

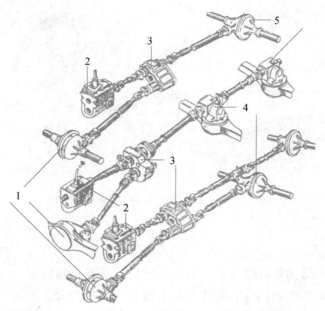

1-前驱动桥　2-变速器　3-分动器　4-中驱动桥　5-后驱动桥

图2-5-4　变速器与分动器、分动器与驱动桥之间的万向传动装置

（3）布置在转向驱动桥和断开式驱动桥中

对于转向驱动桥，前轮既是转向轮又是驱动轮。作为转向轮，要求它能在最大转角范围内任意偏转一个角度；作为驱动轮，则要求半轴在偏转过程中把动力从主减速器传到驱动轮。因此，转向驱动桥的半轴不能制成一个整体，而要分成两段，中间由万向节相连，以适应汽车行驶时，半轴两端夹角不断变化的需要，如图2-5-5所示。若采用非独立悬架，只需在转向轮附近装一个万向节；若采用独立悬架，则在靠近主减速器处也需要用万向节，轿车均采用这种结构。万向传动装置除了用于汽车的传动系外，还可用于动力输出装置、转向操纵机构等。

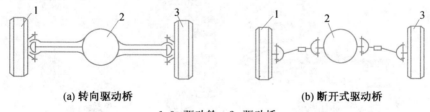

(a) 转向驱动桥　　　　　　　　　　　　(b) 断开式驱动桥

1、3-驱动轮　2-驱动桥

图2-5-5　驱动桥与半轴之间的万向传动装置

（4）布置在转向机构的转向轴与转向器之间

汽车转向操纵机构中，有些汽车的转向操纵机构受整体布置的限制，转向盘轴线与转向器输入轴轴线不能重合，因此转向操纵机构中也常采用万向传动装置，有利于转向机构的总体布置，如图2-5-6所示。

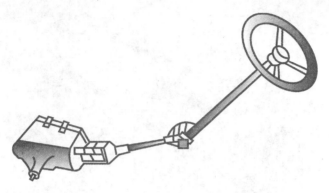

图 2-5-6　转向机构中的万向传动装置

2.5.2　万向节

在汽车上使用的万向节可以从不同的角度分类。按其在扭转方向是否有明显的弹性,可分为刚性万向节和柔性万向节。刚性万向节按其速度特性分为不等速万向节(常用的为十字轴式)、准等速万向节(双联式和三销轴式)、等角速万向节(包括球叉式和球笼式)。目前在汽车上应用较多的是十字轴式刚性万向节和等角速万向节。十字轴式刚性万向节主要用于发动机前置、后轮驱动的变速器与驱动桥之间,等角速万向节主要用于发动机前置、前轮驱动的内、外半轴之间。

1. 十字轴式刚性万向节

(1) 结构

十字轴式刚性万向节如图 2-5-7 所示,它允许相邻两轴的最大交角为 15°～20°。万向节叉上的孔分别套在十字轴的四个轴颈上。在十字轴轴颈与万向节叉孔之间装有滚针和套筒,用带有锁片的螺钉和轴承盖来使之轴向定位。为了润滑轴承,十字轴内钻有油道,且与

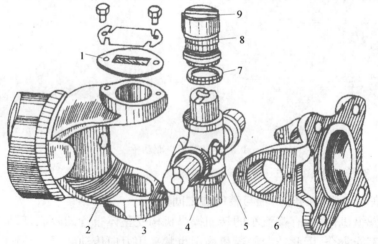

1-轴承盖　2、6-万向节叉　3-油嘴　4-十字轴
5-安全阀　7-油封　8-滚针　9-套筒

图 2-5-7　十字轴式刚性万向节

油嘴、安全阀相通。为避免润滑油流出及尘垢进入轴承,十字轴轴颈的内端套装带金属壳的毛毡油封(或橡胶油封)。安全阀的作用是当十字轴内腔润滑脂压力超过允许值时,阀打开润滑脂外溢,使油封不会因油压过高而损坏。现代汽车多采用橡胶油封,多余的润滑油从油封内圆表面与十字轴轴颈接触处溢出,故无需安装安全阀。

万向节轴承的常见定位方式除上述盖板式外,还有内、外弹性卡环固定式。

(2) 速度特性

当十字轴式刚性万向节的主动叉是等角速转动时,从动叉是不等角速的,其运动情况可参阅图 2-5-8 来分析。

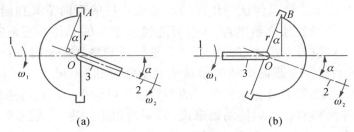

1-主动叉轴　2-从动叉轴　3-十字轴　r-十字轴旋转半径(r=OA=OB)　α-两叉轴夹角

图 2-5-8　十字轴式刚性万向节传动的角速度分析

假设主动叉轴以等角速 ω_1 旋转,当万向节处于图 2-5-8(a)所示位置时,A 点的瞬时线速度可从主动叉轴和从动叉轴两个方面求出:

$$v_A = \omega_1 r = \omega_2 r\cos\alpha$$

所以 $\omega_2 = \dfrac{\omega_1}{\cos\alpha}$,此时 $\omega_2 > \omega_1$。

当主动叉轴转过 90° 至图 2-5-8(b)所示位置时,十字轴上 B 点的瞬时线速度可从主动叉轴和从动叉轴两个方面求出:

$$v_B = \omega_1 r\cos\alpha = \omega_2 r$$

所以 $\omega_2 = \omega_1\cos\alpha$,此时 $\omega_2 < \omega_1$。

综上所述,当主动叉轴以等角速旋转时,从动叉轴是不等角速的。从图 2-5-8 的(a)图转到(b)图位置,从动叉轴的角速度由最大值变至最小值。主动叉轴再转 90°,从动叉轴的角速度由最小值变至最大值,可见从动叉轴角速度变化的周期为 180°。从动叉轴不等速程度随轴间夹角 α 的加大而加大,而主、从动轴的平均转速是相等的,即主动轴转一圈,从动轴也转一圈。所谓不等速是指在转动一圈内的角速度。

(3) 十字轴式刚性万向节的等速传动

单个普通万向节的不等速性会使从动轴及与其相连的传动部件产生扭转振动,产生附加的交变载荷,影响部件使用寿命。

为实现等角速传动,可将两个普通万向节按图 2-5-9 所示的排列方式安装,即第一个万向节的从动叉和第二个万向节的主动叉与传动轴相连,且传动轴两端的万向节叉在同一平面内;输入轴、输出轴与传动轴的夹角相等,$\alpha_1 = \alpha_2$。满足上述两个条件,输出轴与输入轴的角速度就相等。

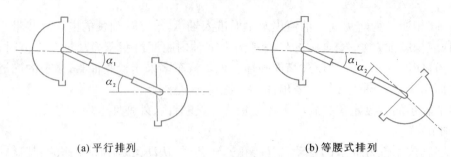

(a) 平行排列　　　　　　　　　　　(b) 等腰式排列

图 2-5-9　双万向节的等速排列方式

通过正确的装配工艺可以保证与传动轴两端相连接的万向节叉在同一平面内,但条件 $\alpha_1=\alpha_2$ 只有采用驱动轮独立悬架时,才有可能通过整车的总体布置来实现。因为变速器与主减速器的相对位置不是固定的。若驱动轮采用非独立悬架时,由于弹性悬架的振动,主减速器输入轴与变速器输出轴的相对位置不断变化,不可能在任何情况下都保证 $\alpha_1=\alpha_2$,此时万向传动装置只能做到使传动的不等速尽可能小。所谓等速传动是对传动轴两端的输入轴和输出轴而言。对传动轴来说,只要夹角不为零,它就不等角速转动,与传动轴的排列方式无关。

2. 准等速万向节

准等速万向节的工作原理与双十字轴式刚性万向节实现等速传动的原理相同,只能近似地实现等速传动。常见的有双联式和三销轴式。

(1) 双联式

1) 构造

双联式准等速万向节实际上是一套传动轴长度缩减至最小的双十字轴式刚性万向节等速传动装置,如图 2-5-10 所示。双联叉相当于传动轴及两端处在同一平面上的万向节叉,欲使两轴角速度相等,应保证两轴间夹角相等。

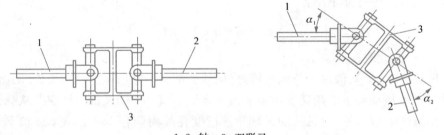

1、2-轴　3-双联叉

图 2-5-10　双联式准等速万向节

2) 特点

双联式万向节轴间夹角可达 50°,结构简单、制造方便、工作可靠。

3) 应用

其在转向驱动桥中应用逐渐增多,如北京切诺基和斯泰尔等均使用了该种万向节。

(2) 三销轴式

1) 构造

三销轴式准等速万向节由双联式万向节演变而来。如图 2-5-11 所示,它主要由两个偏心轴叉、两个三销轴、六个滑动轴承和密封件等组成。每一偏心轴叉的两叉孔通过轴承和一个三销轴大端的两轴颈配合,两个三销轴的小端轴互相插入对方的大端轴承孔内,形成了$Q_1 - Q_1'$、$Q_2 - Q_2'$、$R - R'$三根轴线。传递扭矩时,由主动偏心轴叉经轴$Q_1 - Q_1'$、$R - R'$、$Q_2 - Q_2'$传到从动偏心轴叉。

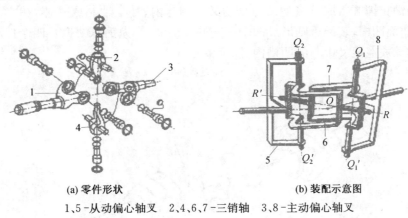

(a) 零件形状　　　　　　　　(b) 装配示意图

1、5-从动偏心轴叉　2、4、6、7-三销轴　3、8-主动偏心轴叉

图 2 - 5 - 11　三销轴式准等速万向节

2）特点

允许相邻两轴有较大的交角,最大可达 45°,易于密封,在转向驱动桥中采用这种万向节可使汽车获得较小的转弯半径,提高了汽车的机动性。但其外形尺寸较大,所占空间较大,零件形状较复杂,毛坯需要精确模锻。

3）应用

该行式用于个别中、重型越野车的转向驱动桥中。

3. 等速万向节

主、从动轴的角速度在两轴之间夹角变化时仍然相等的万向节,称为等角速万向节,简称等速万向节。它主要用于转向驱动桥、断开式驱动桥中。

等速万向节的工作原理如图 2 - 5 - 12 所示,一对大小相同的锥齿轮相互啮合传动,从动齿轮与主动齿轮的角速度必然是相同的。两齿轮接触点 P 位于两轴线交角的平分面上,由 P 点到两轴的垂直距离都等于 r,P 点处两齿轮的圆周速度相等。可见,从结构上保证万向节的传力点在其交角变化时始终位于主动轴轴线和从动轴轴线夹角的平分面上,必然能保证等速传动。

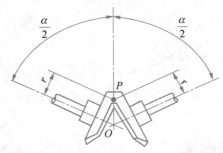

图 2 - 5 - 12　等速万向节的工作原理示意图

常见的等角速万向节有球叉式和球笼式。

（1）球叉式等速万向节

1）构造

球叉式等速万向节如图2-5-13所示。它由主动叉、从动叉、四个传动钢球、中心钢球、定位销和锁止销等组成。主动叉与从动叉分别与内、外半轴制成一体，在主、从动叉上，分别有四个曲面凹槽，装配后则形成两个相交的环形槽，作为钢球滚道。四个传动钢球放在槽中，中心钢球放在两叉中心的凹槽内，以定中心。

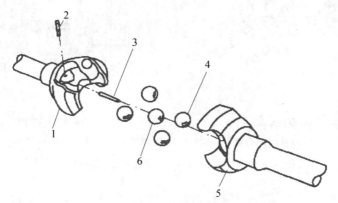

1-从动叉　2-锁止销　3-定位销　4-传动钢球　5-主动叉　6-中心钢球

图2-5-13　球叉式等速万向节

2）原理

如图2-5-14所示，主、从动叉曲面凹槽的中心线分别是以O_1、O_2为圆心的两个半径相等的圆，且圆心O_1、O_2到万向节中心O的距离相等。这样无论主、从动轴以任何角度相交，传动钢球中心都位于两圆的交点上，从而保证传动钢球始终位于两轴交角α的平分面上，因而保证了等速传动。

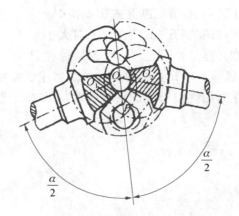

图2-5-14　球叉式等速万向节的工作原理

3）特点

其结构简单，能等角速传动，最大夹角为32°～38°。但其正反转时各只有两个钢球传力，磨损快，影响使用寿命，现在应用越来越少。

（2）球笼式等速万向节

按内、外滚道结构不同可分为固定式球笼万向节（RF 节）和伸缩式球笼万向节（VL 节）。

前置前驱轿车的万向传动装置多由伸缩式球笼万向节（差速器侧，又称为内万向节）、固定式球笼万向节（驱动轮侧，又称为外万向节）和传动轴（半轴）所组成。内万向节可轴向伸缩，使前轮在跳动时轴向长度得到补偿；外万向节摆动角度大，能满足车轮在各种工况下转向、跳动的需要。红旗世纪星轿车的传动轴总成如图 2－5－15 所示。

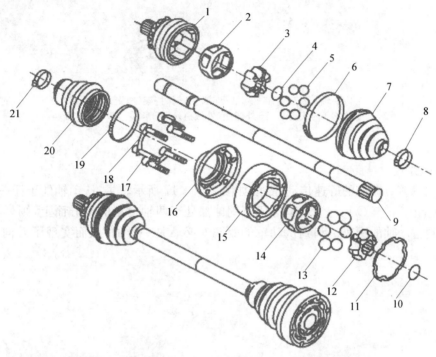

1-带 ABS 齿圈的 RF 节外球座　2-RF 节保持架　3-RF 节内球座　4、10-开口环
5、13-钢球　6、8、19、21-保护罩固定卡箍　7、20-保护罩　9-传动轴　11-密封
垫　12-VL 节内球座　14-VL 节保持架　15-VL 节外球座　16-外球座盖
17-传动轴螺栓　18-锁片

图 2－5－15　红旗世纪星轿车的传动轴总成

1）固定式球笼万向节

① 构造

桑塔纳轿车半轴外万向节采用固定式球笼万向节，如图 2－5－16 所示。固定式球笼万向节由六个钢球、内球座、外球座和保持架等组成。内球座与中段半轴用花键固接在一起，其外表面的六条弧形凹槽形成内滚道，外球座与带花键的外半轴制成一体，其内表面的六条凹槽形成外滚道。六个钢球分别装在由六组内外滚道所对应形成的空间里，由保持架使其保持在同一平面内。动力由中段半轴经内球座、钢球传到外球座，由外半轴输出。

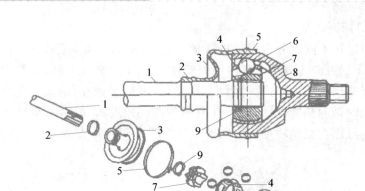

1-中段半轴　2、5-钢带箍　3-外罩　4-保持架（球笼）　6-钢球
7-内球座（内滚道）　8-外球座（外滚道）　9-卡环　10-外半轴

图 2-5-16　固定式球笼万向节

② 等速原理

固定式球笼万向节的等速传动原理，如图 2-5-17 所示。主、从动轴处于任一夹角 α 时（在一定范围内），$\angle COA = \angle COB$，即所有钢球都处于两轴交角的平分面上，则处在 C 点的钢球中心到主动轴的距离 a 和到从动轴的距离 b 必然是一样的，从而实现了万向节的等角速度传动。

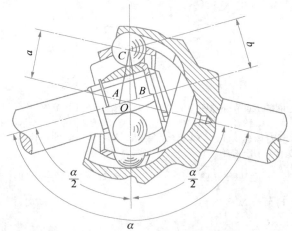

O-万向节中心　A-外滚道中心　B-内滚道中心　C-钢球中心　α-两轴交角（钝角）

图 2-5-17　固定式球笼等速万向节等速性分析

③ 特点及应用

固定式球笼万向节工作时六个钢球全部传力，承载能力强，磨损小，寿命长。其可在两轴最大交角为 47°的情况下传递扭矩，结构紧凑，拆装方便，被广泛应用于各种转向驱动桥和独立悬架的驱动桥中。

2）伸缩式球笼万向节

① 构造

伸缩式球笼万向节内、外滚道为圆筒形，不与轴线平行，而是以相同的角度相对于轴线倾斜。该结构同一周向位置处内、外滚道的倾斜方向相反,如图 2-5-18 所示。

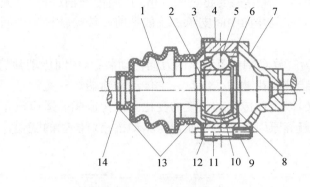

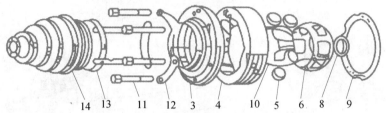

1-中段半轴　2-挡圈　3-外罩　4-外球座　5-钢球　6-保持架(球笼)　7-内半轴　8-卡环
9-密封垫　10-内球座　11-传动轴螺栓　12-锁片　13-保护罩固定卡箍　14-保护罩

图 2-5-18　伸缩式球笼万向节

② 等速原理

伸缩式球笼万向节装合后,同一周向位置处内、外滚道的倾斜方向刚好相反,即对称交叉,而钢球则处于内、外滚道的交叉部位。当内半轴与中半轴以任意夹角相交时,所有传动钢球都位于轴间交角的平分面上,从而实现等角速传动。

③ 特点及应用

伸缩式球笼万向节寿命长,强度高,结构简单,尺寸小,质量轻,最大轴间夹角为 22°。其内、外球座可以沿轴向相对移动,轴向伸缩量可达 45 mm,用于断开式驱动桥中。

2.5.3　传动轴和中间支承

1. 传动轴

（1）功用

在有一定距离的两部件之间采用万向传动装置传递动力时,一般需要在万向节之间安装传动轴,通常用来连接变速器(或分动器)和驱动桥。在转向驱动桥和断开式驱动桥中,则用来连接差速器和驱动车轮。

（2）分类

传动轴有实心轴和空心轴之分。为了减轻传动轴的质量,节省材料,提高轴的强度、刚度,传递较大的扭矩,传动轴多为空心轴。空心传动轴一般用厚度为 1.5 mm~3.0 mm 的低碳钢板卷制焊接,质量均匀,比相同外径的实心轴具有更高的临界转速。超重型货车的传动轴则直接采用无缝钢管。

转向驱动桥、断开式驱动桥或微型汽车的传动轴通常制成实心轴。

（3）构造

当传动距离较远而使传动轴的长度超过 1.5 m 时，因传动轴过长，自振频率降低，易产生共振，故将其分成两段或三段并加中间支承。一般把前段传动轴称为中间传动轴，后段传动轴称为主传动轴。

如图 2－5－19 所示为解放 CA1092 汽车的万向传动装置，中间传动轴前端焊有万向节，后端焊有花键轴，其上套装带内花键的凸缘盘。主传动轴前端焊有花键轴，其上套装可在花键轴上轴向滑动的滑动叉，以实现传动轴长度的变化。该构造能够适应汽车行驶过程中，由于加速、制动与道路的颠簸等原因造成的变速器与驱动桥相对位置的变化，花键的长度保证两者既不脱开又不顶死。

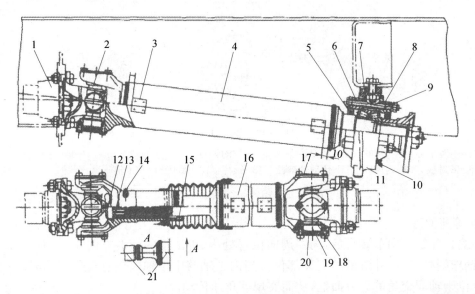

1-凸缘叉　2-万向节十字轴　3-平衡片　4-中间传动轴　5、15-中间支承油封　6-中间支承前盖　7-橡胶垫片　8-中间支承后盖　9-双列圆锥滚子轴承　10、14-油嘴　11-支架　12-堵盖　13-滑动叉　16-主传动轴　17-锁片　18-滚针轴承油封　19-万向节滚针轴承　20-滚针轴承轴承盖　21-装配位置标记

图 2－5－19　解放 CA1092 汽车的万向传动装置

为减小传动轴花键连接部分的轴向滑动阻力和磨损，花键间需加注润滑脂进行润滑，也可以对花键进行磷化处理或喷涂尼龙层，或是在花键槽内设置滚动元件，如图 2－5－20 所示。

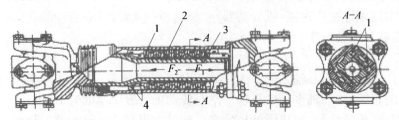

1-滚柱　2-传动轴外套管　3-传动轴内套管　4-挡圈

图 2－5－20　传动轴滚动花键

（4）装配

传动轴在工作时高速旋转，任何质量的偏移都会导致剧烈振动。故生产厂家在把传动轴与万向节组装后，都要进行动平衡试验，在质量轻的一侧补焊平衡片，使其不平衡量不超过规定值。

平衡后的滑动叉或万向节叉、传动轴上都标有记号，拆装时要注意记号对齐，以保持二者的相对角位置不变，以免破坏动平衡。同时只有按此标记装配，才能保证传动轴两端的万向节叉在同一平面内，这是用两个十字轴式刚性万向节实现等角速传动所必需的条件之一。为加注润滑脂方便，万向传动装置的油嘴应在一条直线上，且万向节上的油嘴应朝向传动轴。

2. 中间支承

（1）功用

传动轴分段时须加中间支承，支承通常安装在车架横梁上。中间支承对传动轴起支承作用，承受径向载荷，补偿传动轴轴向和角度方向的安装误差，以及车辆行驶过程中由于发动机窜动或车架变形等所引起的位移。

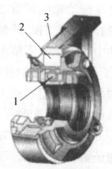

1-滚球轴承　2-中间轴承缓冲垫　3-支承座

图 2-5-21　中间支承结构

（2）构造

如图 2-5-21 所示为一种中间支承的结构，由支承座、缓冲垫和轴承等组成，它实际上是一个通过支承座和缓冲垫安装在车身（或车架）上的轴承，用来将中间传动轴的一端连接到车架横梁上。

东风 EQ1090 汽车的中间支承如图 2-5-22 所示。轴承可在轴承座内轴向滑动，轴承座装在蜂窝形橡胶垫内，通过 U 形支架固定在车架横梁上。

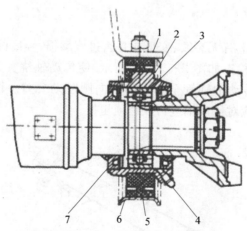

1-车架横梁　2-轴承座　3-轴承　4-油嘴
5-蜂窝形橡胶垫　6-U 形支架　7-油封

图 2-5-22　东风 EQ1090 汽车的中间支承

（3）工作原理

传动轴可随轴承做适当的轴向移动；缓冲垫为弹性支承，可使传动轴在一定范围内向任意方向摆动。

2.5.4 万向传动装置的检修

由于汽车经常在情况复杂的道路上行驶，万向传动装置在角度和长度不断变化的情况下传递转矩，因此常出现传动轴动不平衡和万向节与中间支承松旷等故障，造成汽车在行驶中产生异响和振动，严重时会导致相关部件的损坏。

1. 传动轴

（1）传动轴的使用与维护

为了确保传动轴的正常工作，延长其使用寿命，在使用中应注意严禁汽车用高速挡起步，严禁猛抬离合器踏板，严禁汽车超载、超速行驶，同时应经常检查传动轴工作状况，经常检查传动轴中间支承紧固情况，支承橡胶是否损坏，传动轴各连接部位是否松旷，传动轴是否变形，为了保证传动轴的动平衡，经常注意平衡片是否脱焊；新传动轴组件是配套提供的，在新传动轴装车时注意滑动叉的装配标记；在维修拆卸传动轴时，在滑动叉与传动轴上打上装配标记，以备重新装配时保持原装配关系不变。

经常为万向节十字轴承加注润滑脂，夏季注入 3 号锂基润滑脂，冬季注入 2 号锂基润滑脂。十字轴还需换位使用。车辆行驶时，由于扭矩的传递方向不变（倒车除外），故十字轴轴颈的受力面也不变，因而会造成十字轴轴颈单边磨损，随着使用时间的增长，十字轴轴颈受力的一面便严重磨损，以致松旷发响。为了延长其使用寿命，可将十字轴和轴承座相对于原安装位置转 90°后再装复使用，这样可使十字轴轴颈的磨损均匀。

分段式传动轴总成安装后，按规定力矩值拧紧各紧固螺栓。汽车运行中，传动轴螺栓不仅承受径向力，同时也承受轴向力，起动及停止时受冲击较大，所以螺栓很容易松动，日常使用中要加强检查与紧固。

（2）传动轴的检修

目测检查传动轴轴管上有无裂纹、变形或是否过度磨损，轻度的划痕或毛边可以用油石磨去。传动轴弯曲程度的检查如图 2-5-23 所示，使传动轴绕其轴线转动，用一只已调零的百分表进行检测，测量传动轴轴管全长上的径向圆跳动公差。该值应符合规定值（见表 2-5-1），超出规定值时，应对传动轴进行校正或更换。

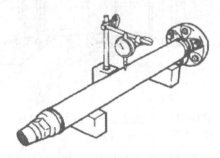

图 2-5-23 检查传动轴的弯曲程度

表 2-5-1　传动轴轴管的径向圆跳动公差

轴长(mm)	小于 600	600~1 000	大于 1 000
径向圆跳动公差(mm)	0.6	0.8	1.0

注:轿车相应减小 0.2 mm,中间传动轴支承轴颈的径向圆跳动公差为 0.10 mm。

检查传动轴花键与滑动叉花键、凸缘叉与所配合花键的侧隙,轿车应不大于 0.15 mm,其他类型的汽车应不大于 0.30 mm,装配后应能滑动自如。

2. 传动轴管焊接组合件

传动轴管焊接组合件经修理后,如更换了万向节叉或十字轴,应重新进行动平衡试验,不平衡量应不大于规定值(见表 2-5-2)。为达到动平衡,可在轴管两端加焊平衡片,每端最多不得多于 3 片。

表 2-5-2　传动轴管焊接组合件的允许动不平衡量

传动轴轴管外径(mm)	小于 58	58~80	大于 80
最大允许动不平衡量(g·cm)	30	50	100

3. 十字轴式刚性万向节

万向节和十字轴不得有裂纹或其他严重损伤,否则应更换。十字轴轴颈磨损过大、表面严重剥落、磨损沟槽或滚针压痕深度大于 0.10 mm 时,应更换。滚针轴承油封老化、滚针断裂时应更换。对十字轴承磨损进行检查,如发现滚珠、滚道出现烧蚀、裂纹或金属剥落等现象,应更换。十字轴与轴承的最小配合间隙应符合原厂规定,最大配合间隙应符合规定值,见表 2-5-3。十字轴及轴承装入万向节叉后的轴向间隙,轿车小于 0.05 mm,货车小于 0.25 mm,否则应更换。

表 2-5-3　十字轴与轴承的配合间隙

十字轴轴颈直径(mm)	小于 18	18~23	大于 23
最大配合间隙(mm)	符合原厂规定	0.10	0.14

万向节装配完毕后,可用手扳动十字轴进行检验,如图 2-5-24 所示,以没有噪声、转动自如、没有受阻或松旷感觉为合适。若装配过紧或过松,应查明原因,必要时应拆检及重新装配。

图 2-5-24　检查十字轴

4. 球笼式等速万向节

球笼式等速万向节检修时,要防止保护罩接触其他的部件,以免损坏保护罩。保护罩及卡箍和弹簧挡圈等损坏时,应予以更换。对球笼式等速万向节检查时,主要检查内、外等速万向节中各部件的磨损情况和装配间隙,如某部件磨损严重,则应整体更换。

外等速万向节的六颗钢球要求有一定的配合公差,并与内球座一起组成配合件。检查轴、球笼、内球座与钢球有无凹陷与磨损,若万向节间隙过大,需更换万向节。内等速万向节的检修要检查外球座、内球座、球笼及钢球有无凹陷与磨损,如磨损严重,则应更换。

5. 中间支承

如图 2-5-25 所示检查中间支承的橡胶垫环是否开裂、油封磨损是否过大而失效、轴承松旷或内孔磨损是否严重。如果是,均应更换新的中间支承。

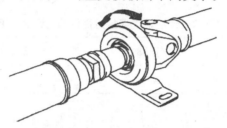

图 2-5-25 检查中间支承

中间支承轴承经使用磨损后,需及时检查和调整,以恢复其良好的技术状况。以解放 CA1092 型汽车为例,其传动系中间支承为双列圆锥滚子轴承,有两个内圈和一个外圈,两内圈中间有一个隔套,供调整轴向间隙用。磨损使中间支承轴向间隙超过 0.30 mm 时,将引起中间支承发响和传动轴严重振动,导致各传力部件早期损坏。中间支承的调整方法为拆下凸缘和中间轴承,将调整隔板适当磨薄,使传动轴承在不受轴向力的自由状态下,轴向间隙在 0.15 mm~0.25 mm 之间。装配好后用 195 N·m~245 N·m 的扭矩拧紧凸缘螺母,保证轴承轴向间隙在 0.05 mm 左右,即转动轴承外圈而无明显的轴向间隙。最后从油嘴注入足够的润滑脂,以减小磨损。

§2.6 驱动桥的构造与检修

2.6.1 驱动桥的功用、组成、类型

1. 驱动桥的功用

驱动桥是传动系的最后一个总成,主要功用是将万向传动装置输入的动力经降速增扭,改变传动方向以后,分配给左右驱动轮,且允许左右驱动轮以不同转速旋转。

2. 驱动桥的组成

如图 2-6-1 所示,驱动桥主要由驱动桥壳、主减速器、差速器、半轴等组成。

主减速器用来降低转速,增加扭矩,并改变扭矩的传递方向(纵置发动机改变 90°),以适应汽车的行驶方向。差速器可使汽车两侧车轮以不同的转速旋转,适应汽车转弯及在不平

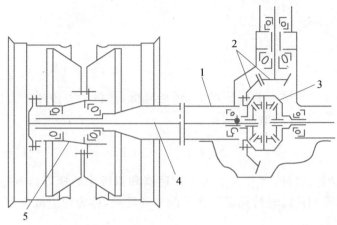

1-驱动桥壳　2-主减速器　3-差速器　4-半轴　5-轮毂

图 2-6-1　驱动桥示意图

路面上行驶。半轴是将扭矩从差速器传至驱动桥。桥壳是主减速器、差速器等传动装置的安装基础,支撑汽车的部分质量,且承受驱动轮上的各种作用力。

3. 驱动桥的结构类型

按照悬架结构的不同,驱动桥可以分为整体式驱动桥和断开式驱动桥。整体式驱动桥又称为非断开式驱动桥。

(1) 整体式驱动桥

整个驱动桥通过弹性悬架与车架相连,桥壳是整体刚性结构(如图 2-6-1 所示),两侧半轴和驱动轮在汽车横向平面内无相对运动。

(2) 断开式驱动桥

为提高汽车行驶平顺性和通过性,有些轿车、越野车的全部或部分驱动轮采用独立悬架,两侧驱动轮分别用弹性悬架与车架相连,两轮可彼此独立地相对于车架或车身上下跳动,如图 2-6-2 所示。主减速器壳固定在车架或车身上,驱动桥壳应制成分段以铰链方式连接(有的省去半轴处的桥壳),两侧半轴也分段,再用万向节连接传动。

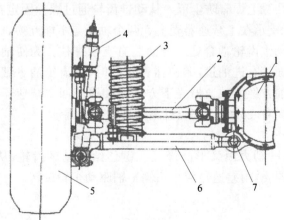

1-主减速器　2-半轴　3-弹性元件　4-减振器　5-车轮　6-摆臂　7-摆臂轴

图 2-6-2　断开式驱动桥的构造

2.6.2 主减速器

1. 主减速器的功用及类型

(1) 功用

主减速器的功用是将输入的转矩增大、转速降低,并将动力传递的方向改变后(有些发动机横向布置的汽车除外)传给差速器。

(2) 类型

1) 按齿轮副数目分

按传动的齿轮副数目分,可分为单级主减速器和双级主减速器。有些重型汽车又将双级主减速器的第二级圆柱齿轮传动设置在两侧驱动轮处,称为轮边减速器。

2) 按传动比个数分

按主减速器传动比个数,可分为单速式和双速式主减速器。单速式的传动比是一个定值,而双速式则有两个传动比(即两条传动路线)供驾驶人选择。

3) 按齿轮副结构形式分

按齿轮副结构形式,可分为圆柱齿轮式(又分为定轴轮系和行星轮系)、螺旋锥齿轮式和准双曲面锥齿轮式主减速器。

2. 单级主减速器

(1) 结构

单级主减速器只有一对锥齿轮传动,结构简单,质量小,体积小,传动效率高。故轿车和一般轻、中型货车采用单级主减速器。如图 2-6-3 所示的单级主减速器,是由一对双曲面齿轮及支承装置组成,其减速比为 6.33。

主动锥齿轮和输入轴制成一体,通过三个轴承 19、17 和 13 支承在主减速器壳上。轴承 19 内圈紧套在主动锥齿轮的轴颈上,外圈松套在主减速器壳相应的孔内,且靠孔的右方弦形凸起轴向定位。轴承 17 紧套在轴上,轴承 13 松套在轴上,二者之间装有隔套和一组厚度不同的调整垫片,它们与叉形凸缘及其前后垫片用螺母固装在主动齿轮上,支承在轴承座内。轴承座用止口定位,通过螺栓固定在主减速器壳的前端面,接触面处装有调整垫片。轴承盖上装有油封,叉形凸缘上焊有防尘罩。从动锥齿轮通过螺栓固定在差速器壳上,差速器壳两侧通过两个锥轴承支承在主减速器壳上。两个轴承盖不能互换,标有装配记号。轴承 3 外侧装有调整螺母,从动锥齿轮啮合处的背面装有支承螺柱。为使轴承 13 和 17 得到充分的润滑,主减速器壳侧面铸有进油道,差速器壳转动时,将齿轮油飞溅到进油道中。润滑轴承的油又从轴承 13 的前方经主减速器壳下方的回油道流回主减速器壳底部。在桥壳上方有通气孔,防止温度升高时壳体内的气压过高冲开油封而漏油。

(2) 工作情况

万向传动装置传来的动力由叉形凸缘经花键传给主动锥齿轮、从动锥齿轮,减速变向后,通过螺栓传给差速器壳,由差速器传给两侧半轴驱动车轮旋转。

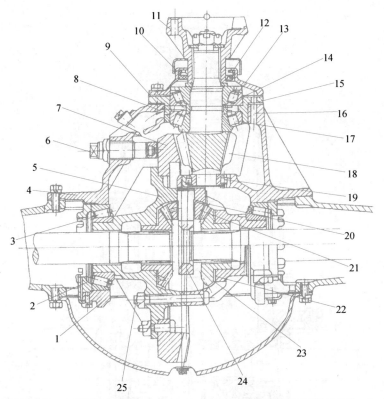

1-差速器轴承盖　2-轴承调整螺母　3、13、17-圆锥滚子轴承　4-主减速器壳　5-差速器壳　6-支承螺柱　7-从动锥齿轮　8-进油道　9、14-调整垫片　10-防尘罩　11-叉形凸缘　12-油封　15-轴承座　16-回油道　18-主动锥齿轮　19-圆柱滚子轴承　20-行星齿轮垫片　21-行星齿轮　22-半轴齿轮推力垫片　23-半轴齿轮　24-行星齿轮轴（十字轴）25-螺栓

图 2-6-3　单级主减速器及差速器

3. 双级主减速器

减速比比较大的主减速器若用一对锥齿轮传动,从动锥齿轮直径就太大,使汽车的最小离地间隙过小,通过性太差,故常采用双级主减速器。

图 2-6-4 所示的双级主减速器,第一级为锥齿轮传动,第二级为圆柱斜齿轮传动。第一级从动锥齿轮加热后套在中间轴的凸缘上并用铆钉铆紧。第二级主动圆柱齿轮与中间轴制成一体。中间轴两端通过锥形轴承支承在主减速器壳上,由于其右端靠近从动锥齿轮受力大,故该端的轴承大于左端的轴承。圆柱从动齿轮夹在两半差速器壳之间,用螺栓与差速器壳紧固在一起。

第一级主动锥齿轮轴承预紧度用轴肩前面调整垫片 8 调整,轴向位置用调整垫片 7 移动轴承座来调整,中间轴轴承预紧度及从动锥齿轮的轴向位置利用轴两端轴承盖处的垫片 6 和 13 调整。调整方法为增减垫片厚度,调整预紧度;将垫片等量地从一边调到另一边,调整从动锥齿轮的轴向位置。

双级主减速器第一级为圆锥齿轮传动,其调整装置与单级主减速器类同。由于双级减

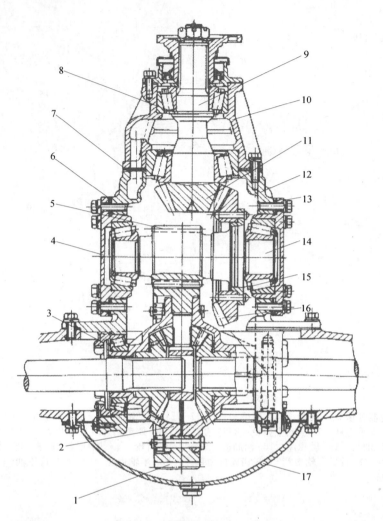

1-第二级从动齿轮　2-差速器壳　3-调整螺母　4、15-轴承盖　5-第二级主动齿轮
6、7、8、13-调整垫片　9-第一级主动锥齿轮轴　10-轴承座　11-第一级主动锥齿轮
12-主减速器壳　14-中间轴　16-第一级从动锥齿轮　17-后盖

图 2-6-4　双级主减速器

速减小了从动锥齿轮的尺寸,其背面一般不需要止推装置。主动锥齿轮后方的空间小,常为悬臂式支承。双级主减速器第二级为圆柱齿轮传动,圆柱齿轮多采用斜齿或人字齿,传力平稳。人字齿轮传动可消除斜齿轮产生轴向力的缺点。因有中间轴,故其多了一套调整装置。但第二级圆柱齿轮的轴向移动只能调整齿的啮合长度,使啮合副互相对正,不能调整啮合印痕和间隙。双级主减速器的减速比为两对齿轮副减速比的乘积。

2.6.3　差速器

1. 差速器的功用及类型

（1）功用

差速器的功用是当汽车转弯行驶或在不平路面行驶时,使左右驱动轮以不同的转速滚动,即保证两侧驱动车轮做纯滚动运动,如图 2-6-5 所示。

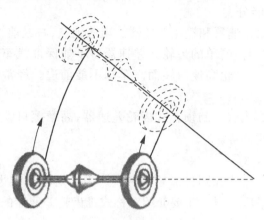

图 2-6-5 汽车转弯时驱动轮运动示意图

汽车行驶过程中,车轮对路面的相对运动有两种状态——滚动和滑动。其中,滑动又有滑转和滑移两种。设车轮中心在车轮平面内相对路面的移动速度为 v,车轮旋转角速度为 ω,车轮纯滚动半径为 r。若 $v=\omega r$,则车轮对路面的运动为纯滚动;若 $v=0$、$\omega\neq 0$,则车轮的运动为纯滑转;若 $v\neq 0$、$\omega=0$,车轮的运动为纯滑移。

当汽车转弯行驶时,内外两侧车轮中心在同一时间内移过的曲线距离显然不同,即外侧车轮移动的距离大于内侧车轮。若两侧车轮都固定在同一刚性转轴上,两轮角速度相等,则此时外轮必然是边滚动边滑移,内轮必然是边滚动边滑转。

同理,汽车在不平路面上直线行驶时,两侧车轮实际移过的曲线距离也不相等。即使路面非常平直,但由于轮胎制造尺寸误差,磨损程度不同,承受的载荷不同或充气压力不等,各个轮胎的滚动半径实际上不可能相等。因此,只要各车轮角速度相等,车轮对路面的滑动就必然存在。

可见,不仅是转弯,即使汽车在直线行驶时,都会存在车轮对路面的滑动。车轮对路面的滑动不仅会加速轮胎磨损,增加汽车的动力消耗,而且可能导致转向和制动性能的恶化。所以,在正常行驶条件下,应使车轮尽可能不发生滑动。为此,在汽车结构上,必须保证各个车轮可以实现不同角速度旋转,若主减速器从动齿轮通过一根整轴同时带动两侧驱动轮,则两轮角速度只能是相等的。为了使两侧驱动轮可用不同角速度旋转,以保证其纯滚动运动状态,就必须将两侧车轮的驱动轴断开(称为半轴),而主减速器从动齿轮通过一个差速齿轮系统——差速器分别驱动两侧半轴和驱动轮。这种装在同一驱动桥两侧驱动轮之间的差速器称为轮间差速器。

(2)类型

1)按照差速器的安装位置分类

差速器分为轮间差速器和轴间差速器。轴间差速器用于多轴驱动的汽车,各驱动桥间由传动轴相连。若各桥的驱动轮均以相同的角速度旋转,同样也会发生上述轮间无差速器时的类似现象。为使各驱动桥可以有不同的输入角速度,以消除各驱动轮的滑动现象,可以在各驱动桥之间装设轴间差速器。

2)按照两侧的输出转矩是否相等分类

差速器分为对称式和不对称式。对称式主要用于两驱动轮之间;不对称式主要用于前、后驱动桥之间。

3）按照差速器的功能分类

差速器分为普通齿轮差速器和锁止差速器。当遇到左、右或前、后驱动轮与路面之间的附着条件相差较大的情况时，简单的齿轮式差速器将不能保证汽车得到足够的牵引力。此时，只是附着条件较差的驱动轮高速滑转而汽车却不能前进。经常遇到此种情况的汽车应当采用锁止差速器。

锁止差速器常见的形式有强制锁止式齿轮差速器、高摩擦自锁差速器（包括摩擦片式、滑块凸轮式等）、托森差速器等。

2. 对称式锥齿轮差速器

齿轮式差速器有锥齿轮式和圆柱齿轮式两种。由于对称式锥齿轮差速器结构简单、紧凑，工作平稳，目前应用最广。以下主要介绍对称式锥齿轮差速器的结构及原理。

（1）结构

对称式锥齿轮差速器由圆锥行星齿轮、行星齿轮轴、圆锥半轴齿轮和差速器壳组成，如图2-6-6所示。差速器壳由用螺栓固紧的两部分组成，主减速器的从动锥齿轮用铆钉固定在差

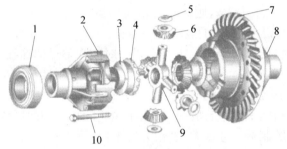

1—轴承 2、8—差速器壳 3、5—调整垫片 4—半轴齿轮 6—行星齿轮
7—主减速器从动锥齿轮 9—行星齿轮轴 10—连接螺栓

图2-6-6 对称式锥齿轮差速器结构图

速器的右半壳体上。装配时，十字形的行星齿轮轴的四个轴颈嵌在差速器壳两半端面上相应的凹槽所形成的孔内，差速器壳的剖分面通过行星齿轮轴各轴颈中心线。每个轴颈上浮套着一个圆锥行星齿轮，它们均与两侧的半轴齿轮啮合。而半轴齿轮的轴颈分别支承在差速器壳相应的左右座孔中，并借花键与半轴相连。动力自主减速器从动锥齿轮依次经差速器壳、十字轴、行星齿轮、半轴齿轮、半轴输出给驱动轮。当两侧齿轮以相同转速转动时，行星齿轮绕半轴轴线转动（公转）。若两侧车轮阻力不同，则行星齿轮在做上述公转运动的同时，还绕自身轴线转动（自转），因而两半轴齿轮带动两侧车轮以不同转速转动。

为了保证行星齿轮对正中心以便于与两个半轴齿轮正确的啮合，行星齿轮的背后和差速器壳相应位置的内表面都做成球面。

因为行星齿轮和半轴齿轮是锥齿轮传动，在传递转矩时，沿行星齿轮和半轴齿轮的轴线作用着很大的轴向力，而齿轮和差速器壳间又有相对运动，所以为减少齿轮和壳的磨损，在半轴齿轮和差速器壳之间装有垫片3，而在行星齿轮与差速器壳之间装有垫片5。当汽车行驶到一定里程时，垫片磨损后可换上新垫片，以提高差速器的使用寿命。垫片通常用铜或者聚甲醛塑料制成。

为保证行星齿轮和十字轴轴颈之间有良好的润滑,在十字轴轴颈上铣出一个平面,并在行星齿轮的齿间钻有油孔。差速器靠主减速器壳体中的润滑油润滑,差速器壳体上开有窗口,供润滑油进出。

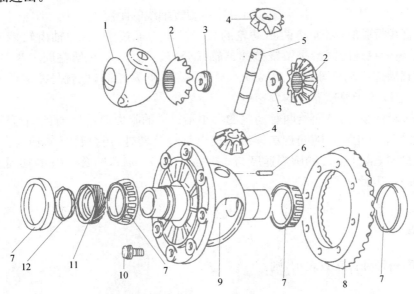

1-复合式推力垫片　2-半轴齿轮　3-螺纹套　4-行星齿轮　5-行星齿轮轴　6-止动销　7-圆锥滚子轴承　8-主减速器从动锥齿轮　9-差速器壳　10-螺栓　11-车速表齿轮　12-车速表齿轮锁紧套筒

图 2-6-7　上海桑塔纳轿车差速器

　　一般中级以下的轿车,因主减速器输出的转矩不大,所以可用两个行星齿轮。因而其行星齿轮轴相应为一根直轴,差速器壳也不必分成左右两半而可以制成整体式的,其前后两侧都开有大窗口,以便拆装行星齿轮和半轴齿轮。上海桑塔纳、奥迪 100 等轿车差速器即采用这种结构。如图 2-6-7 所示为上海桑塔纳轿车差速器,差速器壳为一整体框架结构。行星齿轮轴装入差速器壳后用止动销定位。半轴齿轮背面也制成球面,其背面的推力垫片与行星齿轮背面的推力垫片制成一个整体,称为复合式推力垫片。螺纹套用来紧固半轴齿轮。

　　(2)原理

　　如图 2-6-8 所示为对称式锥齿轮差速器中各组件的运动关系,即差速原理。

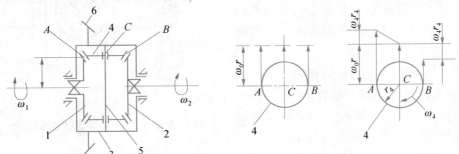

1、2-半轴齿轮　3-差速器壳　4-行星齿轮　5-行星齿轮轴　6-主减速器从动锥齿轮

图 2-6-8　对称式锥齿轮差速器运动原理

对称式锥齿轮差速器是一种行星齿轮机构。差速器壳与行星齿轮轴连成一体，形成行星架，因为它又与主减速器从动锥齿轮固定连接，因此为主动件，设其角速度为 ω_0。半轴齿轮 1 和 2 为从动件，其角速度为 ω_1 和 ω_2。A、B 两点分别为行星齿轮与半轴齿轮的啮合点，行星齿轮的中心点为 C。A、B、C 三点到差速器旋转轴线的距离均为 r。

当汽车直线行驶时，路面给两驱动轮的相等的阻力通过半轴、半轴齿轮传递给行星齿轮，此时行星齿轮只是随同行星架绕差速器轴线公转。显然，此时处在同一半径 r 上的 A、B、C 三点的圆周速度都相等，其值为 $\omega_0 r$。于是 ω_0、ω_1 和 ω_2 相等，也就是差速器不起差速作用，两半轴角速度等于差速器壳的角速度。

当汽车转弯行驶时，路面给两驱动轮的大小不一样的阻力通过半轴、半轴齿轮传递给行星齿轮，此时行星齿轮除了随同行星架绕差速器轴线公转外，还绕自身的轴线自转，设其角速度为 ω_4。此时，啮合点 A 的圆周速度为 $v_A = \omega_1 r = \omega_0 r + \omega_4 r$，啮合点 B 的圆周速度为 $v_B = \omega_2 r = \omega_0 r - \omega_4 r$。因此：

$$v_A + v_B = \omega_1 r + \omega_2 r = (\omega_0 r + \omega_4 r) + (\omega_0 r - \omega_4 r)$$

$$\omega_1 + \omega_2 = 2\omega_0$$

若角速度用每分钟转数表示，则：

$$n_1 + n_2 = 2n_0$$

此即两半轴齿轮直径相等的对称式锥齿轮差速器的运动特性方程式。它表明左右两侧半轴齿轮的转速之和等于差速器壳转速的两倍，而与行星齿轮转速无关。所以，汽车在任何行驶条件下，都可以借行星齿轮以相应转速自转，使两侧驱动车轮以不同转速在地面上滚动而无滑动。

由 $n_1 + n_2 = 2n_0$ 还可得知，当差速器壳转速为零（例如用中央制动器制动传动轴）时，若一侧半轴齿轮受其他外来力矩而转动，则另一侧半轴齿轮即以相同转速反向转动；当任何一侧半轴齿轮的转速为零时，另一侧半轴齿轮的转速为差速器壳转速的两倍。

（3）转矩分配

如图 2-6-9 所示为差速器转矩分配图。在上述差速器中，由主减速器传来的转矩 M_0，经差速器壳、行星齿轮轴和行星齿轮传给半轴齿轮。行星齿轮相当于一个等臂杠杆，而两个半轴齿轮半径也是相等的，因此当行星齿轮没有自转时，总是将转矩 M_0 平均分配给左右两半轴齿轮，即 $M_1 = M_2 = M_0/2$。

当两半轴齿轮以不同转速、相同方向转动时，左半轴转速 n_1 大于右半轴转速 n_2，则行星齿轮将按如图 2-6-9 所示 n_4 的方向绕行星齿轮轴自转，此时行星齿轮孔与行星齿轮轴轴

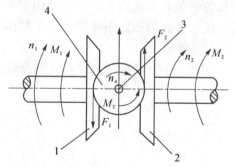

1、2-半轴齿轮　3-行星齿轮轴　4-行星齿轮

图 2-6-9　差速器转矩分配图

颈间以及齿轮背部与差速器壳之间都产生摩擦。行星齿轮所受的摩擦力矩 M_T 方向与其转速 n_4 方向相反，此摩擦力矩使行星齿轮分别对左、右半轴齿轮附加作用大小相等而方向相反的两个圆周力 F_1 和 F_2。F_1 使传到转得快的左半轴上的转矩 M_1 减小，而 F_2 却使传到转得慢

的右半轴上的转矩 M_2 增加。所以，当左右驱动车轮存在转速差时，$M_1 = (M_0 - M_T)/2$，$M_2 = (M_0 + M_T)/2$。左、右车轮上的转矩差等于差速器的内摩擦力矩 M_T。

在实际中，由于 M_T 很小，可以忽略不计，则有 $M_1 = M_2 = M_0/2$。由此可见，无论差速器差速与否，行星锥齿轮差速器都具有转矩等量分配的特性。这样的分配比例对于汽车来说在任何路面上行驶时都是满意的。但当汽车在泥泞或冰雪路面行驶时，即使另一个车轮在良好的路面上，往往仍不能前进。这是因为，在泥泞路面上车轮与路面之间附着力很小，路面只对半轴作用很小的反作用转矩，虽然另一车轮与好路面间的附着力较大，但因对称式锥齿轮差速器力矩平均分配的特性，使这一车轮分配到的转矩只能与传到滑转的驱动轮上的很小转矩相等，以致牵引力不足以克服行驶阻力，汽车就不能前进。

为了提高汽车在条件差的路面上的通过能力，可采用各种形式的锁止差速器。其共同出发点都是在一个驱动轮滑转时，设法使大部分转矩甚至全部转矩传给不滑转的驱动轮，以充分利用这一驱动轮的附着力而产生足够牵引力使汽车能继续前进。

3. 锁止差速器

汽车上常用的锁止差速器有强制锁止式和自锁式两大类。前者通过驾驶人操纵差速锁，人为地将差速器暂时锁住，使差速器不起差速作用。后者是在汽车行驶过程中，根据路面情况自动改变驱动轮间的转矩分配。自锁式差速器又有摩擦片式、滑块凸轮式和托森式等多种结构形式。

强制锁止式差速器就是在行星锥齿轮差速器上装设了差速锁，当一侧驱动轮滑转时，可利用差速锁使差速器不起差速作用。

(1) 强制锁止式差速器

为了实现汽车在坏路面上行驶时仍能为驱动轮提供足够的转矩，最简单的办法就是在对称式锥齿轮差速器上设置差速锁，使之成为强制锁止式差速器。如图 2-6-10 所示为强制锁止式差速器，它的差速锁由牙嵌式接合器及操纵机构两大部分组成。牙嵌式接合器的固定接合套用花键与差速器壳左端连接，并用弹性挡圈轴向限位。滑动接合套用花键与半轴连接，并可轴向滑动。操纵机构的拨叉装在拨叉轴上并可沿导轴轴向滑动，其叉形部分插入滑动接合套的环槽中。

当汽车在好路面上行驶不需要锁止差速器时，牙嵌式接合器的固定接合套与滑动接合套不嵌合，即处于分离状态，此时为普通行星锥齿轮差速器。

当汽车通过坏路面需要锁止时，通过驾驶人的操纵，压缩空气由进气管接头进入气动活塞缸左腔，推动活塞右移，并经调整螺钉和拨叉轴推动拨叉压缩复位弹簧右移。从而拨动滑动接合套右移与固定接合套接合，将左半轴与差速器壳连成一个整体，则左右两半轴被连锁成一体转动，即差速器被锁止，不起差速作用。这样，转矩可全部分配给好路面上的车轮。

当需要解除差速器的锁止时，通过操纵机构，放掉气缸内压缩空气，拨叉及滑动接合套在复位弹簧作用下左移复位，接合器分离，差速器恢复差速作用。

强制锁止式差速器结构简单、易于制造，但操纵不便，一般在停车时进行。

(2) 摩擦片式自锁差速器

摩擦片式自锁差速器是在对称式锥齿轮差速器中装设摩擦片以增大内摩擦力矩的自锁式差速器，如图 2-6-11 所示。为增加差速器内摩擦力矩，在半轴齿轮与差速器壳之间装有摩擦片。

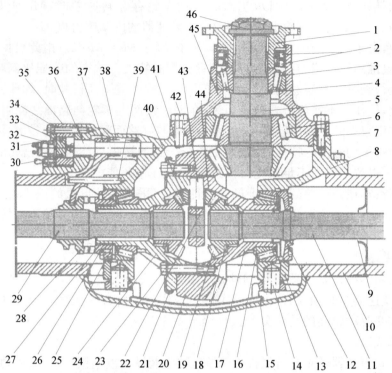

1-传动凸缘　2-油封　3、16-轴承　4-调整隔圈　5-主减速器主动齿轮　6-轴承　7-调整垫片　8-主减速器壳　9-挡油盘　10-桥壳　11、29-半轴　12-带挡油盘的调整螺母　13-轴承盖　14-定位销　15-集油槽　17、24-差速器壳　18、44-推力垫片　19-半轴齿轮　20-主减速器从动齿轮　21-锁板　22-衬套　23、42-螺栓　25-调整螺母　26-固定接合套　27-弹性挡圈　28-滑动接合套　30-进气管接头　31-带密封圈的活塞　32-差速锁指示灯开关　33-调整螺钉及其锁紧螺母　34-缸盖　35-缸体　36-拨叉轴　37-拨叉　38-复位弹簧　39-导轴　40-行星齿轮　41-密封圈　43-十字轴　45-轴承座　46-螺母

图 2-6-10　奔驰 2026A 型汽车强制锁止式差速器

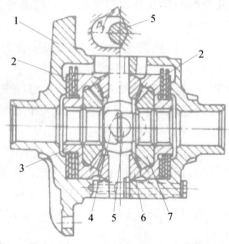

1-差速器壳　2-摩擦片　3-推力压盘　4-V 形斜面　5-十字轴　6-行星齿轮　7-半轴齿轮

图 2-6-11　摩擦片式自锁差速器

十字轴由两根互相垂直的行星齿轮轴组成,其端部均切出凸 V 形斜面,相应的差速器壳孔

上也有凹 V 形斜面,两根行星齿轮轴的 V 形斜面是反向安装的。每个半轴齿轮的背面有推力压盘和摩擦片。推力压盘以内花键与半轴相连,而其轴颈处用外花键与从动摩擦片连接。主动摩擦片则用花键与差速器壳相连。推力压盘和主、从动摩擦片均可做小的轴向移动。

当汽车直线行驶时,两半轴无转速差,转矩平均分配给两半轴。由于差速器壳通过斜面对行星齿轮轴压紧,斜面上产生的轴向力迫使两行星齿轮轴分别向左、右方向(向外)略微移动,通过行星齿轮使推力压盘压紧摩擦片。此时转矩经两条路线传给半轴,一路经行星齿轮轴、行星齿轮和半轴齿轮将大部分转矩传给半轴,另一路则是由差速器壳经主、从动摩擦片和推力压盘传给半轴。

当一侧车轮在路面上滑转或汽车转弯时,行星齿轮自转起差速作用,左、右半轴齿轮的转速不等。由于转速差的存在和轴向力的作用,主、从动摩擦片间存在滑转,同时产生摩擦力矩。摩擦力矩的数值大小与差速器传递的转矩和摩擦片数量成正比,转向与快转半轴的旋向相反,与慢转半轴的旋向相同。较大数值的内摩擦力矩作用的结果是使慢转半轴传递的转矩明显增加。摩擦作用越强,两半轴的转矩差越大,最大可达 5～7 倍。

摩擦片式自锁差速器结构简单、工作平稳,目前多用于轿车、轻型越野车。

（3）滑块凸轮式自锁差速器

滑块凸轮式自锁差速器是利用滑块与凸轮之间产生较大数值的内摩擦力矩以提高锁紧系数的一种高摩擦自锁式差速器。

如图 2 - 6 - 12 所示为汽车中、后驱动桥之间采用的滑块凸轮式轴间差速器。差速器的主动件是与差速器壳连接在一起的套,套上有两排径向孔,滑块装于孔中并可做径向滑动。滑块两端分别与差速器的从动元件内凸轮和外凸轮接触,内、外凸轮分别与左、右半轴用花键连接。当差速器传递动力时,主动套带动滑块并通过滑块带动内、外凸轮旋转,同时允许内、外凸轮转速不等。

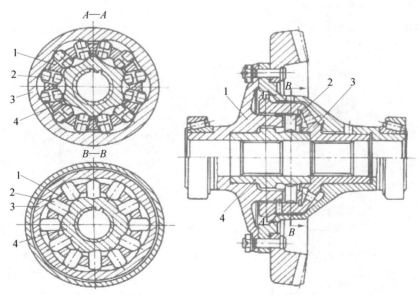

1-差速器壳　2-滑块　3-外凸轮　4-内凸轮

图 2 - 6 - 12　滑块凸轮式轴间差速器

2.6.4 半轴与桥壳

1. 半轴

(1) 半轴的功用和构造

1) 功用

半轴的功用是将差速器传来的动力传给驱动轮,因其传递的转矩较大,常制成实心轴。如果半轴断裂则汽车无法起步、行驶。

2) 构造

半轴的结构因驱动桥结构形式的不同而异。整体式驱动桥中的半轴为一刚性整轴,而转向驱动桥和断开式驱动桥中的半轴则分段并用万向节连接。半轴内端一般制有外花键与半轴齿轮连接。半轴外端有的直接在轴端锻造出凸缘盘,也有的制成花键与单独制成的凸缘盘滑动配合,还有的制成锥形并通过键和螺母与轮毂固定连接。

(2) 支承形式

现代汽车常采用全浮式或半浮式两种半轴支承形式。

1) 全浮式半轴支承

全浮式半轴支承广泛应用于各型货车上。如图 2-6-13 所示为全浮式半轴支承的示意图,半轴外端锻造有半轴凸缘,用螺栓紧固在轮毂上,轮毂用一对圆锥滚子轴承支承在半轴套管上,半轴套管与空心梁压配成一体,组成驱动桥壳。这种支承形式,其半轴与桥壳没有直接联系。半轴内端用花键与半轴齿轮套合,并通过差速器壳支承在主减速器壳的座孔中。

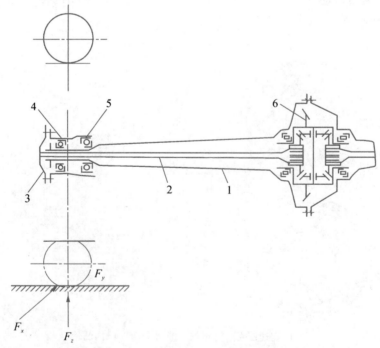

1-桥壳　2-半轴　3-半轴凸缘　4-轮毂　5-轮毂轴承　6-主减速器从动锥齿轮

图 2-6-13　全浮式半轴支承示意图

这种半轴支承形式,半轴只在两端承受转矩,不承受其他任何反力和弯矩,所以称为全浮式半轴支承。所谓"浮"是对卸除半轴的弯曲载荷而言的。全浮式半轴支承便于拆装,只需拧下半轴凸缘上的轮毂螺栓,即可将半轴抽出,而车轮和桥壳照样能支撑住汽车。

2)半浮式半轴支承

如图 2-6-14 所示为半浮式半轴支承的示意图。半轴外端制成锥形,锥面上铣有键槽,最外端制有螺纹。轮毂以其相应的锥孔与半轴上锥面配合,并用键连接,用锁紧螺母紧固。半轴用一个圆锥滚子轴承直接支承在桥壳凸缘的座孔内。车轮与桥壳之间无直接联系,而支承于悬伸出的半轴外端。因此,地面作用于车轮的各种反力都须经半轴外端的悬伸部分传给桥壳,使半轴外端不仅要承受转矩,而且还要承受各种反力及其形成的弯矩。半轴内端通过花键与半轴齿轮连接,不承受弯矩,故称这种支承形式被称为半浮式半轴支承。

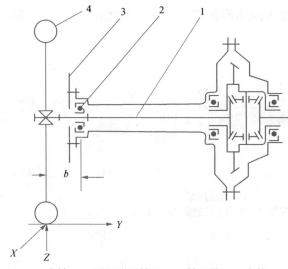

1-半轴　2-圆锥滚子轴承　3-轴承盖　4-车轮

图 2-6-14　半浮式半轴支承示意图

半浮式半轴支承结构简单,但半轴受力情况复杂且拆装不便,多用于反力、弯矩较小的各类轿车上。

2. 桥壳

(1)功用

驱动桥壳既是传动系的组成部分,同时也是行驶系的组成部分。作为传动系的组成部分,其功用是安装并保护主减速器、差速器和半轴。作为行驶系的组成部分,其功用是安装悬架或轮毂,和从动桥一起支承汽车悬架以上各部分质量,承受驱动轮传来的反力和力矩,并在驱动轮与悬架之间传力。

由于桥壳承受较复杂的载荷,因此要求桥壳应具有足够的强度和刚度,质量小,还要便于主减速器的拆装和调整。

(2)类型

驱动桥壳可分为整体式桥壳和分段式桥壳两种类型。

整体式桥壳(如图 2-6-15 所示)一般是铸造的,具有较大的强度和刚度,且便于主减速器的拆装和调整。缺点是质量大,铸造质量不易保证。因此,适用于中型以上货车。

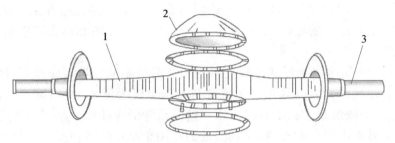

1-后桥壳　2-后盖　3-半轴套管

图 2-6-15　整体式桥壳

分段式桥壳(如图 2-6-16 所示)一般分为两段,由螺栓将两段连成一体。分段式桥壳最大的缺点是拆装、维修主减速器和差速器十分不便,必须把整个驱动桥从车上拆下来,现已很少应用。

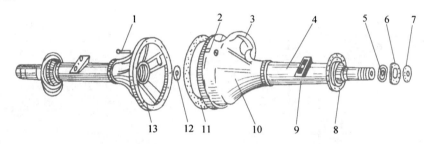

1-螺栓　2-注油孔　3-主减速器壳颈部　4-半轴套管　5-调整螺母　6-止动垫片　7-锁紧螺母　8-凸缘盘　9-弹簧座　10-主减速器壳　11-垫片　12-油封　13-盖

图 2-6-16　分段式桥壳

2.6.5　驱动桥的检修与调整

1. 驱动桥的拆卸与分解

(1) 半轴的拆卸与分解

如图 2-6-17 所示,松开驱动桥壳下的放油螺塞,放净驱动桥壳内的润滑油。

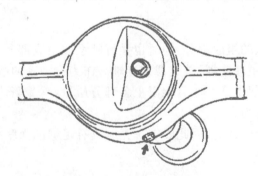

图 2-6-17　松开放油螺塞

拆下后轮鼓式制动器,从驱动桥壳上拆下制动底板与驱动桥壳半轴凸缘的连接螺母,如图 2-6-18 所示。

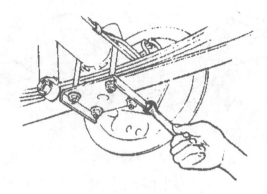

图 2-6-18　拆下制动底板螺母

用制动鼓拆卸器和滑动锤拉出带制动底板的半轴,如图 2-6-19 所示。

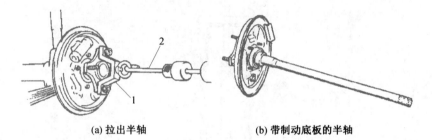

(a) 拉出半轴　　　　　　(b) 带制动底板的半轴

1-制动鼓拆卸器　2-滑动锤

图 2-6-19　拉出半轴

如果需要更换半轴上的轮毂轴承,可继续分解。首先从半轴上拆下定位环,再用砂轮磨掉定位环上下的两部分,直至磨落为止(注意不要磨到半轴),如图 2-6-20 所示。

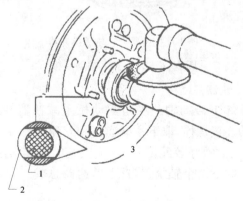

1-半轴　2-定位环　3-需磨掉的部位

图 2-6-20　拆下定位环(一)

用錾子将定位环从磨落处弄开,取下定位环,如图2-6-21所示。

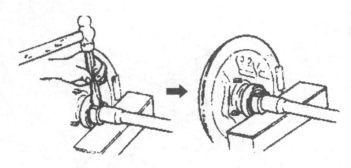

图2-6-21 拆下定位环(二)

用万能拉力器和轴承拆卸器从半轴上拆下轮毂轴承。然后拆下制动底板,如图2-6-22所示。

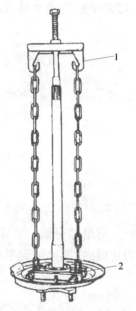

1-万能拉力器 2-轴承拆卸器

图2-6-22 拆下制动底板

(2)分解主减速器和差速器

将两根半轴拉出后,再卸下传动轴凸缘与驱动桥主减速器凸缘的连接螺栓,断开传动轴;卸下主减速器与桥壳的连接螺栓,取下主减速器和差速器总成。如图2-6-23所示,在差速器轴承盖与主减速器壳上做好装配记号,以免安装时出错(左右两盖不能互换)。松开止动螺栓和轴承盖螺栓后,卸下两个轴承盖,拆下差速器总成。

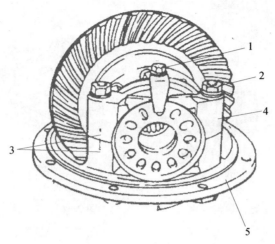

1-止动螺栓　2-轴承盖螺栓　3-装配标记　4-轴承盖　5-主减速器壳

图 2-6-23　拆下差速器总成

　　分解差速器。用轴承拆卸器和差速器侧轴承拆卸夹具从差速器上拉出两侧轴承，如图 2-6-24所示。先卸下从动锥齿轮与差速器壳的连接螺栓，取下从动锥齿轮。接着，取下行星齿轮轴定位销，拉出行星齿轮轴，并取出行星齿轮，如图 2-6-25 所示。最后，拆下半轴齿轮及半轴齿轮调整垫片。

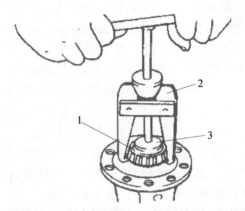

1-左侧轴承　2-轴承拆卸器　3-差速器侧轴承拆卸夹具

图 2-6-24　拉出两侧轴承

　　分解主动锥齿轮。用台虎钳夹紧主动锥齿轮凸缘后，从主动锥齿轮端部卸下锁紧螺母，如图 2-6-26 所示。然后拆下主动锥齿轮凸缘，再用锤子和铜棒敲打主动锥齿轮的前部，把主动锥齿轮轴取下。最后用拉力器拉出主减速器壳体内的轴承外圈和主动锥齿轮轴上的轴承内圈。

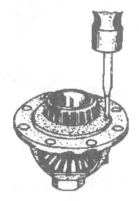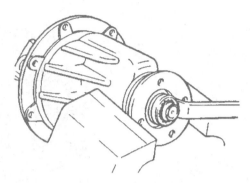

图 2-6-25　拉出行星齿轮轴　　　　　　图 2-6-26　拆下主动锥齿轮端部螺母

2. 驱动桥的检修

（1）齿轮技术状况的检修

齿轮技术状况的检查一般是通过目测进行。若齿轮的技术状况不良，则应进行修理或更换。

主、从动锥齿轮疲劳剥落点的面积不得大于齿面的 25%，齿轮轮齿的损坏不得超过齿长的 20% 和齿高的 33%。在上述条件下，主动锥齿轮损坏的轮齿不得超过三个，从动锥齿轮损坏的轮齿不得超过四个。主动锥齿轮和从动锥齿轮是作为一个组件来供应的。因此，若其中之一损坏需要更换时，必须两者同时进行成对更换，否则将无法保证齿轮的正确啮合。行星齿轮和半轴齿轮轮齿工作面上的缺损，沿齿高不大于 33%，沿齿长不大于 25%，且在一个齿轮上其损坏齿的数量不得多于三个。行星齿轮球面和半轴齿轮端面上如有擦伤，其宽度超过工作面的 33%、深度超过 0.50 mm 时，应予修磨。对于损伤不严重的斑点、剥落、毛刺或擦伤，可经修磨后继续使用；若损伤超过规定的允许范围时，一般应予以更换。

（2）半轴的检修

检查半轴是否弯曲，若半轴出现弯曲，可在压力机上进行冷压校正。半轴花键齿过度磨损或花键产生裂纹时，应更换半轴。在半轴装油封的轴颈处若出现明显沟槽或严重磨损影响其密封性时，或在半轴凸缘根部出现裂纹时，应更换半轴。

（3）轴承的检修

检查各轴承是否磨损或损坏，轴承有缺陷时应予以更换。

（4）轴颈及壳体的检修

检查主动锥齿轮及差速器壳两端轴颈是否磨损。磨损量不大时，可镀铬修磨后继续使用，磨损严重或损坏时应予以更换。检查主减速器壳轴承座孔是否磨损，视情修复或更换新件。主减速器壳和差速器壳出现裂纹时，应予更换。检查桥壳是否变形或出现裂纹，如桥壳严重扭曲变形或在与主减速器壳的接合面上出现裂纹或断裂时，应予更换桥壳。

3. 驱动桥的装配调整

装配前各零部件应清洗干净并用压缩空气吹干，确保后桥壳内腔无任何金属屑等杂物。加工表面特别是配合表面不得有碰伤及毛刺，各零件的接合面、支承面应预先涂以润滑油。装配时一般按分解的相反顺序进行。

（1）轴承预紧度的调整

圆锥滚子轴承一般都是成对使用的，装配时应使其具有一定的预紧度，以减小锥齿轮在传动过程中因轴向力而引起的轴向位移，提高轴的支承刚度，保证锥齿轮副的正确啮合。但轴承预紧度又不能过大，否则摩擦和磨损增大，传动效率低。为此，轴承设有轴承预紧度的调整装置。

轴承预紧度调整之前应先检查，一般采用经验法，即用手转动主动（或从动）锥齿轮应转动自如，轴向推动无间隙。

1）主动圆锥齿轮轴承预紧度的调整

主动圆锥齿轮轴承预紧度的调整方法有两种，第一种方法是在前轴承内圈上下加减调整垫片，当按规定力矩拧紧万向节凸缘螺母时，垫片越薄，轴承内外圈压得越紧，即预紧度越大。国产汽车大多数采用这种方法调整。

另一种方法是用一个弹性隔套来调整圆锥滚子轴承预紧度。装配时在前后轴承内圈之间放置一个可压缩的弹性薄壁隔套，按规定的力矩拧紧万向节凸缘盘的紧固螺母时，隔套发生弹性变形，其张力自动适应对轴承预紧度的要求。但这种方法因隔套的弹性衰退，经常需要更换新的隔套，轿车主减速器多采用这种结构。

只有圆锥滚子轴承的预紧度可调，而圆柱滚子轴承无须调整。

2）从动圆锥齿轮轴承预紧度的调整

从动圆锥齿轮轴承预紧度的调整因驱动桥的结构分为两种。第一种是采用单级主减速器，其从动圆锥齿轮固定在差速器壳上，调整从动圆锥齿轮轴承预紧度就是调整差速器轴承预紧度。差速器轴承两侧有调整螺母或垫片。调整轴承预紧度时，慢慢转动两侧调整螺母（或增减垫片），同时慢慢转动差速器总成，使滚柱处于正确位置。正确的预紧度可用转动差速器总成的力矩来衡量，如东风 EQ1090 型汽车，用 0.98 N·m～3.4 N·m 的力矩应能灵活转动差速器总成。预紧度调整后，应将调整螺母用锁片锁住。

第二种为采用双级主减速器，从动圆锥齿轮与二级减速器的主动圆柱齿轮固定在同一根轴上，两端用轴承支撑在主减速器壳上。轴承预紧度通过调整垫片来调整，选择合适的调整垫片，安装在主减速器与轴承盖之间。拧紧轴承紧固螺栓后，用转动圆锥齿轮的力矩来衡量轴承预紧度是否合适。解放 CA1091 型汽车的标准是转动从动圆锥齿轮的力矩为 1.40 N·m～3.50 N·m，如所需力矩过大，说明预紧度过大，应增加垫片的厚度。

（2）啮合印痕的调整

为了使齿轮传动工作正常、磨损均匀、延长其使用寿命，必须保证齿轮副正确的啮合印痕和啮合间隙。正确的啮合印痕和啮合间隙是通过齿轮的轴向移动改变其相对位置来实现的。为此，锥齿轮都有轴向位置调整装置，即啮合印痕和齿侧啮合间隙的调整装置。

1）啮合印痕的检查

先检查齿面啮合印痕，方法为在主动锥齿轮上相隔 120°的三处用红丹油在齿的正反面各涂 2～3 个齿，再用手对从动锥齿轮稍施加阻力并正、反向各转动主动齿轮数圈。观察从动锥齿轮上的啮合印痕。正确的啮合印

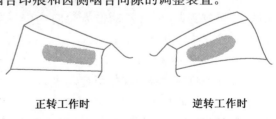

正转工作时　　　　　　逆转工作时

图 2-6-27　正确的啮合印痕

痕如图 2-6-27 所示,应位于齿高的中间偏小端,并占齿宽 60% 以上。

2) 啮合间隙的检查

啮合间隙过小,不能在齿面之间形成一定厚度的油膜,使轮齿工作面的润滑和冷却变差,工作中会发生噪音及热量,并加剧轮齿齿面的磨损和擦伤,甚至会导致轮齿卡死和折断。啮合间隙过大,轮齿齿面会产生冲击负荷,破坏油膜,并在车速或负荷急剧变化时,出现冲击响声。间隙过大同样也会加剧齿面的磨损,严重时,能使轮齿折断。

将百分表抵在从动锥齿轮正面的大端处,用手把住主动锥齿轮,然后轻轻往复摆转从动锥齿轮即可显示间隙值。中、重型汽车应为 0.15 mm～0.50 mm,轻型车约为 0.10 mm～0.18 mm,使用极限为 1.00 mm。

3) 啮合印痕及间隙的调整

啮合印痕和啮合间隙是同时进行调整的,先检查啮合印痕,方法同上文所讲的东风 EQ1090 汽车。然后按照"大进从、小出从、顶进主、根出主"原则进行调整,如图 2-6-28 所示。啮合印痕合适后若间隙不符,则通过轴向移动另一锥齿轮进行调整。

当啮合印痕位于从动锥齿轮轮齿大端时,如图 2-6-28(a)所示,应将从动锥齿轮向主动锥齿轮靠拢,假如因此而使啮合间隙变小,可将主动锥齿轮向外移动。当啮合印痕位于从动锥齿轮轮齿小端时,如图 2-6-28(b)所示,应将从动锥齿轮移离主动锥齿轮,假如因此而使啮合间隙变大,可将主动锥齿轮向内移动。当啮合印痕位于从动锥齿轮轮齿顶部时,如图 2-6-28(c)所示,应将主动锥齿轮向从动锥齿轮靠拢,假如因此而使啮合间隙变小,可将从动锥齿轮向外移动。当啮合印痕位于从动锥齿轮轮齿根部时,如图 2-6-28(d)所示,应将从动锥齿轮移离主动锥齿轮,假如因此使啮合间隙变大,可将从动锥齿轮向内移动。

4) 主动锥齿轮的调整装置

通过增减主动锥齿轮轴承座与主减速器壳之间的调整垫片厚度来调整。如东风 EQ1090E 主减速器是通过增减调整垫片来使主动锥齿轮相对于从动锥齿轮向外或向里移动。

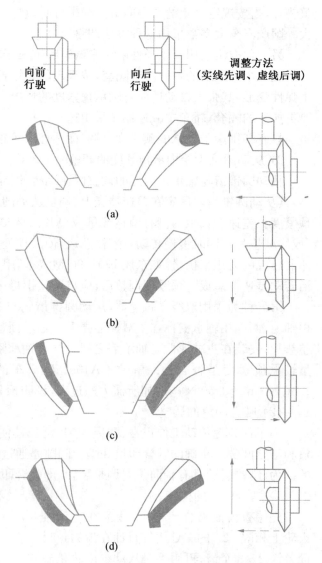

图 2-6-28 锥齿轮的啮合情况和齿侧间隙的调整

通过增减主动锥齿轮背面与轴承之间的垫片厚度来调整。这种结构若轴承预紧度调整垫片是靠在轴肩上,则调整锥齿轮轴向位移的同时,也必须等量增减轴承预紧度的调整垫片,否则由于轴肩轴向位置的移动将改变已调好的轴承预紧度。该方法每次调整都须将主动锥齿轮上的轴承压下来,因此维修调整不便。

　　通过增减主动锥齿轮轴肩前面的调整垫片来调整。

　　5)从动锥齿轮的调整装置

　　从动锥齿轮轴向位移的调整装置与轴承预紧度的调整是共享的。在预紧度调整好后,要将左、右两侧的调整垫片从一侧调到另一侧,或左、右两侧的调整螺母一侧旋出多少另一侧等量旋进多少。这样就可以保证在轴承预紧度不变的情况下,完成从动锥齿轮的轴向位置的移动。

扫一扫可见本章小结和复习思考题

扫一扫可见
本章操作视频

汽车行驶系的构造与检修

第3章

学习目标

【知识目标】

(1)了解汽车行驶系的功用、类型及组成,熟悉汽车行驶系的工作原理。

(2)熟悉车桥、车架和车轮的典型结构,掌握汽车轮胎的结构性能、规格标记及使用维护要求。

(3)熟悉悬架装置的功用、组成与类型,掌握弹性元件、减振器、非独立悬架和独立悬架的结构和工作原理。了解电控悬架系统的主要功能、组成及基本工作原理。

(4)熟悉车轮定位参数,掌握转向桥及车轮定位的检查与调整方法。

【能力目标】

(1)能对照汽车底盘叙述汽车行驶系的功用、组成,各总成的安装位置及布置形式。

(2)能识别不同类型的车架和车桥,并能进行车桥的检修。

(3)能正确识别轮胎的规格与标记,能进行车轮与轮胎的检修和正常维护。

(4)能正确识别典型悬架装置,能对钢板弹簧和减振器进行拆装与检修。

(5)能对车轮定位参数进行正确检查与调整。

§3.1 汽车行驶系概述

3.1.1 汽车行驶系的功用与组成

1. 行驶系的功用

(1)将汽车构成一个整体,支承汽车全部质量。

(2)将传动系传来的转矩化为汽车行驶的驱动力。

(3)承受并传递路面作用于车轮上的各种反力和力矩。

(4)减少振动,缓和冲击,保证汽车平顺行驶。

2. 汽车行驶系的组成

汽车行驶系一般由车架、悬架、车桥和车轮等组成,如图 3-1-1 所示。车轮通过轴承安装在车桥两边,车桥通过悬架与车架(或车身)连接,车架(或车身)是整车的装配基体。

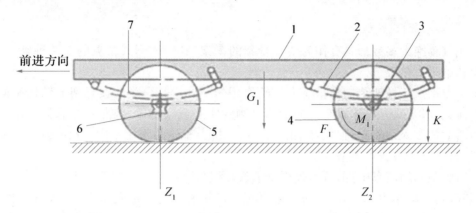

1-车架　2-后悬架　3-驱动桥　4-后轮　5-前轮　6-从动桥　7-前悬架

图 3-1-1　行驶系组成

3.1.2　汽车行驶系各总成的功用

1. 车架和车桥

车架是汽车的基体,如发动机、变速器、传动机构、操纵机构、车身等总成和部件都安装于车架上。车桥通过悬架与车架连接,支承着汽车大部分重量,并将车轮的牵引力或制动力以及侧向力经悬架传给车架。

2. 车轮与轮胎

车轮的功用是支承汽车车体重量,缓和由于路面不平引起的冲击力,接受和传递制动力和驱动力。轮胎具有抵抗侧滑和自动回正的能力,使汽车正常转向,保持汽车直线行驶。

3. 悬架装置

悬架装置把车架与车桥弹性连接起来,吸收或缓和车轮在不平路面上受到的冲击和振动,传递各种作用力和力矩。

§3.2　车架和车桥的构造与检修

3.2.1　车架和车桥的功用

车架是跨接在各车桥之间的桥梁式结构,是整个汽车的安装基础。其功用是支撑连接汽车等零部件并保证其正确的相对位置,承受来自车内外的各种载荷。由于车架需要承受各种内外载荷,所以对车架的要求较高。车架应具有足够的强度和适合的刚度,质量应尽可能小。对轿车和客车的车架来讲,其结构应简单,从而利于降低汽车的质量和获得较大的转向角,以提高汽车行驶的稳定性和机动性。车架应布置得离地面近一些,以使汽车重心位置降低,有利于提高汽车的行驶稳定性。

车桥通过悬架和车架(或承载式车身)相连,两端安装汽车车轮,其功用是传递车架与车轮之间各方向作用力及其所产生的弯矩和扭矩。

3.2.2 车架和车桥的典型结构

1. 车架和车桥类型

现代汽车绝大多数都具有作为整车骨架的车架,其结构形式常见的有两种类型为边梁式车架和中梁式车架。

车桥根据汽车悬架结构和车桥上车轮作用的不同进行分类。按悬架的结构不同,车桥分为整体式、断开式。整体式车桥的中部是刚性实心或空心梁,与非独立悬架配用;断开式车桥为活动关节式结构,与独立悬架配用。按车桥上车轮的作用不同,分为转向桥、驱动桥、转向驱动桥、支持桥四种类型。

在后轮驱动的汽车中,前桥不仅用于承载,还起到转向作用,称为转向桥;后桥不仅用于承载,还起到驱动作用,称为驱动桥。越野车和前轮驱动汽车的前桥,除了起承载和转向的作用外,还兼起驱动的作用,称为转向驱动桥。只起支撑作用的车桥称为支持桥,支持桥除了不能转向外,其他功能和结构与转向桥相同。

2. 车架的典型结构

(1) 边梁式车架

边梁式车架由两根位于两边的纵梁和若干根横梁组成,用铆接法或焊接法将纵梁与横梁连接成坚固的刚性构架,如图 3-2-1 所示。

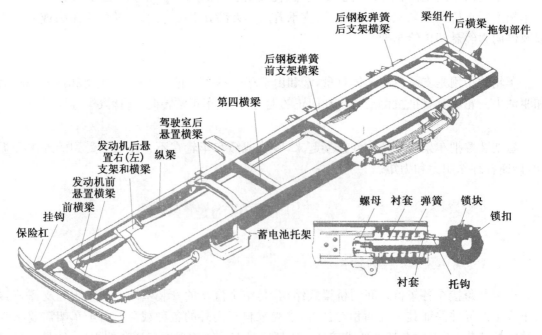

图 3-2-1 东风 EQ1090E 型边梁式车架

纵梁通常用低合金钢钢板冲压而成,断面一般为槽形,也有制成 Z 字形或箱形断面。根据汽车形式不同和结构布置的要求,纵梁可以在水平面内或纵向平面内做成弯曲的,以及等断面或非等断面的。

　　横梁不仅用来保证车架的扭转刚度和承受纵向载荷,还用以支撑汽车上主要部件。通常货车约有五根至六根横梁。边梁式车架的结构特点是便于安装车身(包括驾驶室、车厢及一些特种装备等)和布置其他总成,有利于改装变型车和发展多品种汽车。因此边梁式车架被广泛应用在货车和大多数的特种汽车上。

　　纵梁为槽形不等高断面梁,由于纵梁中部受到的弯曲力矩最大,故中部断面高度最大,由此向两端断面高度则逐渐减小。这样的结构可使纵梁应力分布较均匀,同时又减小了其质量。在左右纵梁上各有一百多个装置用孔,用以安装转向器、钢板弹簧、燃油箱、储气罐、蓄电池等的总成。

　　横梁一般也用钢板冲压成槽形,为增强车架的抗扭强度,有时采用管形或箱形断面的横梁。东风 EQ1090E 型汽车的前横梁上装置冷却水散热器,横梁作为发动机的前悬置支座。由于该车是长头汽车,发动机位置应尽可能低些,以改善驾驶人的视野,因此横梁制成下凹形。在横梁的上面装置驾驶室的后悬置,在其下面装置传动轴中间轴承支架。由于传动轴安装位置的需要,横梁做成拱形,其余横梁都做成简单的直槽形。后横梁上装有拖带挂车用的拖钩部件,因后横梁要承受拖钩传来的很大的作用力,故用角撑加强。

　　轿车车速较高,为保证其稳定地高速行驶,应使其重心高度尽量降低,为此从车架着手将高度降低。同时,为不影响前轮转向时的转角空间,车架的前端做的比较窄,后端局部向上弯曲。横梁采用 X 形,以提高车架的扭转刚度,如图 3-2-2 所示。

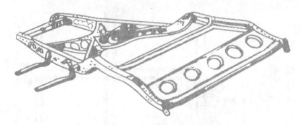

图 3-2-2　X形轿车车架

　　边梁式车架由于类似于梯子的形状,故而也被称为梯形车架,如图 3-2-3 所示。它是由两根纵梁和几根横梁构成的,车梁则用钢板冲压而成。由于车梁部分通过驾驶室底板,很难降低底板高度,故适用于中型货车。纵梁的结构形式很多,多数纵梁上翼面平直,便于安装车身。

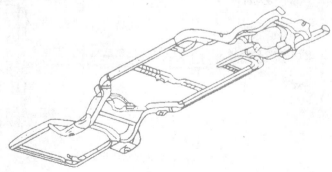

图 3-2-3　梯形车架

纵梁一般采用槽型断面,其抗弯强度较高。由于纵梁中部受弯曲力矩最大,因此槽形纵梁沿长度方向不等高度,中部断面宽,由中部至两端逐渐减小,从而近似等强度梁。

在货车车架前端,或轿车车架前后两端,装一缓冲件保险杠。当汽车受到撞击时,它可以保护车身、翼子板及散热器,使之免受损伤。轿车上的保险杠还同时起着美化汽车外观的作用。汽车车架前端还装有简单的挂钩,以便在汽车发生故障或陷入泥坑时可以由别的汽车来拖带。货车后横梁上装有拖带挂车用的拖钩,为使拖钩能承受很大的作用力,通常以角撑加强。

边梁式车架有结构简单、部件安装固定方便等优点,但其最大的缺点是扭转刚度小。为提高车架的扭转刚度,在一些轿车和载货汽车中采用了中梁式车架(也称脊梁式车架)的结构形式。

(2)中梁式车架

中梁式车架主要由一根位于中央贯穿前后的纵梁和若干根横向悬伸托架组成,因此也称为脊骨式车架。中梁的断面可做成管形或箱形,传动轴从中梁内穿过,主减速器通常固定在其尾端。中梁前端悬伸托架用来安装发动机,中梁中后端悬伸托架则用来布置车身及其他总成。中梁式车架结构如图3-2-4所示。

中梁式车架有较大的扭转刚度,并可使车轮有较大的运动空间,便于采用独立悬架并获得大的转向角。但其制造工艺复杂、精度要求高、维修不方便,因此只是在某些轿车和货车上采用。

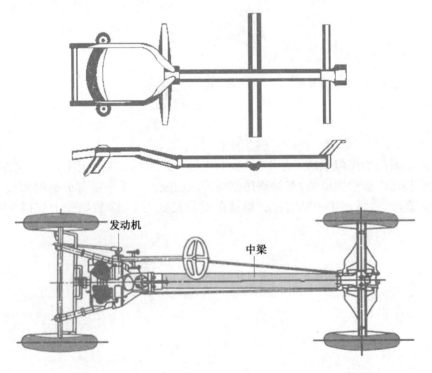

图3-2-4 中梁式车架结构示意图

(3)承载式车身

大多数轿车和部分大型客车取消了车架,而是由车身兼起车架的作用,所有的载荷均由车身来承受,这种车身称为承载式车身,如图3-2-5所示。

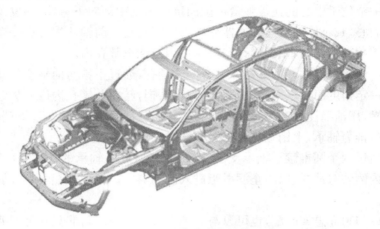

图3-2-5　承载式车身结构示意图

　　承载式车身没有刚性车架,只是加强了车头、侧围、车尾、底板等部位,发动机、前后悬架、传动系统的部分总成部件装配在车身上所设计要求的位置。承载式车身除了其固有的乘载功能外,还要直接承受各种负荷力的作用。承载式车身不论在安全性还是在稳定性方面都有很大的提高,承载式车身的刚度和稳定性要比非承载式车身大,但是产生的噪声和振动相对较大。

　　(4) 综合式车架

　　车架前部是边梁式,而后部是中梁式,这种车架称为综合式车架(也称复合式车架),如图3-2-6所示。它同时具有中梁式和边梁式车架的特点。

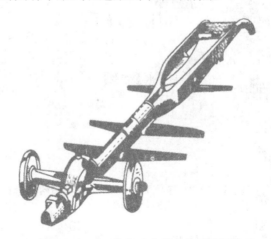

图3-2-6　综合式车架结构示意图

　　3. 车桥的典型结构

　　(1) 转向桥

　　汽车的转向桥结构基本相同,主要由前轴、主销、转向节和轮毂四部分组成。通常,轿车中不设独立的主销,而以转向节上、下球头中心的连线为主销的轴线。

　　前轴用中碳钢铸造,断面呈工字形,以提高抗弯强度。前轴两端由工字形断面过渡到方形断面,以提高抗扭强度。前轴中部两处用以支承钢板弹簧的底座,其上钻有四个安装骑马螺栓的通孔和一个位于中心的钢板弹簧定位凹坑。前轴中部向下弯曲,使发动机位置降低,从而降低汽车质心,减小传动轴与变速器输出轴之间夹角。前轴两端各有一个拳形孔,主销插入孔内。主销中部切有槽,用楔形锁销将主销固定在拳部孔内。

转向节是一个叉形部件,上、下两叉制有同轴销孔,通过主销与前轴拳部相连,使前轮可以绕主销偏转一定角度而使汽车转向。为了减小磨损,转向节销孔内压入青铜或尼龙衬套,衬套上开有油槽,用油嘴注入润滑脂润滑。为使转向灵活轻便,在转向节下销孔与前轴拳部下端面之间装有推力轴承,上销孔与拳部上端面之间有调整垫片。

车轮轮毂通过两个圆锥滚子轴承支承在转向节轴颈上,轴承的松紧度可用调整螺母加以调整。轮毂内侧装有油封,以防止润滑脂进入制动器内。轮毂外端装有金属罩,以防止泥水和尘土侵入。

转向桥可以与独立悬架匹配,也可以与非独立悬架匹配。与非独立悬架匹配的转向桥,主要由前轴、转向节、主销等几部分组成。东风 EQ1090E 型汽车非独立悬架转向桥如图3-2-7 所示。

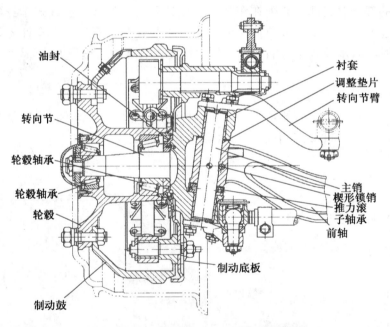

图 3-2-7 东风 EQ1090E 型汽车转向桥

(2) 转向驱动桥

在全轮驱动的越野汽车和一些轿车上,前桥除作为转向桥外,还兼起驱动桥作用,故为转向驱动桥,如图3-2-8 所示。它同一般驱动桥一样,有主减速器、差速器和半轴,也具有一般转向桥所具有的转向节、轮毂和主销等。但由于在转向时转向车轮需要绕主销偏转一个角度,故与转向轮相连的半轴必须分成内外两段,即内半轴(与差速器相连)和外半轴(与轮毂相连),两者用万向节(一般多用等角速万向节)连接,同时主销也因此分制成两段。转向节轴颈部分做成中空,以便外半轴穿过其中。

上海桑塔纳轿车前转向驱动桥总成,如图3-2-9 所示(图中主减速器和差速器未画

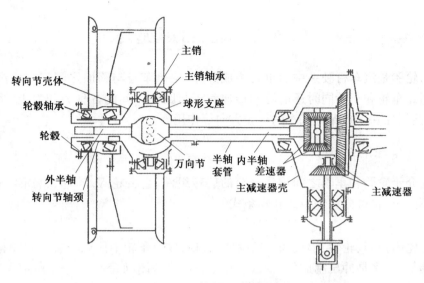

图 3-2-8　转向驱动桥示意图

出)。它由两个烛式独立悬架组成,动力经主减速器和差速器至左、右两半轴(传动轴)和左、右内等角速万向节,到左、右外等角速万向节,再到左、右外半轴凸缘,最后经轮毂带动驱动车轮旋转。

　　当转动转向盘时,通过齿轮齿条式转向器和横拉杆带动转向车轮偏转,实现转向。捷达、奥迪、红旗等轿车的前桥构造与上述结构相似。

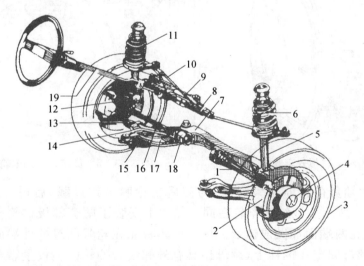

1-半轴　2-制动钳　3-车轮　4-外半轴凸缘　5-减振支柱　6、11-烛式独立悬架　7-悬挂臂前端橡胶金属支架　8-齿条式装向装置　9-转向减振器　10-可调横拉杆　12-外等角速万向节　13-车轮与下悬臂的连接螺栓　14-悬挂臂　15-悬挂臂后端的橡胶金属轴衬　16-稳定杆　17-发动机悬置　18-内等角速万向节　19-安全转向柱

图 3-2-9　上海桑塔纳轿车前桥(转向驱动桥)

§3.3　车轮和轮胎的构造与检修

车轮与轮胎是汽车行驶系中的重要组成部分,位于车身与路面之间起支承汽车和装载质量的作用。车轮和车胎同时还能够起传递汽车与路面之间的各种力和力矩,缓冲车轮受路面颠簸时引起的振动,保持汽车的行驶方向等作用。

3.3.1　车轮的结构

车轮是介于轮胎和车轴之间承受负荷的旋转组件,它由轮毂、轮辋、轮辐组成。按照轮辐的结构不同,车轮可分为辐板式和辐条式。

1.辐板式车轮

这种车轮由挡圈、轮辋、辐板和气门嘴伸出口组成。车轮中用以连接轮毂和轮辋的钢质圆盘称为辐板,大多是冲压制成的,少数是和轮毂铸成一体,如图3-3-1所示。

轿车的辐板所用板料较薄,常冲压成起伏多变的形状,以提高其刚度。货车辐板式车轮如图3-3-2所示,辐板上的孔可以减轻质量,利于制动毂的散热,方便接近气门嘴,同时可作为安装时的把手处。辐板的六个孔加工成锥形,以便在用螺栓把辐板固定在轮毂上时对正中心。

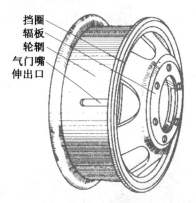

图3-3-1　辐板式车轮

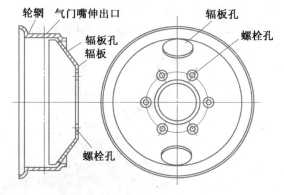

图3-3-2　货车辐板式车轮

由于货车后轴负荷比前轴大得多,为使后轮轮胎不致过载,后桥一般装用双式车轮,如图3-3-3所示。该结构车轮在同一轮毂上安装了两套辐板式轮辋,为了便于互换,辐板的螺栓孔两端面都做成锥形。内轮的辐板靠在轮毂凸缘的外端面上,用具有锥形端面的特制螺母固定在螺栓上,螺母还具有外螺纹。外轮的辐板紧靠着内轮辐板,并用锁紧螺母来固定。采用这种双螺母固定时,为了防止汽车在行驶中固定辐板的螺母自行松脱,汽车两侧车轮上的辐板固定螺栓一般采用旋向不同的螺纹,左侧用左旋螺纹,右侧用右旋螺纹。

目前后桥双式车轮有采用双螺母和单螺母的固定形式,由于在该结构中采用了球面弹簧垫圈,可以防止螺母的自行松脱,故汽车左右车轮上固定辐板的螺栓均可用右旋螺纹,从而减少了零件品种。

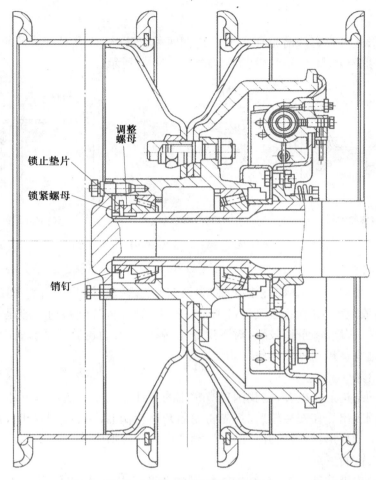

图 3-3-3　载货汽车双式后轮

2. 辐条式车轮

辐条式车轮如图 3-3-4 所示,这种车轮的轮辐是钢丝辐条(如图 3-3-4(a)所示)或者是和轮毂铸成一体的铸造辐条(如图 3-3-4(b)所示)。钢丝辐条车轮由于价格昂贵、维修安装不便,故仅用于赛车和某些高级轿车上。铸造辐条式车轮用于装载质量较大的重型汽车上。这种结构的车轮,轮辋是用螺栓和特殊形状的衬块固定在辐条上,为了使轮辋和辐条很好地对中,在轮辋和辐条上都加工出配合锥面。

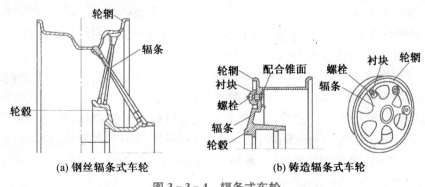

(a) 钢丝辐条式车轮　　　　　　　(b) 铸造辐条式车轮

图 3-3-4　辐条式车轮

3. 轮辋

轮辋常见形式主要有深槽轮辋和平底轮辋两种。此外,还有对开式轮辋、半深槽轮辋、深槽宽轮辋、平底宽轮辋、全斜底轮辋等,如图 3-3-5 所示。

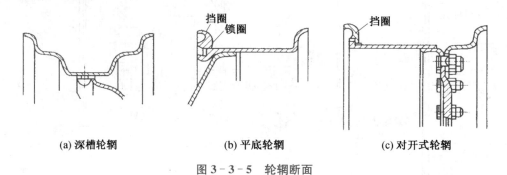

(a) 深槽轮辋   (b) 平底轮辋   (c) 对开式轮辋

图 3-3-5　轮辋断面

(1) 深槽轮辋

这种轮辋主要用于轿车(如红旗牌轿车)及轻型越野车(如北京吉普 BJ2020)。它有带肩的凸缘,用以安放外胎的胎圈,其肩部通常略向中间倾斜,其倾斜角一般是 5°±10°。深槽轮辋的结构简单、刚度大、重量较轻,对于尺寸小、弹性较大的轮胎最适宜,而尺寸较大的、较硬的轮胎则不适宜装进这种整体轮辋内。

(2) 平底轮辋

这种轮辋的结构形式很多,是我国货车常用的一种形式。其挡圈是整体的,用一个开口锁圈来防止挡圈脱出。在安装轮胎时,先将轮胎套在轮辋上,而后套上挡圈,并将它向内推,直至越过轮辋上的环形槽,再将开口的弹性锁圈嵌入环形槽中。

(3) 对开式轮辋

这种轮辋由内外两部分组成,其内外轮辋的宽度可以相等,也可以不相等,二者用螺栓连成一体。拆装轮胎时拆卸螺栓上的螺母即可,挡圈是可拆的。有的轮辋无挡圈,而由与内轮辋制成一体的轮缘代替挡圈的作用,内轮辋与辐板焊接在一起。

除了深槽轮辋和平底轮辋以外,还有半深槽轮辋,一般用于轻型货车上。

由于轮辋是轮胎装配和固定基础,当轮胎装入不同轮辋时,其变形位置与大小也发生变化。因此,每种规格的轮胎,最好配用规定的标准轮辋,必要时也可配用规格与标准轮胎相近的轮辋(允许轮辋)。如果轮辋使用不当,会造成轮胎早期损坏,特别是轮胎安装在过窄的轮辋上。

轮辋轮廓类型有七种,如图 3-3-6 所示。深槽轮辋代号为 DC,深槽宽轮辋代号为 WDC,半深槽轮辋代号为 SDC,平底轮辋代号为 FB,平底宽轮辋代号为 WFB,全斜底轮辋代号为 TB,对开式轮辋代号为 DT。

轮辋的结构形式根据其主要由几个零件组成分为一件式轮辋、二件式轮辋、三件式轮辋、四件式轮辋和五件式轮辋。一件式轮辋具有深槽的整体式结构。二件式轮辋可以拆卸为轮辋体和弹性挡圈两个主要零件。三件式轮辋可以拆卸为轮辋体、挡圈和锁圈三个主要零件。四件式轮辋可以拆卸为轮辋体、挡圈、锁圈和座圈四个主要零件,也可以拆卸为轮辋体、锁圈和两件挡圈。五件式轮辋可以拆卸为轮辋体、挡圈、锁圈、座圈和密封环五个主要零件。各结构如图 3-3-7 所示。

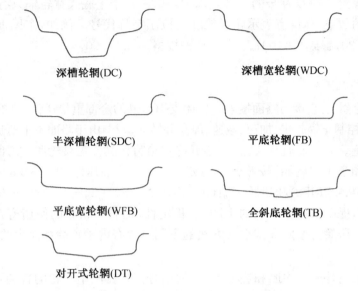

深槽轮辋(DC)　　　　　　深槽宽轮辋(WDC)

半深槽轮辋(SDC)　　　　　平底轮辋(FB)

平底宽轮辋(WFB)　　　　　全斜底轮辋(TB)

对开式轮辋(DT)

图 3 - 3 - 6　轮辋轮廓类型及代号

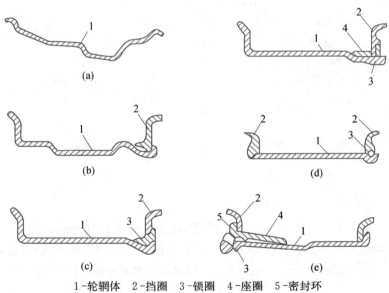

(a)

(b)　　　　　　　　　　　(d)

(c)　　　　　　　　　　　(e)

1-轮辋体　2-挡圈　3-锁圈　4-座圈　5-密封环

图 3 - 3 - 7　轮辋的结构

　　国产轮辋的规格用轮辋名义宽度和轮辋名义直径以及轮缘高度代号(用拉丁字母作为代号)来表示。轮辋名义宽度和名义直径均以英寸数表示(当新设计轮胎以 mm 表示直径时,轮辋直径用 mm 表示)。直径数字前面的符号表示轮辋结构代号,符号"×"表示该轮辋为一件式轮辋,符号"-"表示该轮辋为两件或两件以上的多件式轮辋。在轮辋名义宽度代号之后的拉丁字母表示轮缘的轮廓(如 E、F、JJ、KB、L、V 等)。有些类型的轮辋(如平底宽轮辋),其名义宽度代号也代表了轮缘轮廓,不再用字母表示。最后面的代号表示了轮辋轮廓类型代号。

　　例如,北京 BJ2020 型汽车轮辋为 4.50E×16。表明该轮辋是名义宽度 4.5 英寸,名义直径 16 英寸,轮缘轮廓代号为 E 的一件式深槽轮辋。对于平底式宽轮辋只有表示轮辋名义宽度和名义尺寸的数字,而没有表示轮缘轮廓的拉丁字母代号。例如,东风 EQ1090 型汽车轮辋规格为 7.0-20;解放 CA1091 型汽车轮辋规格为 6.5-20。

3.3.2 轮胎的结构

轮胎安装在轮辋上,直接与路面接触。轮胎支撑车辆的全部重量;将车辆的驱动力和制动力传至路面,从而控制车辆起步、加速、减速、停车和转向;减弱由于路面不平所造成的振动。

按照轮胎的花纹分为普通花纹轮胎、越野花纹轮胎和混合花纹轮胎;按照轮胎胎体帘布层分为斜交轮胎和子午线轮胎;按照轮胎的充气压力分为高压胎(0.5 MPa～0.7 MPa)、低压胎(0.15 MPa～0.45 MPa)和超低压胎(0.15MPa 以下)。低压胎弹性好、断面宽、接地面积大、壁薄散热好,提高了汽车行驶的平顺性、稳定性,提高了轮胎的使用寿命,所以汽车上几乎全部都使用低压胎。按照保持空气方法的不同分为有内胎轮胎和无内胎轮胎。

1. 充气轮胎

普通充气轮胎由外胎、内胎和垫带组成,使用时安装在汽车车轮的普通可拆卸轮辋上,如图 3-3-8 所示。

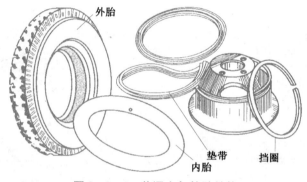

图 3-3-8 普通充气轮胎结构

(1) 外胎

外胎是轮胎的框架,它必须具有足够的刚度,以阻止高压空气外泄,又必须具有足够的弹性,以吸收载荷的变化和冲击。它由许多层与橡胶粘接在一起的轮胎帘线(多股平行的高强度材料层)构成。外胎由胎面、帘布层、缓冲层、胎圈四部分组成,如图 3-3-9 所示。

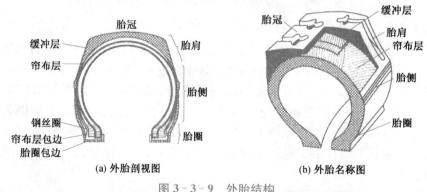

(a) 外胎剖视图　　　　　　　　　(b) 外胎名称图

图 3-3-9 外胎结构

① 胎面　胎面的外部是橡胶层，保护胎体免受路面磨损。胎面由胎冠、胎侧、胎肩组成。胎面与路面直接接触，产生摩擦阻力、驱动力和制动力。

胎冠亦称行驶面，它与路面接触，直接承受冲击和磨损，并与路面产生很大的附着力，故胎冠应具有较高的强度、刚度、弹性和耐磨性。为增加轮胎的附着力，避免轮胎纵横向打滑，以及具有良好的排水性能，胎冠制有各种花纹，轮胎花纹主要有普通花纹、混合花纹和越野花纹（如图3-3-10所示）。花纹按方向可分为横向花纹和纵向花纹。横向花纹耐磨性高，防纵向滑移性能好，不易夹石，但散热性能和防横向滑移性能较差，滚动阻力较大。纵向花纹散热性能好，滚动阻力小，防横向滑移性能好，而且操纵性能好、噪声小，但防纵向滑移动性能差，在泥泞路面和雨天行驶时，排水性能差，并且容易夹石，主要用于高速行驶的车辆。越野花纹粗而深，附着力大，用于松软和坏路面上行驶的车辆，但是如果在正常的路面上行驶，会造成胎面过早磨损。越野花纹又分为无向花纹和有向花纹（人字花纹）两种。有向花纹在安装时必须注意花纹方向，用作驱动轮时花纹的尖端应与车轮旋转方向一致（人字向后），这样车轮在软路面上行驶时，泥土从花纹间排除，提高了轮胎在软路面上的附着力；用作从动轮时，应当反向安装，这样可减少滚动阻力和轮胎磨损。如果驱动轮方向装反，在泥泞的软路上行驶时，泥土会堵满花纹，使轮胎成为泥轮而打滑。如图3-3-10所示。

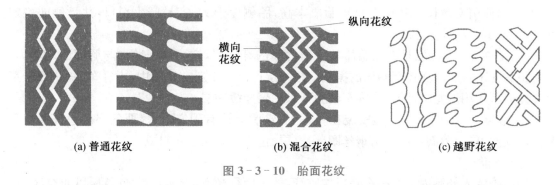

纵向花纹

横向
花纹

(a) 普通花纹　　　　(b) 混合花纹　　　　(c) 越野花纹

图3-3-10　胎面花纹

胎肩是较厚的胎冠与较薄的胎侧间的过渡部分，一般也制有各种花纹，以提高该部位的散热性能。

胎侧是贴在胎体帘布侧壁的薄橡胶层，它的主要作用是保护胎体侧部帘布层免受损伤。作为面积最大，弹性最强的轮胎部件，胎侧在行驶过程中，不断地在载荷作用下弯曲变形。胎侧上标有厂家名称、轮胎尺寸及其他资料。

② 帘布层　胎体是外胎的骨架，由帘布层和缓冲层组成，其作用是承受负荷，保持轮胎外缘尺寸和形状。而帘布层又是胎体的骨架，主要材料有棉线、人造丝、尼龙、聚酯纤维和钢丝等。为了保持外胎的形状和尺寸，使其具有足够的强度，帘布层由成双数的多层帘布用橡胶贴合而成，相邻的帘线交叉排列。帘布层数越多，轮胎的强度越大，而弹性下降。在帘布层与胎面之间，还有用上述材料制成的缓冲层。

按照胎体帘布层的排列方式不同，有斜交轮胎、子午线轮胎。

斜交轮胎是一种较老式的结构，广泛的使用于国产老式的载货汽车。由于胎体帘布层中帘线与胎面中心线约呈小于90°排列，并且一侧胎边穿过胎面到另一侧胎边，层层相叠，成为胎体的基础，所以称为斜交轮胎。其特点是行驶中轮胎噪声小，外胎面较柔软，在低速行驶乘坐舒适性好，价格也便宜。后来发展起来的带束斜交轮胎，即在斜交轮胎的基础上增加了沿圆周缠绕的斜交帘布层上的束带。这样使胎面更牢固,与地面接触时更加平整,减少了轮胎变形,使汽车行驶平稳,牵引效果好,防穿透性有所改善,延长了轮胎的使用寿命。两种轮胎如图 3-3-11 所示。

目前轿车上几乎都装用子午线轮胎。该轮胎用钢丝或植物纤维制作帘布层,其帘线与胎面中心的夹角接近 90°,并从一侧胎边穿过胎面到另一侧胎边。帘线在轮胎上的分布好像地球的子午线,所以称为子午线轮胎。由于子午线轮胎具有帘布成子午线环形排列、胎体与带束层帘布线形成许多密实的三角网状结构的特点,因此,子午线轮胎帘布线的强度得到了充分的利用,从而使帘布层可大量的减少,减轻了轮胎的质量,并大大地提高了胎面的刚性,减少了胎面与路面的滑移现象,提高了轮胎的耐磨性。

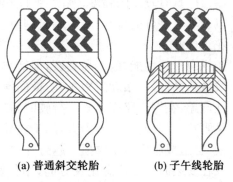

(a) 普通斜交轮胎　　(b) 子午线轮胎

图 3-3-11　轮胎的结构形式

与普通斜交轮胎相比,子午线轮胎质量轻,轮胎弹性大,减振性能好,具有良好的附着性能,滚动阻力小,承载能力大,行驶中胎温低,胎面耐穿刺,轮胎使用寿命长。其缺点是轮胎成本高,胎侧变形大,容易产生裂口,并且侧向稳定性差。

③ 缓冲层　缓冲层是夹在胎体与胎面之间的纤维层,它可增强胎体与胎面的附着力,同时也有助于减弱路面传至胎体的振动。缓冲层广泛用于斜交轮胎中,大客车、货车及轻型货车轮胎都采用尼龙缓冲层;小客车轮胎则采用聚酯缓冲层。

④ 胎圈　为使外胎牢固地安装在轮辋上,轮胎上设有固定边缘,即各层侧边都缠绕有坚固的钢丝,称为胎圈。胎圈由钢丝圈、帘布层、包边和胎圈包布组成。

(2) 内胎

内胎是装入外胎内部的一个环形橡胶管,外表面很光滑,上面装有气门嘴,以便充气。

(3) 垫带

垫带是一个环形橡胶带,它垫在内胎和轮辋之间,保护内胎不被轮辋和胎圈磨损。

无内胎轮胎没有内胎和垫带,充入轮胎的气体直接压入无内胎的轮胎中,要求轮胎与轮辋之间有良好的密封性。其结构如图 3-3-12 所示。

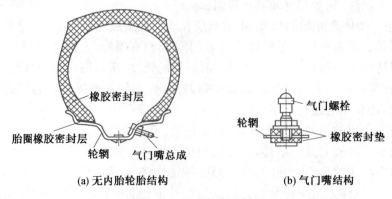

(a) 无内胎轮胎结构　　　　　　　(b) 气门嘴结构

图 3-3-12　无内胎轮胎

无内胎轮胎为了保证密封性,与有内胎轮胎所不同的是在无内胎轮胎的内壁上附加了一层 2 mm~3 mm 的橡胶密封层,它是用硫化的方法黏附上去的。在密封层正对着胎面下面还贴有一层自粘层,能够自行将刺穿的孔上做出多道同心的环形槽纹,在轮胎内空气压力的作用下,槽纹使轮圈紧紧地粘于轮辋边缘上,从而保证轮胎和轮辋之间的气密性。另外,气门嘴用橡胶密封垫直接固定在轮辋上,铆接轮辋和轮辐的铆钉外面涂上一层橡胶从内部塞入。

无内胎轮胎穿孔时压力不会急剧下降,仍然能继续安全行驶;无内胎轮胎中由于没有内胎故不存在内外胎的摩擦和夹卡而引起的损坏;轮胎无内胎可以直接通过轮辋散热,所以轮胎工作温度低,使用寿命长;无内胎轮胎结构简单,质量较小。其缺点是轮胎爆破失效时,途中修理比较困难。无内胎轮胎近年来应用非常广泛,轿车几乎均使用无内胎轮胎。

另外,汽车基本都配备了备胎,供汽车上的某一条轮胎爆破或漏气时使用。汽车的备胎随着时间的流逝发生着变化,以前汽车装备的备胎与正规轮胎规格大小相同,最近的轿车装备的备胎大都是 T 型备胎。

T 型备胎的 T 是英语 temporary 的开头字母,意思为"应急"或"临时"。轮胎爆破或漏气时,装上它后可以保证汽车行驶到维修站,尽快修复故障轮胎或换上正规轮胎,因此称为应急轮胎。

这种应急轮胎比正规轮胎的尺寸小,是高压轮胎,轮胎的性能不如标准轮胎。因此,装用这种备胎时,需要在行驶中避免高速行驶或紧急刹车,而且最好不要用在驱动轮上。但是,它具有可以缩小装备体积,加大行李箱空间,减轻车重的优点。另外,这种应急轮胎成本低。唯一不足的是爆破的轮胎无法装入原来存放备胎的地方。即行李箱内是空的还可以,若装满东西时,就会出现无处收装爆破轮胎的情况。

此外,对于行李箱空间小的运动车,一般采用折叠备胎或紧凑型备胎。这种备胎也是应急用,使用时必须避免高速行驶,轮胎的侧面(胎侧)为折叠结构,收装空间比 T 型备胎小。

折叠备胎在折叠状态下不能使用,需要专用的压缩机和气瓶充气,待轮胎膨胀后才可使用。收装时,只要将空气放掉,按原状折好,轮胎外径便会骤然变小。

随着轮胎技术的发展,特种轮胎越来越多,现在雪地上行驶可以装用防滑轮胎及防滑钉轮胎。这样在冰雪道路上行驶,就不需要装用防滑链,从而避免装卸防滑链的麻烦,而且还不会影响乘坐的舒适性和油耗,减少了装用防滑链后带来的轮胎损伤,增加了在不连续的冰雪道路上行驶的方便性。

2. 轮胎的规格与标记

(1) 轮胎规格的表示方法

轮胎的规格可用轮胎外径 D、轮辋直径 d、轮胎断面宽 B 和断面高 H 的名义尺寸代号表示。

斜交轮胎的规格用 $B-d$ 表示,载重汽车斜交轮胎和轿车斜交轮胎的尺寸 B 和 d 均用 in 为单位,如图 3-3-13 所示。

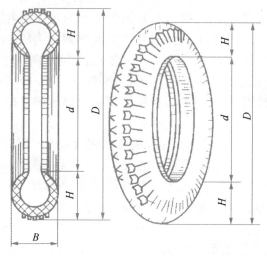

图 3 - 3 - 13　轮胎尺寸标记

　　子午线轮胎规格用 BRd 表示,其中 R 代表子午线轮胎(即"Radial"的第一个字母)。轿车子午线轮胎断面宽 B 使用公制单位 mm,载货汽车轮胎断面宽 B 有英制单位 in 和公制单位两种,而轮辋直径 d 的单位仍用 in。

　　随着轮胎的扁平化,仅用断面宽 B 和轮辋直径 d 已不能完全表示轮胎的规格。即在断面宽 B 相同的情况下,断面高 H 随不同扁平率而变化。轮胎按其扁平率—高宽比划分系列,目前轿车子午线轮胎有 80、75、70、65、60、55、50、40 等系列,

　　轿车轮胎规格标记,如图 3 - 3 - 14 所示。

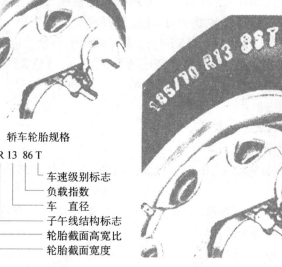

图 3 - 3 - 14　轿车轮胎规格标记

1）轿车轮胎

根据 GB/T 2978—2014《轿车轮胎规格、尺寸、气压与负荷》，轿车轮胎是用轮胎规格标志、使用说明进行定义和表述的。

① 子午线轮胎

示例 1：

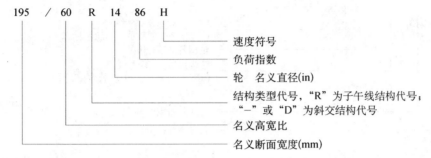

增强型轮胎应增加负荷识别标志"EXTRALOAD（或 XL）"或"REINFORCED（或 RE-INF）"。

T 型临时使用的备用轮胎应增加规格附加标志"T"，如 T135/90D16。

最高速度超过 240 km/h 的轮胎，结构类型代号可用"ZR"代替"R"。

对于速度超过 300 km/h 的轮胎，结构类型代号可用"ZR"来代替"R"，在括号内由速度符号"Y"和相应的负荷指数组成使用说明，如 245/45ZR17（95Y）。

轮胎实际最大负荷能力和速度能力应在轮胎制造商的技术文件说明书上予以声明。

符合缺气保用轮胎要求的可在结构代号后面标记"F"来识别，如"RF"或"ZRF"。

② 斜交轮胎

示例 2：

2）载重汽车轮胎

根据 GB/T 2977—2016《载重汽车轮胎规格、尺寸、气压与负荷》，轮胎规格标志使用说明如下列所示。

① 微型、轻型载重汽车轮胎

示例 1：

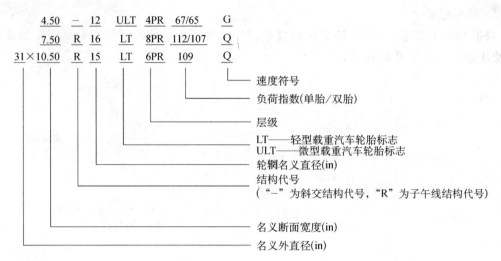

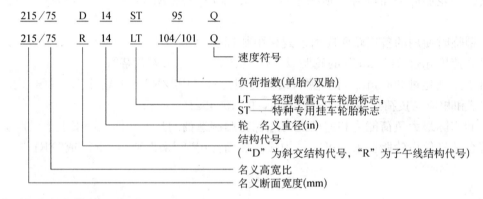

示例 2：

② 载重汽车轮胎

示例 1：

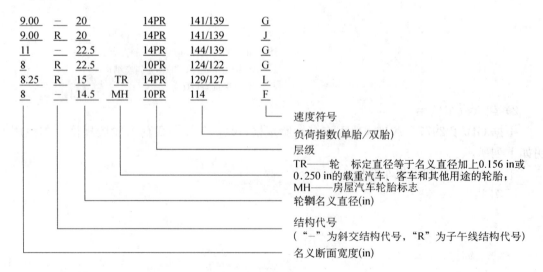

示例 2：

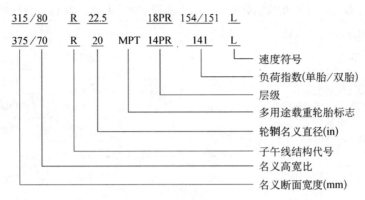

（2）轮胎负荷能力和速度等级

根据 GB/T 2978—2014《轿车轮胎规格、尺寸、气压与负荷》和 GB/T 2977—2016《载重汽车轮胎规格、尺寸、气压与负荷》的规定,轮胎负荷能力和速度等级分别用负荷指数和速度符号表示。

轮胎负荷能力是指在一定行驶速度和相应充气压力时的最大载质量。轮胎负荷指数与负荷能力的对应关系,如表 3-3-1 所示。

表 3-3-1　轮胎负荷指数与负荷能力的对应表

负荷指数	负荷能力 kg	负荷指数	负荷能力 kg	负荷指数	负荷能力 kg	负荷指数	负荷能力 kg
60	250	95	690	130	1 900	165	5 150
61	257	96	710	131	1 950	166	5 300
62	265	97	730	132	2 000	167	5 450
63	272	98	750	133	2 060	168	5 600
64	280	99	775	134	2 120	169	5 800
65	290	100	800	135	2 180	170	6 000
66	300	101	825	136	2 240	171	6 150
67	307	102	850	137	2 300	172	6 300
68	315	103	875	138	1 360	173	6 500
69	325	104	900	139	2 430	174	6 700
70	335	105	925	140	2 500	175	6 900
71	345	106	950	141	2 575	176	7 100
72	355	107	975	142	2 650	177	7 300
73	365	108	1 000	143	2 725	178	7 500
74	375	109	1 030	144	2 800	179	7 550
75	387	110	1 060	145	2 900	180	8 000
76	400	111	1 090	146	3 000	181	8 250

负荷指数	负荷能力 kg	负荷指数	负荷能力 kg	负荷指数	负荷能力 kg	负荷指数	负荷能力 kg
77	412	112	1 120	147	3 075	182	8 500
78	425	113	1 150	148	3 150	183	8 750
79	437	114	1 180	149	3 250	184	9 000
80	450	115	1 215	150	3 350	185	9 250
81	462	116	1 250	151	3 450	186	9 500
82	475	117	1 285	152	3 550	187	9 750
83	487	118	1 320	153	3 650	188	10 000
84	500	119	1 360	154	3 750	189	10 300
85	515	120	1 400	155	3 875	190	10 600
86	530	121	1 450	156	4 000	191	10 900
87	545	122	1 500	157	4 125	192	11 200
88	560	123	1 550	158	4 250	193	11 500
89	580	124	1 600	159	4 375	194	11 800
90	600	125	1 650	160	4 500	195	12 150
91	615	126	1 700	161	4 625	196	12 500
92	630	127	1 750	162	4 750	197	12 850
93	650	128	1 800	163	4 875	198	13 200
94	670	129	1 850	164	5 000	199	13 600

　　近年来，汽车和轮胎的性能都有很大的提高，要求轮胎的速度性能和汽车的最高速度相匹配。为此，轮胎需标明其速度等级。速度符号与最高行驶速度的对应关系，如表3-3-2所示。

表3-3-2　轮胎速度符号与最高行驶速度对应表

速度符号	最高行驶速度 km/h	速度符号	最高行驶速度 km/h	速度符号	最高行驶速度 km/h
B	50	K	110	S	180
C	60	L	120	T	190
D	65	M	130	U	200
E	70	N	140	H	210
F	80	P	150	V	240
G	90	Q	160	W	270
J	100	R	170	Y	300

　　（3）轮胎的胎侧标志

　　根据国际的有关规定，也方便使用者维修与购置，所以每条外胎两侧上必须模刻上规格,制造厂商和厂名(或地点),标准轮辋、生产编号、骨架材料及结构代号;轿车轮胎还须标有速度级别代号的胎面磨耗标志位置的符号;载重汽车轮胎还须标有层级;胎面花纹有行驶方向的,还须有行驶方向标志。

① 轮胎规格、速度级别代号和层级等的含义如前所述。

② 轮辋的种类,通常可分为平式、半深式和深式三种。标准轮辋指每种规格的轮胎应配用的轮辋。其型号的表示方法是一般前面的数字表示宽度(英寸),中间的英文字母表示边缘高度与弧度半径,最后的数字表示直径(英寸)。而在直径前面的符号,平式轮辋一般用"—"、深式及半深式用"X"表示。

③ 生产编号是用生产年、月和连续顺序号组成的一串数字来表示。

④ 骨架材料指帘布材料,一般用字母表示。

⑤ 胎面磨耗标志或称防滑标记,即是稍微高出轮胎花纹沟槽底部的凸台。随着轮胎行驶里程增加、轮胎磨损、花纹沟槽边浅,此时露出凸台。说明轮胎花纹即将磨尽,若不更换,可能造成行驶中轮胎打滑,引发交通事故。因此,为了便于检查轮胎的磨损,通常在磨耗标志对应的抬肩处标记出"△"或"TWI"等符号。

3.3.3　车轮和轮胎的检修

1. 轮胎的合理使用

轮胎的合理使用是延长其使用寿命的根本途径。只有合理使用轮胎,才能防止轮胎的异常磨损和诸如爆胎、划伤、漏气等损伤,从而提高轮胎的行驶里程。

(1) 保持轮胎气压正常

轮胎的气压是决定轮胎使用寿命和工作好坏的重要因素。轮胎的气压受到充气时气压高低、使用条件和气体缓慢泄漏等影响,保持轮胎气压的关键是定期检查轮胎气压。检查轮胎气压不能凭借经验,必须在轮胎处于冷状态下,使用轮胎气压表进行检查。

轮胎气压与轮胎接地面积的关系如图 3-3-15 所示。

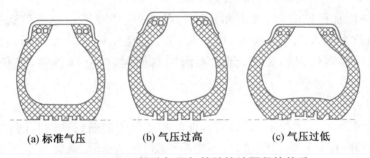

(a) 标准气压　　　(b) 气压过高　　　(c) 气压过低

图 3-3-15　轮胎气压与轮胎接地面积的关系

当轮胎气压过低时,造成胎侧变形加大,胎冠部向内凸起,即所谓的"桥式效应",而且胎面接地面积增大,滑移量增加,使胎肩部位磨损加剧(如图 3-3-15(c)所示)。由于轮胎变形大,轮胎帘布层中的帘线应力增加,使得轮胎温度升高,加速橡胶老化和帘布与橡胶脱层,导致帘布松散,甚至帘线折断。对于一些后轮是双胎并装的汽车,其中一条轮胎气压过低时,还会使另一条轮胎由于超载而损坏。此外,轮胎气压过低,会使滚动阻力增大,燃料消耗增加。但是,轮胎气压略低有利于提高转向轮的转向稳定性。

轮胎气压过高时,轮胎内部压力增加,接地面积减少,使轮胎的胎冠部位向外凸起,造成胎冠磨损(如图3-3-15(b)所示)。由于轮胎的橡胶、帘布等材料过度拉伸,气压过高使轮胎刚性增加,一旦遇到冲击,极易造成轮胎的爆破。但是,轮胎气压略高有利于降低行驶阻力,节约燃料。

（2）防止轮胎超载

轮胎承受负荷的高低,对使用寿命影响较大。轮胎承受的负荷较小时,使用寿命大大提高,但是不利于提高运输生产效率。轮胎承受的负荷较大时,使用寿命随负荷的增加而缩短。其原因是轮胎超载后,帘布和帘线应力增大,容易造成帘布与橡胶层和帘线松散、折断;同时因为变形加大使轮胎接地面积增加,致使轮胎胎肩磨损加剧;轮胎超载后,变形加大使轮胎温度升高,一旦遇到障碍物时,极易引起轮胎爆破。

防止轮胎超载的关键是按标定的容载量载货载客,不准超载。另外更需要注意货物装载的平衡,否则会造成偏载后的局部超载。

（3）合理搭配轮胎

合理搭配轮胎的目的是使整个汽车上的几条轮胎尽量磨损一致,使其寿命等同。搭配轮胎的原则:装用新轮胎时,同一车轴上应装配统一规格、结构、层级和花纹的轮胎;货车双胎并装的后轮,还需要使用同一品牌轮胎;装用成色不同的轮胎时,前轮尽量使用最好的轮胎,备用轮胎使用较好的轮胎,直径较大的轮胎应该装在双胎并装的后轮外挡,翻新轮胎不得用于转向轮。

（4）精心驾驶车辆

驾驶车辆技术的好坏,直接影响汽车的使用寿命,轮胎也是如此。因此,要尽量精心地驾驶车辆。节胎的驾驶操作要领是起步平稳,避免轮胎滑转;均匀加速,中速行驶,避免急加速和急减速;选择路面,避免在不良路面上行驶;转弯减速,避免转弯引起的轮胎横向滑移;以滑代制,避免紧急制动造成轮胎拖磨。

另外,夏季高温行车应防止轮胎过热和内压过高,严禁放气降压和泼水冷却,应该选择阴凉地行驶并增加停歇时间;改道和靠边行驶时,应注意不得靠近路边或人行道行驶,以免划伤胎侧;汽车陷入泥泞路面时,应增加附着避免轮胎空转而打滑;在冰雪路面上行驶,装用防滑链应该两边对称装用,到达不滑的路面时,应立即拆除,避免链条对轮胎的伤害。

（5）保持良好的底盘技术状况

轮胎的异常磨损与底盘技术状况有关,如前轮定位中的前轮外倾与前轮前束配合不当、轮辋轴承松旷、转向传动机构间隙过大、车轮不平衡、轮辋变形、悬架与车架变形或制动技术状况不良等。

前轮外倾与前轮前束配合不当将产生侧向力,使轮胎横向滑移而引起磨损。轮辋轴承松旷、转向传动机构间隙过大、车轮不平衡、轮辋变形等,会使汽车行驶中轮胎发生纵向跳动或横向摆动,车轮非正常磨损加剧。悬架与车架变形将使车轮定位发生变化,使车轮着地位置发生变化或产生侧向力,引起轮胎的磨损。

当车轮制动器调整不当,各轮制动力不均匀或制动力不易解除时,会造成胎面磨损加剧。

2. 轮胎的维护与换位

（1）轮胎的日常维护

日常维护包括出车前、行车中和收车后的检视，主要是检视轮胎气压高低和有无不正常的磨损和损伤，并及时消除造成不正常磨损和损伤的因素。轮胎日常维护的作业内容有：

① 出车前检视

用气压表检查轮胎气压是否符合规定，气门嘴是否漏气，气门帽是否齐全，气门嘴是否碰擦制动鼓。检查轮胎螺母是否紧固，翼子板、挡泥板、货箱等有无碰擦轮胎现象，并设法消除。检查随车工具，如撬抬棒、千斤顶、轮胎螺母套筒扳手、气压表、手锤、挖石子钩等是否齐全。

② 行驶中检视

行驶途中检视应结合途中停车、装卸等各种机会进行。停车地点应选择清洁、平坦、阴凉和不影响其他车辆通过的处所。检查轮胎螺母有无松动，翼子板、挡泥板、货箱等有无碰擦轮胎现象，并设法消除。及时发现并挖出轮胎夹石和花纹中的石子及杂物。检查轮胎气压，摸试轮胎温度。检查轮胎胎面及胎侧有无不正常的磨损和损伤，以及轮辋有无损伤。

③ 收车后检视

停车场地应注意干燥清洁、无油污，严寒地区应扫除停车场上的冰雪，以免轮胎与地面冻结。停车后应注意检查轮胎有无漏气现象，并查找漏气原因，予以排除。检查花纹并挖出夹石和花纹中的石子、杂物。检查轮胎螺母是否松动，备胎架装置是否牢固，以及车辆机件有无碰擦轮胎的现象。途中加换备用胎，收车后应将损坏的轮胎及时送修。如发现车辆技术状况不正常，造成轮胎不正常磨损和机械损伤，应及时查明原因，并予以排除。

（2）轮胎的一级维护

紧固轮胎螺母，检查气门嘴是否漏气，气门帽是否安全，如发现损坏或缺少应立即维修或补齐。挖出夹石和花纹中的石子、杂物，如有较深伤洞应用生胶填塞。特别是子午线胎，刺伤后如不及时修补，水汽进入胎体锈蚀钢丝帘线，会造成早期损坏。检查轮胎磨损情况，如有不正常磨损或起鼓、变形等现象，应查找原因，予以排除。如需检查外胎内部，应拆卸解体，如有损伤应及时修补。检查轮胎搭配和轮辋、挡圈、锁圈是否正常。检查轮胎（包括备胎）气压，并按标准补足。检查轮胎有无与其他机件刮碰现象，备胎架是否完好、紧固，如不符合要求，应予排除。必要时（如单边偏磨严重）应进行一次轮胎换位，以保持胎面花纹磨耗均匀。

完成上述作业后应填写维护记录。

（3）轮胎的二级维护

除执行一级维护的各项作业外，还应完成下列作业项目。

拆卸轮胎，按轮胎标准测量胎面花纹磨耗、周长及断面宽的变化，作为换位和搭配的依据。对轮胎进行解体检查，包括检查胎冠、胎肩、胎侧及胎内有无内伤、脱层、起鼓和变形等现象；内胎、垫带有无咬伤、折皱现象，气门嘴、气门芯是否完好；轮辋、挡圈和锁圈有无变形、锈蚀，并视情涂漆；轮辋螺栓承孔有无过度磨损或损裂现象。排除解体检查所发现的故障后，进行装合和充气。高速车应进行轮胎的动平衡试验。按规定进行轮胎换位，发现轮胎有不正常的磨损或损坏，应查明原因，予以排除。

完成上述作业后应填写维护记录。

（4）轮胎维护操作要点

① 轮胎充气

轮胎充气应按照该型汽车使用说明书上规定的标准气压执行，并在冷态时用气压表测量，若在热态时测量，应略高于标准气压，取适当的修正值。气压表应定期校准，以保证读数准确。

轮胎装好后，先充入少量空气。待内胎充气伸展后再继续充至要求气压。充气前应检查气门芯与气门嘴是否配合平整，并擦净灰尘。充气后应检查是否漏气，并将气门帽装紧。充入的空气不得含有水分和油雾。充气时应注意安全防护，充气开始时用手锤轻击锁圈，使其平稳嵌入轮辋槽内，以防锁圈跳出。

② 轮胎换位

按时换位可使轮胎磨损均匀，可延长 20% 的使用寿命，应结合车辆二级维护定期换位。在路面拱度较大的地区或夏季，轮胎磨损差别较大，可适当增加换位次数。常用的轮胎换位方法有交叉换位法和循环换位法（如图 3 - 3 - 16 所示）。装用普通斜交轮胎的六轮双桥汽车，常用交叉换位法（如图 3 - 3 - 17 所示），并在换位的同时进行翻面。轮胎换位后，应按所换的胎位要求，重新调整气压。

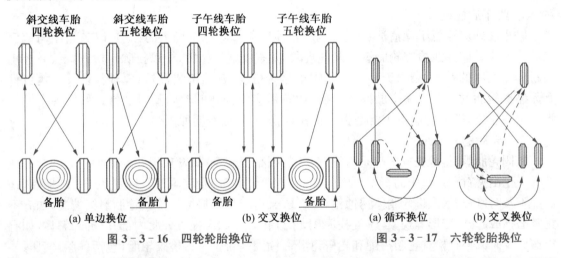

图 3 - 3 - 16　四轮轮胎换位　　　　　图 3 - 3 - 17　六轮轮胎换位

六轮双桥交叉换位的做法是左右两交叉，主胎（后内）换前胎，前胎换帮胎（后外），帮胎换主胎。这样，通过三次换位每只轮胎就可轮一次担负内侧（主力）胎。四胎双桥汽车，斜交胎也可采用交叉换位法（如图 3 - 3 - 16（b）所示），子午线胎宜用单边换位法（如图 3 - 3 - 16（a）所示）。

子午线轮胎的旋转方向应始终不变。若反向旋转，会因钢丝帘线反向变形产生振动，汽车平顺性变差。所以一些轿车使用手册推荐单边换位法。

③ 轮胎的拆装

拆装轮胎须在清洁、干燥、无油污的地面上，支顶牢靠后进行。拆装轮胎要用专用工具，不允许用大锤敲击或其他尖锐的用具拆胎。

外胎、内胎、垫带、轮辋必须符合规格要求才能组装，要特别注意子午线胎圈部分的完好。内胎装入外胎前，须紧固气门嘴，以防漏气，并在外胎内部和垫带上涂上滑石粉。气门嘴的位置应装在轮辋气门嘴孔中。胎侧有平衡标记（彩色胶片）的，标记应在与气门嘴相对的位置上,以便于平衡。轮辋上有平衡块的,应用动平衡机进行平衡调整。

安装有向花纹的轮胎,应注意滚动方向的标记。拆装子午线胎应做记号,使安装后的子午线胎滚动方向保持不变。双胎并装时,应注意将两轮通风洞对准,两气门嘴应互隔180°,并与在制动鼓上的蹄鼓间隙视孔呈90°角。拆装无内胎轮胎时,每次均需换上新的O形圈,且O形圈要完好并经植物油浸泡。无内胎轮胎胎冠有钢带时,应先把轮胎装在轮辋内,并充入150 kPa的气压,再小心把钢带剪断取下。新装配好的无内胎轮胎,充气时应用皂水检查轮辋与胎圈接触O形圈、气门嘴垫、气门芯等处是否有漏气。

3. 车轮与轮胎的平衡

车轮与轮胎是高速旋转组件,如果不平衡,汽车在超过某一速度行驶时,就会产生共振。特别是高速公路上行驶的车辆,车轮与轮胎不平衡可能造成轮胎爆破,引发交通事故。不平衡也会引起底盘总成零部件损伤,如转向球节上的磨损增加,减振器和其他悬架元件的变形等。就车轮本身而言,由于装有气门嘴,同时还与轮胎和传动轴等传动系的旋转部件组装在一起,因此必须进行平衡,否则,不平衡在所难免。

新车上安装的车轮与轮胎都经过了平衡,随着车辆的行驶及轮胎的维护或修理,如果检查轮胎有不均匀或不规则磨损、车轮定位失准,车轮平衡维护就是必须要做的工作。平衡车轮时,沿轮辋分配配重,抵消车轮和轮胎中较重的部件,使车轮平稳滚动而无振动。车轮有两种不平衡,静不平衡和动不平衡。

(1)车轮静不平衡

如果车轮的质心与旋转中心不重合,则该车轮为静不平衡。静不平衡的车轮在旋转时,由于存在着不平衡质量,因而产生离心力。车轮每转动一周,离心力的垂直分力在通过车轮旋转中心垂直线的两点时达到最大值,且方向相反,易使车轮上下跳动,对于转向轮由于陀螺效应还可导致转向轮摆振;离心力的水平分力在通过车轮旋转中心水平线的两点时达到最大值,且方向相反,易引起车轮前后窜动,对于转向轮将产生绕主销来回摆动的力矩,造成转向轮摆振。当转向轮的不平衡质量相互处于180°位置时,转向轮摆振最为严重,从而影响汽车行驶的操纵稳定性。

(2)车轮动不平衡

静平衡的车轮,若车轮的质量分布相对于车轮纵向中心面不对称,则该车轮为动不平衡。车轮转动时,由离心力作用产生的方向反复变动的力矩,会使车轮处于动不平衡中。若转向轮动不平衡,则车轮转动时,由于离心力矩的作用,将会造成转向轮绕主销摆振。

(3)引起车轮不平衡的原因

轮毂、制动鼓(盘)加工时定心定位不准、加工误差大、非加工面铸造误差大、热处理变形、使用中变形或磨损不均。轮胎螺栓质量不等、轮辋质量分布不均或径向圆跳动、端面圆跳动太大。轮胎质量分布不均、尺寸或形状误差太大、使用中变形或磨损不均、使用翻新胎或修补胎。并装双胎的充气嘴未相隔180°安装,单胎的充气嘴未与不平衡点标记(经过平衡试验的新轮胎,往往在胎侧标有红、黄、白或浅蓝色的□、△、○或◇符号,用来表示不平衡点位置)相隔180°安装。轮毂、制动鼓(盘)、轮胎螺栓、轮辋、内胎、衬带、轮胎等拆线后重新组装成车轮时,累计的不平衡质量或形位偏差太大,破坏了原来的平衡。

(4)车轮动平衡的测试

由于车轮与轮胎不平衡影响汽车行驶的稳定性和安全性,因此,更换和检修车轮与轮胎后必须进行动平衡测试,并加减平衡块使其平衡。由于动平衡的车轮一定处于静平衡,只要检测了车轮动平衡,就没有必要检测车轮静平衡。

车轮动平衡测试需在车轮平衡机上进行,如图3-3-18所示。使用方法为先打开平衡机电源开关,检查平衡机面板指示是否正确。测量前清除被测车轮上的泥土、石子和旧平衡块,检查车轮的状况,若车轮变形过大,则不宜检测。同时,检查轮胎气压并充至规定值。根据轮辋中心孔的大小选择定位锥体,将车轮装上平衡机主轴,用快速蝶形螺母上紧。用标尺测量轮辋边缘至机箱距离 a,用专用卡尺测量轮辋宽度 L、由胎侧标记查出轮辋直径 d,通过面板键盘输入。放下车轮防护罩,按下起动键,启动电机,车轮旋转,平衡测试开始,自动采集数据,并通过显示屏显示出车轮内侧、外侧不平衡量的大小。抬起车轮防护罩,用于慢慢转动车轮,确定加装配平衡块的位置。转动车轮使平衡点的相位转至 12 点处,在轮辋的内侧或外侧的上部加装平

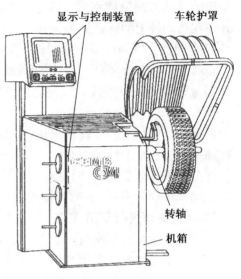

图 3-3-18　车轮平衡机

衡块。平衡块装卡要牢固,安装平衡块后,应重新进行平衡测试,直至显示屏显示"00"为止。一般来说,小型车不平衡质量≤10 g,中型车不平衡质量≤20 g 为合格,且车轮每侧轮辋边缘所加平衡块以不超过 3 块为宜。测试结束,关闭电源开关。

§3.4　悬架装置的构造与检修

悬架装置连接车身和车轮,它能够与轮胎一起,对不平整路面所造成的汽车行驶中的各种颤动、摇摆等予以吸收和减缓,从而保障乘客和货物的安全,并提高驾驶稳定性。同时将路面与车轮之间的摩擦所产生的驱动力和制动力传输至底盘和车身;支承车桥上的车身,并使车身与车轮之间保持适当的几何关系。

3.4.1　悬架装置的组成与分类

汽车悬架装置一般由弹性元件、横向稳定杆、减振器和导向装置等组成,如图 3-4-1所示。

弹性元件用来承受并传递垂直载荷,缓和不平路面、紧急制动、加速和转弯引起的冲击或车身位置的变化。常见的弹性元件包括钢板弹簧、螺旋弹簧、扭杆弹簧、油气弹簧、空气弹簧和橡胶弹簧。

减振器用来衰减由弹性系统引起的振动。减振器的类型有筒式减振器、阻力可调式减振器和充气式减振器。减振器用于限制弹簧的自由振荡,提高乘坐舒适性。

有些轿车和客车上,为防止车身在转向等情况下发生过大的横向倾斜,在悬架系统中加设有横向稳定杆,目的是提高侧倾刚度,使汽车具有不足转向特性,改善汽车的操纵稳定性和行驶平顺性,用于防止汽车横向摆动。

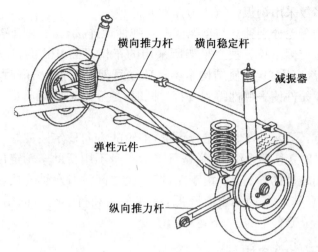

图 3-4-1　悬架装置组成示意图

　　导向装置用来使车轮按一定运动轨迹相对车身运动,同时起传递力的作用。通常导向装置由控制摆臂式杆件组成,有单杆式和连杆式两种。钢板弹簧作为弹性元件时,它本身兼导向作用,可不另设导向装置。导向装置用于使上述部件定位,并控制车轮的横向和纵向运动。

　　悬架按照控制形式不同,可分为被动式悬架和主动式悬架两大类。目前多数汽车上采用被动式悬架,被动式悬架的定义是:汽车姿态(状态)只能被动取决于路面、行驶状况和汽车的弹性元件、导向装置以及减振器。20 世纪 80 年代,主动悬架开始在一部分汽车上应用,目前使用主动悬架的高级汽车越来越多。主动悬架可以根据路面和行驶工况自动调整悬架的刚度和阻尼,从而使车辆能主动地控制垂直振动及车身或车架的姿态。该系统通常由传感器、控制阀、执行机构和悬架系统组成。

　　悬架系统按结构不同,分为非独立悬架和独立悬架,如图 3-4-2 所示。

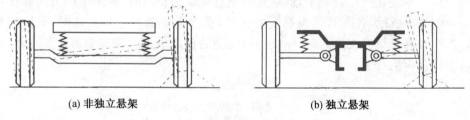

(a) 非独立悬架　　　　　　　　(b) 独立悬架

图 3-4-2　非独立悬架与独立悬架

　　非独立悬架(整体桥悬架或刚性悬架)因其结构简单、工作可靠,而被广泛应用于货车的前、后悬架。在轿车中,非独立悬架仅用于后桥。非独立悬架的特点是两侧车轮安装于一整体式车桥上,车轮连同车桥一起通过弹性元件悬挂在车架或车身上,一侧车轮受到冲击时会直接影响到另一侧车轮。非独立悬架由于簧载质量比较大,特别是汽车高速行驶时,悬架受到较大的冲击载荷时,汽车平顺性较差。

　　悬架的结构,特别是导向机构的结构,随所采用的弹性元件的不同而有差异,而且有时差别很大。采用螺旋弹簧、气体弹簧时需要有较复杂的导向机构。而采用钢板弹簧时,由于钢板弹簧本身可兼起导向机构的作用,并有一定的减振作用,使得悬架结构大为简化。因而在非独立悬架中大多数采用钢板弹簧作为弹性元件。

独立悬架的两侧车轮分别独立与车架或车身弹性地连接,当一侧车轮受到冲击时,其运动不会直接影响到另一侧车轮。独立悬架所采用的车桥是断开式的,这样可降低发动机安装位置,有利于降低汽车质心,并使结构紧凑。独立悬架允许前轮有较大的跳动空间,这样便于选择较软的弹性元件使平顺性得到改善。同时,独立悬架簧载质量小,可提高汽车车轮的附着性能。

独立悬架的特点:① 可以降低非悬挂重量,车轮的方向稳定性良好,从而乘坐舒适性和操作稳定性高;② 在独立悬架系统中,弹簧只支承车身不用帮助车轮定位(这由联动装置保证),这样就可以使用较软的弹簧;③ 由于左、右车轮之间没有车轴连接,地板和发动机的安装位置可以降低,这意味着车辆的重心降低,乘客车厢和行李仓空间增大;④ 结构相对复杂;⑤ 轮距和前轮定位随车轮的上、下运动而改变。

3.4.2 弹性元件的结构

为了缓和冲击,在汽车行驶系中,除了采用弹性的充气轮胎之外,在悬架中还必须装有弹性元件,使车架(或车身)之间形成弹性联系。悬架采用的弹性元件常见的有钢板弹簧、螺旋弹簧、空气弹簧和油气弹簧。

1. 钢板弹簧

钢板弹簧由一组弯曲弹簧钢片从短至长依次叠放而组成,这些重叠钢板在中心点被 U 形中心螺栓或铆钉固定在一起。此外,为了防止钢板滑出原位,还用夹箍(弹簧夹)在几个地方将其固定。最长的一块钢板(主钢板)的两端弯成弹簧卷耳(内装青铜或塑料、橡胶、粉末冶金制成的衬套),用于将弹簧装在车架或构件(侧梁)上。钢板弹簧如图 3-4-3 所示。

中心螺栓用以连接各弹簧片,并保证装配时各片的相对位置。中心螺栓距两端卷耳中心的距离可以相等(对称式钢板弹簧),也可以不相等(非对称式钢板弹簧)。

当钢板弹簧安装在汽车悬架中,所承受的垂直载荷为正向时,各个力的方向和作用点如图 3-4-3 中箭头所示,各弹簧钢板都受力变形,有向上拱起的趋势。这时,车桥和车架互相靠近。当车桥与车架互相远离时,钢板弹簧所受的正向垂直载荷和变形逐渐减小,有时所受的载荷方向甚至会相反。

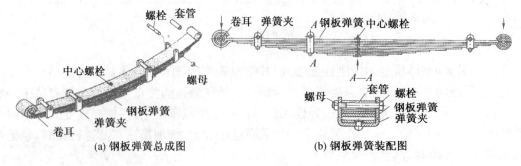

(a) 钢板弹簧总成图 (b) 钢板弹簧装配图

图 3-4-3 钢板弹簧

主片卷耳受力严重,是薄弱处。为改善主片卷耳的受力情况,常将第二片钢板末端也弯成卷耳,包在主片卷耳的外面(亦称包耳)。为了使弹簧变形时各片有相对滑动的可能,在主片卷耳与第二片包耳之间留有较大的空隙。

连接各片的构件，除中心螺栓以外，还有若干个夹箍（弹簧夹），其主要作用是当钢板弹簧反向变形（即反跳时），使各片不致互相分开，以免主片单独承载。此外，还可防止各片横向错动。弹簧夹用铆钉接在与之相连的最下面弹簧片的端部。弹簧夹的两边用螺栓连接，在螺栓上有套管顶住弹簧夹的两边，以免将弹簧片夹得过紧。在螺栓套管与弹簧片之间有一定间隙（不小于 1.5 mm），以保证弹簧变形时，各片可以相互滑动。

钢板弹簧在载荷作用下变形时，各片之间有相对滑动而产生摩擦，这种摩擦可以促进车架振动的衰减。但各片间的干摩擦，将使车轮所受的冲击较多地传给车架，即降低了悬架缓和冲击的能力，并使弹簧各片加速磨损，这是不利的。为了减少弹簧片的磨损，在装合钢板弹簧时，各片间须涂上较稠的润滑剂（石墨润滑脂），并应定期进行保养。为了在使用期间内长期储存润滑脂并防止污染，有时将钢板弹簧装在护套内。目前，一些汽车上采用变厚度的单片或2～3片的钢板弹簧构成少片变截面钢板弹簧，其弹簧片的断面尺寸沿长度方向是变化的，片宽保持不变，这样可以减少片与片之间的干摩擦，同时减轻重量，如图 3－4－4 所示。

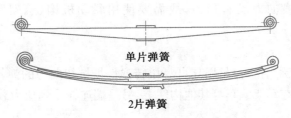

单片弹簧

2片弹簧

图 3－4－4　钢板弹簧断面现状

一般来说，钢板弹簧越长就越软。此外，钢板弹簧中钢板数目越多，其承重能力越强，但从另一角度来看，弹簧会变硬而有损乘坐舒适性。

在载荷变化很大的货车及许多其他车辆中，都使用了副钢板弹簧。副钢板弹簧安装在主钢板弹簧上面。轻载荷时，只有主弹簧工作；当载荷超过一定数量时，主、副弹簧一起工作，如图 3－4－5 所示。

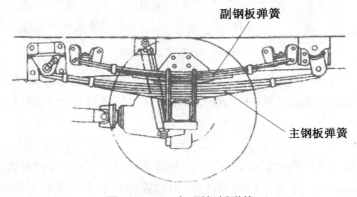

副钢板弹簧

主钢板弹簧

图 3－4－5　主、副钢板弹簧

2. 螺旋弹簧

螺旋弹簧广泛地用于独立悬架，特别是前轮独立悬架。将特殊的弹簧钢杆卷成螺旋状,就成了螺旋弹簧。螺旋弹簧可分为等螺距或变螺距两种,前者刚度不变,后者刚度是可变的。在螺旋弹簧上施加载荷时,随着弹簧的收缩,整条钢杆扭曲,这样便贮存了外力的能量,缓冲了振动。螺旋弹簧如图3-4-6所示。

图3-4-6 螺旋弹簧

螺旋弹簧本身没有减振作用,因此在螺旋弹簧悬架中必须另装减振器。此外,螺旋弹簧只能承受垂直载荷,故必须装设导向机构以传递垂直力以外的各种力和力矩。

如果用直径均匀的弹簧钢杆制成螺旋弹簧,则整条弹簧依载荷量的改变而均匀弯曲。这样,如果使用软弹簧,则其硬度不足以负重载;如使用硬弹簧,则在轻载时又会颠簸。但如果使用直径恒定变化的钢杆,弹簧两端的弹簧常数便会低于弹簧中间的弹簧常数。因此,在轻载时,弹簧两端收缩,吸收路面振动。另一方面,弹簧中间部分有足够硬度来承担重载。

螺旋弹簧的特点:① 与钢板弹簧相比,单位重量的能量吸收率较高;② 可以制成软弹簧;③ 由于没有像钢板弹簧那样的板片间摩擦,弹簧本身不能控制振荡,所以需要与减振器一起使用;④ 由于对横向力没有阻力,故需要使用联动机构(悬架臂、横控制杆等)支承车桥。

3. 扭杆弹簧

扭杆弹簧(通常简称为扭杆)是用其自身扭转弹性抵抗扭曲力的弹簧钢杆。如图3-4-7所示,扭杆的一端固定在车架或车身其他构件上,另一端连在受到扭力载荷的部件上。扭杆弹簧也用于制造稳定杆。

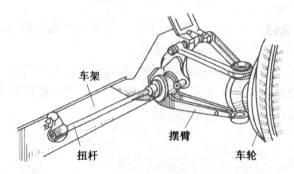

图3-4-7 扭杆弹簧

扭杆弹簧的特点:① 与其他弹簧相比,单位重量的能量吸收率较高,所以可减轻悬架的重量;② 可简化悬架系统的配置;③ 与螺旋弹簧一样,扭杆弹簧也不能控制振荡,所以需要与减振器一起使用。

4. 橡胶弹簧

当橡胶弹簧由于外力而变形时,便产生内部摩擦,以吸收振动。橡胶弹簧具有可以制成任何形状、使用时无噪音、不需要润滑等优点,但橡胶弹簧不适于支承重载荷。所以,橡胶弹簧主要用作辅助弹簧,或用作悬架部件的衬套、垫片、垫块、挡块及其他支承件,如图3-4-8所示。

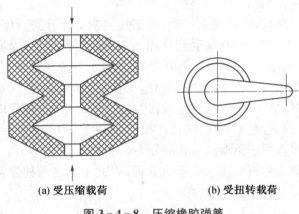

(a) 受压缩载荷　　　　　　(b) 受扭转载荷

图 3 - 4 - 8　压缩橡胶弹簧

5. 气体弹簧

气体弹簧主要有空气弹簧和油气弹簧两种。气体弹簧是以空气做弹性介质,即在一个密闭的容器内装入压缩空气(气压为 0.5 MPa~1 MPa),利用气体的可压缩性实现弹簧的作用。空气弹簧又可分为囊式和膜式两种,这种弹簧随着载荷的增加,容器内压缩空气压力升高,其刚度也随之增加;载荷减少,刚度也随空气压力降低而下降,因而这种弹簧具有理想的变刚度特性。

囊式空气弹簧由夹有帘线的橡胶制成的气囊和密闭在其中的压缩空气构成。气囊外层由耐油橡胶制成单节或多节,节数越多弹簧越软,节与节之间围有钢质腰环,防止两节之间摩擦。气囊上下盖板将空气封于囊内,如图 3 - 4 - 9 所示。

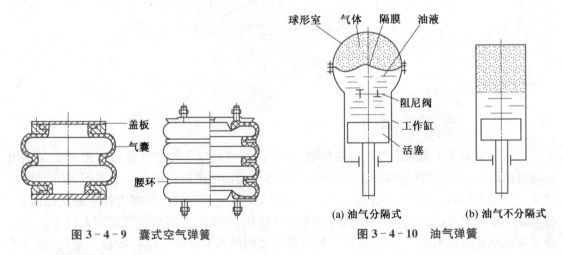

图 3 - 4 - 9　囊式空气弹簧

图 3 - 4 - 10　油气弹簧

(a) 油气分隔式　　　(b) 油气不分隔式

膜式空气弹簧由橡胶片和金属压制件组成。它比囊式空气弹簧的弹性曲线更为理想,固有频率更低些,且尺寸小、便于布置,因而多用于小轿车上。但其造价较贵,寿命较短。

油气弹簧以气体(如氮气等惰性气体)作为弹性介质,用油液作为传力介质,利用气体的可压缩性实现弹簧作用,如图 3 - 4 - 10 所示。球形室固定在工作缸上,室内腔用橡胶隔膜将油与气隔开,充入高压氮气的一侧为气室,与工作缸相同而充满油液的一侧为油室。工作缸内装有活塞和阻尼阀及阀座。

当汽车受到载荷增加时,活塞向上移动,使工作缸内油压升高,打开阻尼阀进入球形室下部,推动隔膜向气室方向移动,气室受到压缩压力升高,使油气弹簧刚度增加。当载荷减小时,气室内的高压氮气膨胀,使隔膜向下方(油室)移动,油液通过阻尼阀流回工作缸,活塞下移使油压降低。随着汽车行驶中的姿态变化,工作缸内的油压与气室内的氮气压力也随着之变化,活塞处于工作缸中的不同位置。因此,油气弹簧有可变刚度的特性。

油气弹簧具有良好的行驶平顺性,而且体积小、质量轻,但是对密封性要求很高,维护相对麻烦。目前这种弹簧多用于重型汽车和部分小客车上。

由于空气弹簧和油气弹簧只能承受垂直载荷,因此采用这两种弹簧的悬架必须加设导向装置和减振器。

3.4.3　减振器的基本结构与工作原理

汽车在行驶中四个车轮在垂直方向上会受到不同力的作用,悬架装置中的弹性元件受冲击会相应产生振动。因此需要在悬架中与弹性元件并联安装减振器,以衰减振动,提高汽车行驶的平顺性,如图 3-4-11 所示。

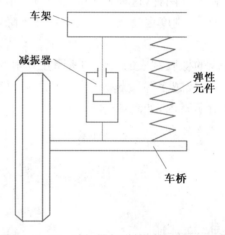

图 3-4-11　减振器与弹性元件的相互位置

汽车悬架装置中通常采用液力减振器,其工作原理是当车架或车身与车桥间受振动出现相对运动时,减振器内的活塞上下移动,减振器内的油液便反复地从一个腔经过不同的空隙流入另一个腔内。此时,孔壁与油液间的摩擦和油液分子间的内摩擦消耗了振动的能量,对振动形成阻尼力,使汽车振动能量转化为油液热能,再由减振器吸收散发到大气中。在油液通道截面等因素不变时,阻尼力随车架与车桥之间的相对运动速度的增减而变化,并与油液黏度、孔道的多少及孔道的大小等因素有关。

弹性元件与减振器承担着缓冲和减振的任务,若阻尼力过大,振动衰减变得过快,会使悬架的弹性元件的缓冲作用变差,甚至使减振器连接件及车架损坏。一般汽车在行驶中可能处于三种状态:第一种是在良好的路面上行驶,此时要求弹性元件充分发挥作用;第二种是相对于汽车承受中等强度的振动,这种情况下减振器起主导作用;第三种情况是车辆受到剧烈振动,这时与轮胎的接地性有密切关系。减振器要想在以上三种情况下与弹性元件均能协调工作,必须满足在悬架压缩行程中(车桥和车架相互靠近),减振器阻尼力较小,以便充分发挥弹性元件的弹性作用,缓和冲击,这时弹性元件起主要作用;在悬架伸张行程中(车桥和车架相互远离),减振器阻尼力应较大,以迅速减振,此时减振器起主要作用;当车架或车身与车桥间的相对运动速度过大时,要求减振器能自动加大流液量,使阻尼力始终保持在一定限度之内,以避免车架或车身承受过大的冲击载荷。

在汽车悬架系统中广泛采用的液力减振器是筒式减振器,由于其在压缩和伸张行程中均能起减振作用,因此又称为双向作用筒式减振器。

1. 双向作用筒式减振器

双向作用筒式减振器的外面的钢筒是防尘罩,上部有一圈环与车架(车身)连接;中间的钢筒是储油缸,内部装有一定量的减振器油;下部有一圈环与车桥相连;最里面的钢筒是工作缸,内部装满减振器油。在工作缸的内部,通过与防尘罩和上部圆环制成一体的活塞杆,其底端常固定着活塞。活塞上装有伸张阀和流通阀,在工作缸的下部的底座上装有压缩阀和补偿阀。为了使减振器能够满足工作要求,流通阀和补偿阀的弹簧相对比较软,较小的油压便可以将其打开或关闭。而压缩阀和伸张阀的弹簧相对比较硬,只有当油压增大到一定的程度时才能将其打开;只要油压稍有下降,阀门立刻关闭。双向作用筒式减振器结构如图3-4-12所示。

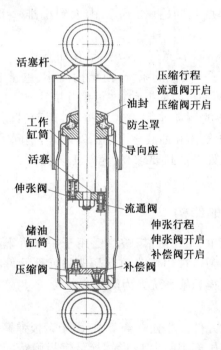

图 3 - 4 - 12　双向作用筒式减振器

双向作用筒式减振器的工作过程如下所述。在压缩行程时减振器被压缩,汽车车轮移近车身,减振器内的活塞向下移动,下腔的容积减小,油压升高。此时,大部分油液冲开流通阀流入上腔,由于上腔被活塞杆占去了一部分空间,因而上腔增加的容积小于下腔减小的容积,于是另一部分油液就推开压缩阀,流回到储油缸内。油液通过阀孔时,此时减振器受拉伸,车轮远离车身,这时减振器的活塞向上移动,上腔油压升高,流通阀被关闭,上腔内的油

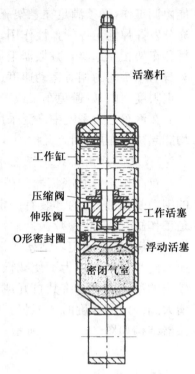

液压开伸张阀流入下腔。由于活塞杆的存在,自上腔流来的油液不足以充满下腔增加的容积,促使下腔产生一定的真空度,这时储油缸中的油液推开补偿阀流进下腔进行补充。这些阀的节流就对悬架在伸张运动时起到阻尼作用。

由于伸张阀弹簧的刚度和预紧力设计得大于压缩阀,在同样力的作用下,伸张阀及相应的常通缝隙通道的截面积总和小于压缩阀及相应常通缝隙通道的截面积总和。这使得减振器伸张行程产生的阻尼力大于压缩行程时产生的阻尼力,从而达到迅速减振的目的。

2. 充气式减振器

有些车型的悬架系统采用充气式减振器和阻尼力可调式减振器,充气式减振器如图 3-4-13 所示。这种减振器的缸筒下部装有一个浮动活塞,在浮动活塞和缸筒一端形成一个封闭气室,内部装有高压氮气。浮动活塞(封气活塞)的上面是油液,活塞上装有大断面的 O 形密封圈,作用是把油和气完全隔开。活塞运动速度的变化会产生不同的阻尼力。伸张阀和压缩阀均由一组厚度相同、直径不等、由大到小排列的弹簧钢片组成。

图 3-4-13 充气式减振器

与双向作用筒式减振器相比,充气式减振器有如下优点:① 采用浮动活塞而减少了一套阀的系统,使结构简化、重量减轻;② 由于减振器里充有高压氮气,能减少车轮受突然冲击时的振动,并可消除噪声;③ 由于充气式减振器的工作缸和活塞直径都大于相同条件的双向作用筒式减振器,因而其阻尼更大,工作可靠性更强;④ 充气式减振器内部的高压气体和油液被浮动活塞隔开,消除了油的乳化现象。

充气式减振器的不足之处是油封要求高、充气工艺复杂、不易维修,当缸筒受外界较大冲击而变化时,不能工作。

3.4.4 非独立悬架的结构

非独立悬架由于结构简单、工作可靠,被广泛用于一般货车和客车的悬架上,而在轿车上往往只作为后悬架。钢板弹簧被用作非独立悬架的弹性元件时,由于它起导向装置的作用,并有一定的减振作用,使得悬架系统大为简化。

1. 钢板弹簧式非独立悬架

在使用钢板弹簧为弹性元件的非独立悬架中,由于钢板弹簧是纵向布置,所以又称为纵置板簧式非独立悬架。悬架中部用两个 U 形螺栓将钢板弹簧固定在车桥上,悬架前端为固定铰链,也叫固定吊耳。钢板弹簧销钉将钢板弹簧前端卷耳部与钢板弹簧前支架连接在一起,为减小磨损,前端卷耳孔中装有减磨衬套。后端卷耳通过钢板弹簧吊耳销与后端吊耳和吊架相连,后端可以自由摆动,形成活动吊耳,从而保证弹簧变形时两卷耳中心线间的距离是变化的,以减小汽车受到的颠簸,如图 3-4-14 所示。

中型货车的悬架在主钢板弹簧上加装副钢板弹簧,成为变刚度的钢板弹簧。在空载或装载质量不大的情况下,副簧不承受载荷仅由主簧承受。在重载或满载的情况下,车架相对

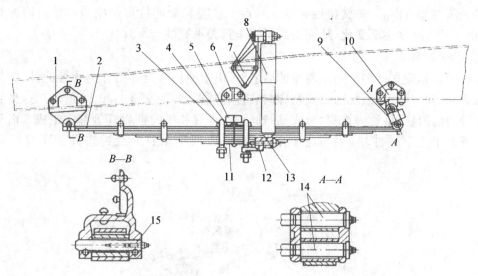

1-钢板弹簧前支架　2-钢板弹簧前端　3-U形螺栓　4-盖板　5-缓冲块　6-限位块
7-减振器上支架　8-减振器　9-吊耳　10-吊耳支架　11-中心螺栓　12-减振器下支架
13-减振器　9 连接销　14-前板簧吊耳销　15-钢板弹簧销

图 3-4-14　货车前悬架

车桥下移,使车架上的副簧滑板式支座与副簧接触,即主簧与副簧共同发挥作用,悬架刚度得到提高,如图 3-4-15 所示。这类悬架的特点是副簧随载荷增加到一定程度时参加工作,由于悬架刚度变化较突然,对汽车行驶平顺性不利。

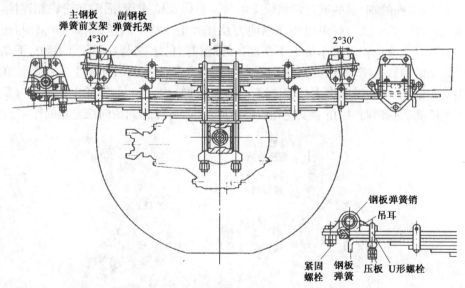

图 3-4-15　装副钢板弹簧的货车悬架

为了改善汽车行驶的平顺性,一些轻型货车(南京依维柯)的后悬架将副钢板弹簧加装在主钢板弹簧下,成为渐变刚度的钢板弹簧。主簧由五片较薄的钢板弹簧片组成,副簧由五片较厚的钢板弹簧片组成,用中心螺栓固定在一起。在小载荷的情况下,仅由主簧起作用,而当载荷增加到一定值时,副簧开始与主簧接触,悬架刚度得到提高,弹簧特性变为非线性。

当副簧全部参加工作后,弹簧特性又变成线性。这类悬架的特点是副簧随载荷增加而参加工作,由于悬架刚度逐渐变化,从而提高了汽车行驶平顺性。

2. 螺旋弹簧非独立悬架

螺旋弹簧非独立悬架常用于轿车的后悬架,由于使用螺旋弹簧作为弹性元件,仅仅能受垂直载荷,因此,其悬架系统需要安装导向装置和减振器,如图3-4-16所示。这种后悬架装置主要由后滑柱(俗称弹簧腿)总成、后轴总成、纵臂和横向推力杆等部件组成。由于减振器筒内安装了上下缓冲块,当车轮上下跳动时,可减小车身所受冲击并使车身振动迅速衰减。

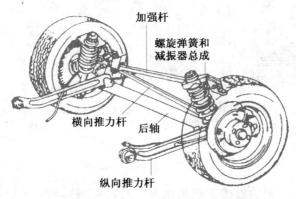

图3-4-16 螺旋弹簧非独立悬架

上海桑塔纳轿车的后桥也采用螺旋弹簧非独立悬架,如图3-4-17所示。左右纵向推力杆(其形状为变截面管轴)前端通过带橡胶支承与车身做铰链连接,后端与轮毂相连接,中部与后桥焊接成一体。纵向推力杆可以传递纵向力及其力矩。整个后桥、纵向推力杆与车轮可以绕支承座的铰接点连线相对于车身上下摆动。螺旋弹簧的上端装在弹簧上座中,下端支承在减振器外壳上的弹簧下座中,因而只承受垂直力。减振器的上端与弹簧上座一起装在车身底部的悬架支座中,下端与纵向推力杆相连接。使用这种结构,当两侧车轮上的螺旋弹簧因路面不平而产生不同的变形时,后桥会发生相应的扭转变形,可以起到横向稳定器的作用。

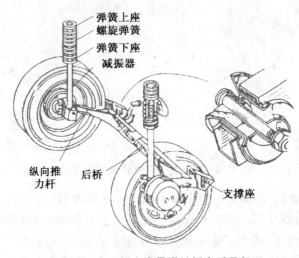

图3-4-17 上海桑塔纳轿车后悬架

3. 空气弹簧非独立悬架

为了提高行驶的平顺性,适应载荷和路面的变化,要求悬架刚度能够根据车况变化,当空车时车身被抬高,满载时车身则被压低。轿车则要求在好路上降低车身高度,提高行驶速度;在坏路上提高车身,增大通过能力。对于不同类型的汽车提出的不同的要求,空气弹簧非独立悬架可以满足。

如图 3 - 4 - 18 所示,囊式空气弹簧上下端分别固定在车架和车桥上,压气机产生的压缩空气经油水分离器和压力调节器进入储气筒,压力调节器可使储气筒中的压缩空气保持一定压力。储气罐和空气弹簧中的空气压力由车身控制阀控制。空气弹簧只承受垂直载荷,因而必须加设导向装置,车轮受到的纵向力和横向力及其力矩由悬架中的纵向推力杆和横向推力杆来传递。

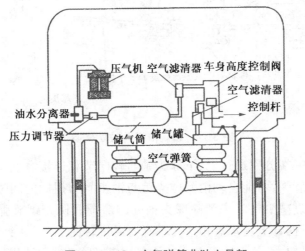

图 3 - 4 - 18 空气弹簧非独立悬架

空气弹簧非独立悬架多用于重型车和高级轿车中。现代电子控制主动或半主动悬架多采用空气弹簧做弹性元件。

3.4.5 独立悬架的结构

独立悬架采用断开式车桥,两侧车轮分别通过独立悬架与车架或车身相连,每侧车轮可单独运动,互不干扰。轿车和载质量在 1 000 kg 以下的货车的转向轮广泛采用独立悬架,这样可以满足行驶顺性、操纵稳定性等方面的要求。但是独立悬架结构复杂,制造成本高,维修不方便。

独立悬架中的弹性元件往往都使用螺旋弹簧和扭杆弹簧,钢板弹簧和其他形式的弹簧很少使用。根据悬架导向装置的不同,独立悬架可分为双横臂式、单横臂式、纵臂式、单斜臂式、多杆式及滑柱连杆(摆臂)式(麦弗逊式)等多种。目前采用较多的是不等长双臂式、滑柱连杆式和斜置单臂式。

1. 双横臂式独立悬架

如图 3 - 4 - 19 所示为不等臂双横臂式独立悬架,上摆臂和下摆臂的一端分别通过摆

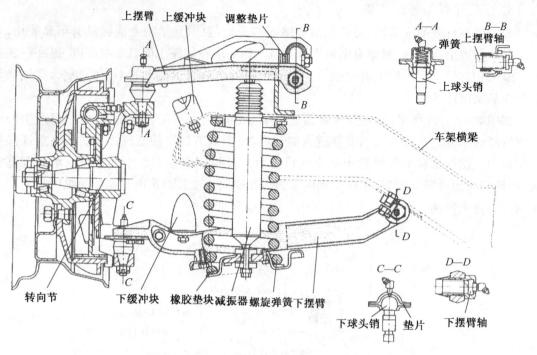

上摆臂　上缓冲块　调整垫片

A—A　B—B　弹簧　上摆臂轴

上球头销

车架横梁

转向节

下缓冲块　橡胶垫块减振器螺旋弹簧下摆臂

C—C　D—D

下球头销　垫片　下摆臂轴

图 3‑4‑19　双横臂独立悬架

臂轴和车架连接,另一端分别通过上、下球头销与转向节相连接。上摆臂与上球头销铆接成一体,内部装有螺旋弹簧,能自动消除球头销与销座间磨损后的间隙。下摆臂与下球头销是可以拆卸的,通过减少垫片来消除球头销处的磨损间隙。螺旋弹簧的两端分别通过橡胶衬垫与车架和下摆臂上支承盘相连。垂直力通过转向节、下球头销、下摆臂和螺旋弹簧传递给车架。而纵向力、侧向力及其力矩由转向节、上摆臂、下摆臂(导向机构)、上球头销、下球头销、传递给车架。由于此种悬架使用上、下球头销来代替主销,故属于无主销式悬架。

上、下两摆臂选择合适的长度比例,可减小车轮在跳动中与主销的角度及轮距变化。双横臂的臂也有制成 V 字形(或称 A 字形)的,上、下两个 V 形摆臂的一端以一定的距离分别与车轮连接,另一端则与车架连接。

不等臂双横臂悬架的上臂比下臂短,当汽车车轮上下运动时,上臂比下臂运动弧度小,这将使轮胎上部轻微地内外移动,而对底部影响很小。该结构利于减少轮胎摩擦,可提高汽车驾驶的平顺性和稳定性。

双横臂悬架的螺旋弹簧有的安装于上下摆臂之间,也有的安于上摆臂与车架之间。

双横臂独立悬架也有采用扭杆弹簧作为弹性元件的,其扭杆弹簧可以纵向也可以横

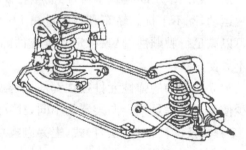

图 3‑4‑20　不等长双横臂式扭杆弹簧独立悬架

向安装。南京依维柯 S 系列轻型货车的前悬架属于不等长双横臂式扭杆弹簧独立悬架,如图 3 - 4 - 20 所示。

2. 麦弗逊式独立悬架

麦弗逊式独立悬架目前广泛应用于发动机前置前轮驱动轿车的前悬架中。这种悬架由减振器、螺旋弹簧、横摆臂和横向稳定杆等组成。螺旋弹簧与减振器装于一体,悬架将减振器作为引导车轮跳动的滑柱,有的还兼起转向主销作用。悬架有一下横摆臂,其上端以橡胶做支承,允许滑柱上端有少许角位移。采用这种悬架的汽车前端空间大,有利于发动机布置,并可降低整车的重心。吉林 JL1010 型微型汽车的麦弗逊式前悬架,其筒式减振器的上端用螺栓和橡胶垫圈与车身连接,减振器缸筒下端与转向节固定为一体,转向节通过球铰链与横摆臂连接。该车车轮受到的侧向力大部分由横摆臂承受,部分由减振器承受。麦弗逊式悬架没有传统的主销实体,主销的轴线为上下铰链的中心连线,螺旋弹簧套装在减振器筒上。当车轮上下运动时,主销轴线的角度和轮距都会发生变化,但是只要适当地调整杆系布局,可以将这些变化控制在很小的范围内。

捷达轿车与富康轿车的前悬架都是麦弗逊式独立悬架,如图 3 - 4 - 21 所示,这种悬架带有三角形下横臂以及横向稳定杆。

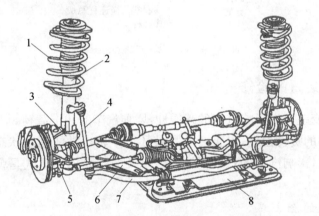

1-螺旋弹簧　2-筒式减振器　3-转向节　4-连接杆　5-球头销
6-下摆臂　7-横向稳定杆　8-前托架

图 3 - 4 - 21　富康轿车前悬架

3. 多杆式独立悬架

独立悬架中的弹性元件多采用螺旋弹簧,故其对侧向力和纵向力的承受和传递就需加设导向装置,即杆件来完成,因而一些轿车上为减轻自重和简化结构采用多杆式悬架。图 3 - 4 - 22 为多杆悬架系统总成。多杆式悬架上连杆通过支架与车身相连,其外端与第三连杆相连,上连杆的两端都装有橡胶隔振套;第三边杆的上端通过止推轴承与转向节连接;下连杆与普通的下摆臂相同,其内端通过橡胶隔振套与前横梁相连接,外端通过球铰与转向节相连;主销轴线从下球铰一直延伸到上面的轴承处。多杆悬架系统具有良好操纵稳定性,可有效地降低轮胎的磨损,延长其使用寿命。

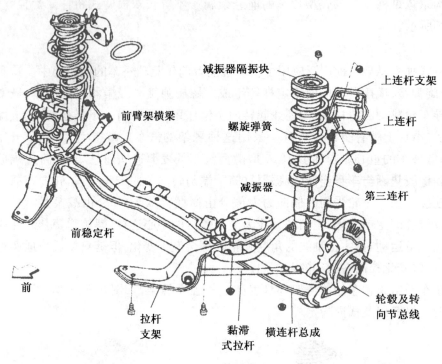

减振器隔振块

前臂架横梁

螺旋弹簧

减振器

上连杆支架

上连杆

第三连杆

前稳定杆

前

拉杆
支架

黏滞
式拉杆

横连杆总成

轮毂及转
向节总线

图 3－4－22　多杆式独立悬架

3.4.6　悬架装置的检修

悬架技术状况变差首先影响汽车的减振性,增加汽车的冲击载荷,加剧汽车零部件的损坏,也增加了运输中的货物损耗,更重要的是破坏了车轮正常的运动状态,造成汽车的操纵性能、制动性能变差,影响汽车的行驶平顺性。悬架的主要损伤形式是弹簧弹力下降、弹簧断裂和减振器失效。

1. 非独立悬架的检修

非独立悬架的检修主要是弹性元件和减振器的检修。

1) 弹性元件的检修

非独立悬架常用的弹性元件是钢板弹簧,也有些采用螺旋弹簧。

① 钢板弹簧的检修

钢板弹簧长期使用会产生弹性下降甚至折断,钢板销、支架与吊耳磨损等。钢板弹簧不能有裂纹、折断现象,发现断片,钢板弹簧固定卡、隔套卡子螺栓缺少时应及时更换新件,补充缺少件。钢板弹簧弹性下降表现在钢板弹簧的弧高减小,也表现在叶片的曲率半径变化,可用新片来进行靠合比较试验。左、右两侧的钢板弹簧的总片数要相等,总厚度差不大于5 mm,弧高差不大于10 mm。钢板弹簧的夹子、夹子螺栓应完整,U 形螺栓要按规定的力矩拧紧。装配好并压紧的钢板弹簧,片与片之间应紧密配合,并向片间涂抹石墨润滑脂,相邻两片在总接触长度的 1/4 内,间隙不大于 1.2 mm。

② 螺旋弹簧的检修

螺旋弹簧的检修主要是检查螺旋弹簧的自由长度,如自由长度比标准长度缩短了 5%,则表示该弹簧已经永久变形、刚度变差,必须更换。更换时要同时更换左、右两个螺旋弹簧,以保持车辆两侧高度相同。若螺旋弹簧上有裂纹也要更换。

2) 减振器的检修

减振器在检修时应固定住减振器,上下运动活塞杆时应感觉有一定阻力,而且向上的阻力比向下的阻力要大一些。若阻力过大,应检查活塞杆是否弯曲;若无阻力,则表示减振器油已漏光或失效,必须更换。

车辆行驶时,有缺陷的减振器会发出冲击噪声,此时应更换减振器。减振器为免维护机构,减振器外面有轻微的油迹时不必更换减振器;如有大量油迹即漏油时,减振器在压缩到底或伸展时会产生跳动现象,这时只能更换减振器。

2. 独立悬架的检修

独立悬架常用在汽车的前桥上,其主要损伤是转向节及其支撑、定位杆系的铰销磨损过大,杆系变形、有裂纹,悬架弹簧弹力衰退、断裂,减振器失效,橡胶消音垫损坏,润滑不良等。独立悬架损伤会引起前轮摆动,汽车舒适性变差,转弯时车身倾斜严重,噪声过大等故障。

独立悬架的维护一般是加注润滑脂,检视杆系零件与弹簧有无断裂,检视减振消音橡胶零件的磨耗状况或更换,调整各铰接部位及其他配合部位的间隙等。多数情况下独立悬架检修与调整前轮定位合并进行,因为独立悬架的故障也往往与前轮定位失准一样都反映在汽车操纵的轻便性与稳定性上。

① 前减振器悬架轴承主橡胶挡块的检查

首先检查前减振器悬架轴承的磨损与损坏情况,轴承应能灵活转动,损坏时必须整体更换。其次检查橡胶挡块的损坏与老化情况,如损坏应及时更换。

② 前托架、横向稳定杆和下摆臂的检查

首先检查前托架、横向稳定杆和下摆臂有无变形或裂纹。若存在变形或裂纹,则不允许在前悬架支承装置和导向装置部件上进行焊接和校正修复,只能更换新件。另外,需要检查横向稳定杆的橡胶支座和橡胶衬套、下摆臂的前衬套和后衬套的损坏和老化情况,若损坏需要及时更换。

对于下摆臂下球铰,首先应检查下球铰的轴向间隙标准是否为零,并保证下球铰的拧紧力矩在规定的范围之内。

§3.5　车轮定位

3.5.1　转向车轮定位

为了保证汽车直线行驶的稳定性和操纵的轻便性,减少轮胎和其他机件的磨损,转向车轮、转向节、前轴三者与车架的安装应保持一定的相对位置关系,这种安装位置称为转向车轮定位。

1. 主销后倾角 γ

主销后倾角是转向轴线向前后倾斜的角度。主销后倾角是从侧面观察时，测量转向轴线至垂直线之间的角度 γ 而得。从垂直线向后倾斜称为正主销后倾角，向前倾斜则称为负主销后倾角。转向轴线的中心线与地面有一个交点，轮胎与路面接触面有一个中心点，这两个点之间的距离 L 称为主销后倾移距，如图 3-5-1 所示。

主销后倾角能形成回正的稳定力矩。如果车辆具有正主销后倾角，当汽车直线行驶时，若转向轮偶然受到外力作用而稍有偏转，汽车行驶方向将向右偏离。这时，由于存在着主销后倾移距，外倾推力就会对车轮形成绕主销轴线作用的力矩，其方向正好与车轮偏转方向相反。在此力矩作用下，车轮将回复到原来中

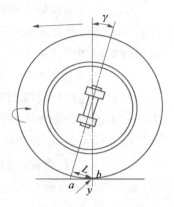

图 3-5-1 主销后倾角

间的位置，从而保证了汽车稳定的直线行驶，故此力矩称为稳定力矩。但此力矩不宜过大，否则在转向时为了克服此稳定力矩，驾驶人须在转向盘上施加较大的力（即所谓转向盘沉重）。

2. 主销内倾角 β

在汽车的横向平面内（汽车的前后方向），若主销上部向内倾斜一个角度，这个主销轴线与垂线之间的夹角 β 称为主销内倾角；车辆向左或向右转向时，车轮会围绕主销轴线转动，该轴线称为转向轴线。在减振器上支承轴承和下悬架臂球节之间，画一条假象直线，该直线也是转向轴线。

主销内倾角有使车轮自动回正的作用，如图 3-5-2(b) 所示。当转向车轮在外力作用下由中间位置偏一个角度时，车轮的最低点将陷入路面以下 h 处，但实际上车轮边缘不可能陷入路面以下，而是将转向轮连同整个汽车前部向上抬起一个相应的高度 h。这样汽车本身的重力有使转向轮回复到原来中间位置的效应，即能自动回正。主销内倾角愈大或转向轮偏转角越大，汽车前部就被抬起得越高，转向轮自动回正的作用就越大。

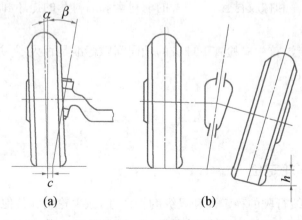

(a)　　　　　　(b)

图 3-5-2 主销内倾角

主销内倾角的另一个作用是使转向轻便,如图 3 - 5 - 2(a)所示。由于主销的内倾使得主销轴线与路面的交点到车轮中心平面与地面交线的距离 c 减小,转向时路面作用在转向轮上的阻力矩减小(力臂 c 减小),从而可降低转向时驾驶人加在转向盘上的力使转向操作轻便,同时也可以减小因路面不平而从转向轮传到方向盘上的冲击力。但 c 值也不宜过小,即内倾角不宜过大,否则在转向时,车轮绕主销偏转的过程中,轮胎与路面间将产生较大的滑动,从而增加轮胎与路面的摩擦阻力,这不仅使转向变得很沉重,而且加速了轮胎的磨损。故一般内倾角 β 不大于 8°,距离 c 一般为 40 mm～60 mm。但在一些发动机前置前轮驱动的轿车上,为了使汽车具有良好的行驶稳定性,其主销内倾角均较大,如奥迪 100 型轿车为 14.2°,天津夏利 TJ7100 型轿车为 12°±30′。

主销内倾角通过前梁的设计来保证,由机械加工来实现。加工时将前梁两端的主销轴线上端内倾斜就形成了内倾角。

悬架类型不同,转向轴线结构有可能不同。对于非独立悬架,车桥每端都装有一个主销,转向主销轴线就相当于其他类型悬架中的转向轴线。在独立悬架中,上球节与下球节之间的连线便构成了转向轴线。

3. 前轮外倾角 α

从汽车前后方向看车轮,轮胎并非垂直安装,而是稍微倾斜。在汽车的横向平面内,前轮中心平面向外倾斜一个角度 α,该角度称为前轮外倾角,如图 3 - 5 - 3 所示。

轮胎呈八字形张开时称为负外倾,呈 V 字形张开时称为正外倾。前轮外倾角具有提高转向操纵轻便性和车轮工作安全性的作用。如果空车时车轮的安装正好垂直于路面,则满载时车桥将因承载变形而可能出现车轮内倾,这样将加速汽车轮胎的偏磨损。另外,路面对车轮的垂直反作用力沿轮毂的轴向分力将使轮毂压向轮毂外端的小轴承,加重了外端小轴承及轮毂紧固螺母的负荷,降低它们的使用寿命,严重时会损坏外端的锁紧螺母而使车轮松脱,造成交通事故。因此,为了使轮胎磨损均匀和减轻轮毂外轴承的负荷,安装车轮时应预先使其有一定的外倾角,以防止车轮内倾。外倾角也不宜过大,否则也会使轮胎产生偏磨损。

随着汽车装用的扁平子午线轮胎不断普及,并由于子午线轮胎的特性(轮胎花纹刚性大、胎体比较软、外胎面宽),若设定较大外倾角会使轮胎偏磨,缩短轮胎的使用寿命。为改善前桥

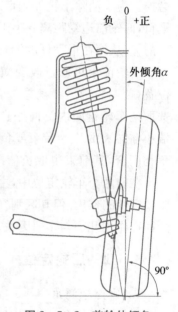

图 3 - 5 - 3　前轮外倾角

的稳定性,早期汽车的车轮采用正外倾角,防止在中间高于两边的路面上行驶时轮胎不均匀磨损。在现代汽车中,由于悬架和车桥比过去的坚固,加之路面平坦,所以采用正外倾角的必要性少了。于是,在车轮调整上倾向于采用接近于零的外倾角。某些车辆甚至采用负外倾角以改善转向性能,这样在汽车转向时可避免车身过分倾斜。

4. 前轮前束

俯视车轮,汽车的两个前轮的旋转平面并不完全平行,而是稍微带一些角度,这种现象

称为前轮前束。在通过两前轮中心的水平面内，两前轮的前边缘距离 b 小于两前轮后边缘距离 a，a 与 b 之差称为前轮前束，如图 3-5-4 所示。

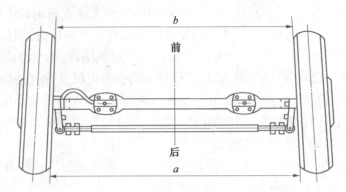

图 3-5-4　车轮前束

前轮前束的作用是为了消除由车轮外倾而引起的前轮"滚锥效应"，即车轮有了外倾角后，在滚动时就类似于圆锥滚动，从而导致两侧车轮向外滚开。由于转向横拉杆和车桥的约束使车轮不可能向外滚开，车轮将在地面上出现边滚边向内滑移的现象，从而增加了轮胎的磨损。为了消除车轮外倾带来的这种不良后果，在安装车轮时使汽车两前轮的中心平面不平行，两轮前边缘距离 b 小于后边缘距离 a，这样可使车轮在每一瞬时滚动方向接近于向着正前方，从而在很大程度上减轻和消除了由于前轮外倾而产生的不良后果。

前轮前束可通过改变横拉杆的长度来调整。调整时，可根据个生产厂所规定的测量位置，使两轮前后距离差符合规定的前束值。测量位置通常在两轮胎中心平面处，也可以选取两车轮钢圈内侧面处。像内八字一样前端小后端大的称为前束，而像外八字一样后端小前端大的称为后束或负前束。一般前束值为 0 mm～12 mm，有时汽车为与前轮外倾角相配合，其前束也取负值即负前束（如上海桑塔纳轿车前束为 -1 mm～3 mm）。

在前两个车轮定位中，主销后倾和主销内倾都具有使车轮自动回正及保证汽车直线行驶稳定性的作用，但其区别在于主销后倾角的回正作用随着车速的增高而增大，而主销内倾的回正作用几乎与车速无关。

3.5.2　后轮定位

1. 后轮外倾角

像前轮外倾角一样，后轮外倾角也对轮胎磨损和操纵性有影响。汽车行驶理想状态是四个车轮的运动外倾角均为零，这样轮胎和路面接触良好，从而可得到最佳的牵引性能和操纵性能。

车轮外倾角不是静态不变的，它随悬架的上下移动而变化。车辆加载后悬架下沉就会引起车轮外倾角的改变。

为了对载荷进行补偿，采用独立后悬架的大多数车辆常有一个较小的正后轮外倾角。滑柱筒破坏或错位、滑柱弯曲、上控制臂衬套破坏、上控制臂弯曲、弹簧压缩或悬架过载都会使后轮外倾角产生变成负外倾角的趋势，转向节弯曲、下控制臂弯曲会使后轮外倾角过大。后轮驱动的车辆在转矩过大、严重超载或道路损坏的情况下,即使是刚性的后桥壳也会变弯。

2. 后轮前束

如同前轮前束一样,后轮前束也是后轮定位的一个重要项目。如果前束不当,后轮轮胎也会被擦伤,另外还会引起转向不稳定及制动效能降低等不良后果(对于防抱死制动系,切记此点)。像后轮外倾角一样,后轮前束也不是一个静态量,悬架摇动和反弹时,它都会变化。滚动阻力和发动机转矩对它也有影响。

对于前轮驱动的车辆,前驱动轮宜前束,后从动轮宜负前束;后轮驱动的车辆则相反,前轮宜负前束,独立悬架的后驱动轮应尽可能为前束。

如果后轮前束不符合技术要求,就会增加轮胎的磨损并影响转向稳定性,其影响程度与前轮前束的影响程度相同。前束测量值在规定范围内,并不意味着车轮定位一定正确,尤其对后轮前束测量值来说更是如此。如果一侧后轮前端向内偏斜量与另一侧后轮前端向外偏斜量相等,那么即使前束值在规定的范围内,但由于后轮与车辆纵轴线不平行,车辆还会跑偏。

3.5.3 转向桥及车轮定位的检查与调整

转向桥直接关系到汽车行驶的稳定性和安全性,在长期的运行中转向桥因承受路面传来的各种力和力矩以及冲击载荷,转向桥的各零件会发生各种损耗,如磨损、变形、裂纹和车轮定位参数改变等。这些都会影响汽车的正常运行,使汽车在行驶中发生不同程度的转向沉重、方向不稳、行驶跑偏、前轮摇摆等故障,增加了驾驶人的劳动强度,甚至影响到行驶安全性。

1. 转向节、前轴的检查与调整

检视转向节轴端螺纹与螺母的配合情况,同时应检查转向节有无损伤或裂纹。检查裂纹时最好使用电磁或超声波探伤仪,无该设备时可采用铜锤敲击法进行检查。

检查转向节主销与衬套的配合间隙。该间隙一般不能超过 0.15 mm～0.20 mm。一般不解体的检查方法为先将车轮顶起,在前轴上夹持一个百分表,使其触针水平抵住制动底板下部,将百分表调到零位;然后,放下被顶起的车轮,使其着地。此时百分表中读数的一半就是转向节主销与衬套的配合间隙值。

转向节与前轴的轴向间隙可通过在转向节与前轴间增减调整垫片的方法进行调整。前轴变形的检验可用试棒和角尺法、拉索法等进行检查。

2. 前轮最大转向角的检查和调整

将前轮转向角调到最大是为了获得最小转弯半径,以保证汽车具有良好的通过性能。最大转向角如表 3-5-1 所示。在没有仪器的情况下,可用简易的方法进行前轮最大转向角检查。

(1) 检查方法

首先,将前桥顶起,使前轮处于直线位置。接着,在左右轮胎下面垫一块木板和白纸(固定在板上),将木尺紧靠轮胎外边缘,用铅笔在纸上划出车轮平行的直线,再把转向盘向右转到底划出第二条线,然后用量角器测量出右转向角。用同样的方法检查左轮的左转向角。

（2）调整方法

经测量转向角不符合规定时,可旋出或旋入转向节上的转向角限位螺栓,或转动转向节壳上的一个调整螺栓进行调整。调整完毕后,必须旋紧锁紧螺母。最简易的转向角调整方法是将转向盘向左或向右转到底,使前轮胎不与翼子板、钢板、直拉杆等机件碰擦,并有 8 mm～10 mm 的距离。各种车辆不同的转向角都是在既能保证转向的灵活性,又能保证轮胎不与其他机件碰擦的前提下予以规定的。

3. 前轮轮毂轴承的调整

车轮应能灵活地在轮毂轴承上旋转而无卡滞,轴向旷动量不能过大或过小。轴向旷动量过大,是由车轮轮毂轴承间隙过大或转向节衬套磨损产生的;轴向旷动量过小,使车轮旋转卡滞发热。检查时,应先调整车轮轮毂轴承间隙。

用千斤顶将车轮顶起,拆去前轮毂盖,扳开锁片,拧下锁止螺母,取下锁片与锁止垫圈。如东风 EQ1091 型汽车用 147 N·m～196 N·m 的力矩拧紧调整螺母,同时向前后两方向转动车轮,使轴承的圆锥形滚柱正确地坐于轴承圈的锥面上;然后,反方向旋松调整螺母约 1～2 个锁紧垫片的孔位,使调整螺母上的止动销与销环上的邻近孔相重合;再装上锁紧垫圈与锁紧螺母;按与拆卸相反的顺序装复零件,拧紧并用锁片锁住螺母。汽车行驶一段路程后,用手触试前轮毂,如有过热现象,需要重新调整前轮轮毂轴承的松紧度。

4. 前束的检查与调整

汽车车轮(转向轮)定位包括前束、车轮外倾、主销内倾和主销后倾四个参数,一些车型的车轮定位参数如表 3－5－1 所示。

表 3－5－1　汽车车轮定位参数

型号	主销后倾	主销内倾	车轮外倾	车轮前束	最大转向角
解放 CA1090	1°30′	8°	1°	2 mm～4 mm	左 1°
东风 EQ1090E	2°30′	6°	1°	1 mm～5 mm	右 30°30′
红旗 CA7220	−0°30′±30′	14.16°	1.16°	0°±5′	
普通桑塔纳	−30′±30′	14°12′	前轮−30′±20′ 后轮−1°40′±20′	前轮5′±5′ 后轮25′±15′	
桑塔纳 2000	−0°30′±30′	14°12′	前轮−40′±30′ 后轮−1°40′±20′	前轮−10′±5′ 后轮25′±15′	
捷达前卫	1°30′±30′		前轮−30′±20′ 后轮−1°30′±10′	前轮0°+10′ 后轮−1°30′±10′	
富康	1°30′±30′	10°45′±40′	0°30′±20′	空载−2 mm～0 mm 满载−3 mm～1 mm	外 31°40′ 内 38°50′
夏利	2°55′	12°	前轮0°30′ 后轮−40′	前轮0 mm～2 mm 后轮4 mm～8 mm	

（续表）

型号	主销后倾	主销内倾	车轮外倾	车轮前束	最大转向角
依维柯	$30°\pm30'$	$6°30'$	$1°$	1 mm～3 mm	外 36°内 43°
切诺基	$6°$		$0°$	0 mm	外 33°
丰田皇冠	$-45°\pm45'$	$7°20'$	空载 $25'\pm30'$ 满载 $30'\pm30'$	4 mm$\pm$1 mm	
本田雅阁	$3°\pm1°$		前轮 $0°\pm1°$ 后轮 $-0°25'\pm30'$	0 mm$\pm$3 mm	内 $39°\pm2°$ 外 30°

　　车轮定位的技术状态是否良好直接影响汽车的行驶稳定性及有关零件,特别是轮胎的磨损状况,甚至造成行车事故。有试验表明车轮定位不仅对汽车行驶稳定性及轮胎磨损有较大影响,还对汽车的油耗有很大影响。因此,必须对车轮定位参数进行定期检查以便及时调整。

　　（1）前束测量方法

　　将被测汽车停置在平坦场地上,并使左右转向车轮位于直驶位置。用千斤顶支起转向桥,用粉笔涂敷胎冠表面,转动车轮用金属划针画出胎冠中心线。放松千斤顶,使转向车轮着地（此时左右转向车轮仍应保持直驶位置）。

　　将指针式前束尺置于被测量车轮的前方,尺杆与车桥平行,调整两指针使尖端距离地面垂直高度等于被测车轮的半径值,并使两指针分别指正被测车轮的胎冠中心线处,调整前束尺的刻度使之对准零位。将前束尺移至被测车轮的后方,调整前束尺长度,使两指针分别指向车轮的胎冠中心线,此时,标尺上的读数即为被测车轮的前束值。前束值不大的车型的车轮前束均为 2 mm～4 mm,这样小的数值都是应用精度高的仪器来测定,并规定统一的测量部位。

　　（2）前束的调整方法

　　调整时汽车应停在平整场地上,顶起前轴,使车轮处于直线行驶位置。松开横拉杆上的卡箍螺栓,用管钳转动横拉杆以改变横拉杆的长度即可调出所需的前束数值。调整时可在左右轮胎的胎面的花纹中心线处做"十"字记号,在前轴正前方测得 b 值,然后将记号转到正后方测得 a 值,前束即为 a 和 b 两数差值。调整好后,将卡箍螺栓拧紧。

扫一扫可见本章小结和复习参考题

扫一扫可见
本章操作视频

第 **4** 章

汽车转向系的构造
与检修

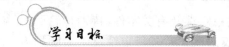

学习目标

【知识目标】

（1）了解汽车转向系的功用及类型，掌握转向系的角传动比、转弯半径等参数的意义。

（2）熟悉汽车机械转向系的组成，掌握各类转向器的构造和工作原理，掌握转向操纵机构和传动机构的构造。

（3）熟悉液压动力转向系统的组成和工作原理，掌握动力转向器的构造和工作原理。

（4）熟悉电控动力转向系统的组成、结构和工作原理，掌握常见的检修方法。

【能力目标】

（1）能对照汽车底盘叙述汽车转向系的功用、组成，各总成的安装位置及布置形式。

（2）能叙述转向器的组成、功用和装配关系，正确拆卸、检查、装配和调整转向器。

（3）能对汽车转向系进行正确维护和检查调整。

§4.1 汽车转向系概述

4.1.1 转向系的功用及类型

当汽车需要改变行驶方向时，驾驶人必须利用一套机构使转向轮绕主销轴线偏转一定角度，直到新的行驶方向符合驾驶人的要求时，再将转向轮恢复到直线行驶位置；当汽车直线行驶时，往往转向轮也会受到路面侧向干扰力的作用，自动偏转而改变行驶方向，此时，驾驶人需要使转向轮向反方向偏转，从而使汽车恢复原来的行驶方向。这一套用来改变或恢复汽车行驶方向的专设机构称为汽车转向系统。

转向系统是汽车底盘的重要组成部分，其性能的好坏直接影响到汽车的操纵稳定性，对确保车辆的安全行驶、减少交通事故以及保护驾驶人的人身安全、改善驾驶人的工作条件起着重要的作用。

1. 转向系的功用

保证汽车按照驾驶人的需要改变行驶方向,而且还可以克服路面侧向干扰力使车轮自行产生的转向,恢复汽车原来的行驶方向。

2. 转向系的类型

根据转向能源的不同,汽车转向系可以分为机械转向系和动力转向系两大类型。

(1) 机械转向系

1885 年,德国工程师、"汽车之父"卡尔·本茨制成了世界上第一辆三轮车,该车就采用了机械式转向系。机械转向系又称为人力转向系,它以驾驶人的体力作为转向能源,其所有传力件都是机械件,广泛应用于早期汽车以及现代的简易车辆上。

经历了 100 多年的发展,结构上的创新使得现在的机械转向系统更稳定、更易操作、更安全。

(2) 动力转向系

机械转向系统虽然具有工作可靠、结构简单、制造成本低的优点,但在操作大型车辆时,往往会操作不灵敏,使人感到疲劳。

为了追求更加轻便的操作方式,目前普遍采用了动力转向系。动力转向系是兼用驾驶人体力和发动机动力作为转向能源的转向系,是在机械转向系的基础上加设一套转向加力装置而构成的,如图 4-1-1 所示。

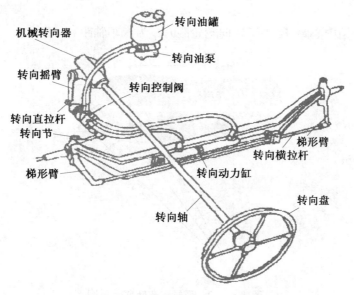

图 4-1-1 动力转向系示意图

采用动力转向系的汽车,正常转向时,驾驶人操纵机械转向系一方面提供转向所需的小部分能量,另一方面带动转向加力器工作,由发动机通过转向加力器提供转向所需的大部分能量。在转向加力器失效时,一般还能由驾驶人独立承担汽车转向任务。

近年来,电子技术和电气技术的应用使得转向系统发生了革命性的变化,先后出现了电动液压助力转向系统、电动助力转向系统和线控转向系统等先进的转向技术。最早采用的动力转向系统形式是液压助力转向系统。

4.1.2 转向系参数及转向特性

1. 转向系参数

（1）角传动比

转向盘的转角与安装在转向盘同侧的转向轮偏转角的比值称为转向系角传动比，用 i_w 表示。转向盘转角和转向摇臂摆角之比 i_1 称为转向器角传动比，转向摇臂摆角与同侧转向节带动的转向轮偏转角之比 i_2 称为转向传动机构角传动比，显然 $i_w = i_1 i_2$。i_w 越大，转向操纵越轻便，但操纵灵敏性越差，所以 i_w 不能过大。

（2）转弯半径

汽车转向时，内侧车轮和外侧车轮滚过的距离是不等的。对于一般汽车而言，后桥左右两侧的驱动轮由于差速器的作用，能够以不同的转速滚过不同的距离。但前桥左右两侧的转向轮要滚过不同的距离，必然要引起车轮沿路面边滚动边滑动，致使转向时的行驶阻力增大，轮胎磨损增加。为避免这种现象，要求汽车转向系的设计能保证转向时所有车轮均做纯滚动。显然，这只有在转向时，所有车轮的轴线都交于一点方能实现。此交点 O 称为汽车的转向中心，如图 4-1-2 所示。由图可知，汽车转向时内侧转向轮偏转角 β 大于外侧转向轮偏转角 α。α 与 β 的关系是：

$$\cot\alpha = \cot\beta + \frac{B}{L}$$

式中，b 为两侧主销中心距（略小于转向轮轮距），L 为汽车轴距。

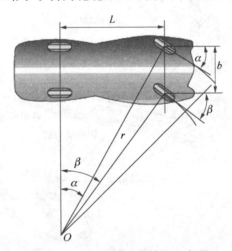

图 4-1-2　两轴汽车转向示意图

这一关系是由转向梯形保证的，故上式也称为转向梯形理论特性关系式。实际上，所有汽车转向梯形的设计都只能保证在一定的车轮偏转角范围内，使两侧车轮偏转角大体上接近以上关系式。

从转向中心 O 到外侧转向轮与地面接触点的距离 r 称为汽车转弯半径。转弯半径 r 越小，则汽车转向所需场地就越小，汽车的机动性也越好。从图 4-1-2 可以看出，当外侧转向轮偏转角达到最大值 α_{max} 时，转弯半径 r 最小。汽车内侧转向轮的最大偏转角一般在

35°～42°之间,汽车的最小转弯半径一般约为 5 m～12 m。

三轴或四轴的汽车转向时,其转向情况与两轴汽车的类似。

2. 转向特性

汽车的稳态转向特性分成三种类型:不足转向、中性转向和过多转向。在圆周行驶时,驾驶人使转向盘保持一个固定的转角,令汽车以不同固定车速行驶,若行驶车速高时,汽车的转向半径 r 增大,这种汽车具有不足转向的特性。若汽车的转向半径 r 不变,这种汽车具有中性转向的特性。若转向半径愈来愈小,则汽车具有过多转向的特性。只有具有适度不足转向的汽车,才有良好的操纵稳定性。汽车不能具有过多转向特性,具有中性转向特性的汽车也不好,因为汽车本身或外界使用条件出现某些变化时,中性转向特性的汽车通常会转变为过多转向特性而失去稳定。人们已经习惯于驾驶具有不足转向特性的汽车,知道如何通过转向机构使汽车按照期望的路径行驶,因此除了特殊的赛车,一般都将汽车设计成具有轻微的不足转向特性。

4.1.3　转向系的组成

机械转向系统由转向操纵机构、转向器和转向传动机构三部分组成,如图 4 - 1 - 3 所示。

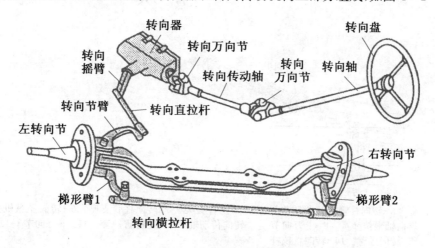

图 4 - 1 - 3　机械转向系统的组成

1. 转向操纵机构

汽车转向时,驾驶人转动转向盘,通过转向轴、万向节和转向传动轴,将转向力矩输入转向器。从转向盘到转向传动轴这一系列部件即属于转向操纵机构。

2. 转向器

转向器是一个减速增矩机构,通常有 1～2 级啮合传动副。

3. 转向传动机构

经转向器减速后和放大的力矩通过转向直拉杆传给固定于左转向节上的转向节臂,使左转向节及装于其上的左转向轮绕主销偏转。左、右梯形臂的一端分别固定在左、右转向节上,另一端则与转向横拉杆做球铰链连接。当左转向节偏转时,经梯形臂、横拉杆和梯形臂的传递,右转向节及装于其上的右转向轮随之绕主销同向偏转相应的角度。转向摇臂、转向直拉杆、转向节臂、梯形臂和转向横拉杆总称为转向传动机构。

§4.2 机械转向系的构造与检修

4.2.1 转向操纵机构

1. 转向操纵机构的基本组成

东风 EQ1090E 型汽车转向操纵机构如图 4-2-1 所示,由转向盘、转向柱管、万向节及转向传动轴等组成,主要作用是操纵转向器和转向传动机构,使转向轮偏转。

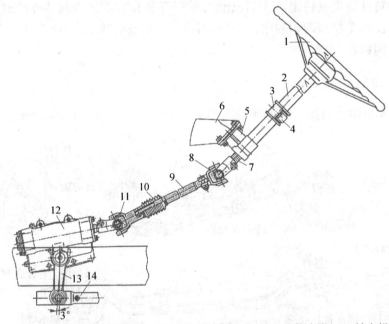

1-转向盘　2-转向柱管　3-橡胶垫　4-转向柱管支架　5-转向柱管支座　6-转向操纵机构支架　7-转向轴限位弹簧　8-上万向节　9-转向传动轴　10-花键防护套　11-下万向节　12-转向器　13-转向摇臂　14-转向直拉杆

图 4-2-1　东风 EQ1090E 型汽车转向操纵机构

转向柱管中部用橡胶垫和半圆形转向柱管支架固定在驾驶室前围板上,下端插入铸铁转向柱管支座的孔中。转向柱管支座固定在转向操纵机构支架上。转向轴穿过转向柱管,其下端支承在转向柱管支座中的圆锥滚子轴承上,上部则通过衬套支承在转向柱管的内壁上,其上端用螺母与转向盘相连接。

当汽车发生碰撞时,从安全性考虑,不仅要求转向盘应具有柔软的外表,可起缓冲作用,而且还要求转向盘在撞车时,其骨架能产生变形,吸收冲击能量,减轻驾驶人受伤的程度。

转向盘上装有电喇叭按钮,有些轿车的转向盘上还装有车速控制开关和安全气囊装置等。转向轴通过万向传动装置与转向器中的转向蜗杆相连。下万向节与转向传动轴用滑动花键相连接。

为了保证驾驶人的安全,同时也为了更加舒适、可靠地操纵转向系,现代汽车(特别是轿车)通常在转向操纵机构上增设相应的安全和调节装置。这些装置主要反映在转向轴和转向柱管的结构上。通常情况下,转向轴和转向柱管统称为转向柱。

2. 安全式转向柱

近年来,由于汽车车速的提高,许多国家都制定了严格的安全法规。对于轿车,除了要求装有吸能式转向盘外,还要求转向柱管必须装备能够缓和冲击的吸能装置。

设置能量吸收装置的转向柱被称为安全式转向柱,也被称为可溃缩式转向柱。安全式转向柱有多种结构形式,如网格状转向柱管、波纹管式转向柱管、钢球式转向柱管等。其基本原理是当汽车紧急制动或发生撞车事故时,转向轴产生轴向位移,使支架或某些支承件产生塑性变形,从而吸收冲击能量,减轻或防止冲击对驾驶人的伤害。

钢球连接的分开式转向柱如图 4-2-2 所示,其转向轴分为上转向轴和套在轴上的下转向轴两部分,二者用塑料销钉连成一体。转向柱管也分为上柱管和下柱管两部分,上、下柱管之间装有钢球,下柱管的外径与上柱管的内径之间的间隙比钢球直径稍小。上、下柱管连同柱管托架通过特制橡胶垫固定在车身上,橡胶垫则利用塑料销钉与托架连接。

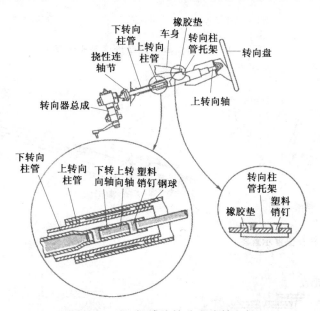

图 4-2-2　钢球连接分开式转向柱

当汽车发生碰撞时,转向器总成对转向柱施加轴向冲击力,即第一次冲击,将连接上、下转向轴的塑料销钉切断,下转向轴便套在上转向轴上向上滑动。在这一过程中,上转向轴和上柱管的空间位置没有因冲击而上移,故可使驾驶人免受伤害。如果驾驶人的身体因惯性撞向转向盘,即第二次冲击,则连接橡胶垫与柱管托架的塑料销钉被切断,托架脱离橡胶垫,即上转向轴和上转向柱管连同转向盘、托架一起,相对于下转向轴和下转向柱管向下滑动,从而减缓了对驾驶人胸部的冲击。在上述两次冲击过程中,上、下转向柱管之间均产生相对滑动。因为钢球的直径稍大于上、下柱管之间的间隙,所以滑动中带有对钢球的挤压,冲击能量就在这种边滑动边挤压的过程中被吸收。日本丰田汽车的一些车型就采用这种装置。

3. 可调节式转向柱

驾驶人不同的驾驶姿势和身材对转向盘的最佳操纵位置有不同的要求,而且转向盘的位置往往会影响驾驶人进出汽车的方便性。为此,一些汽车装设了可调节式转向柱,使驾驶人可以在一定的范围内调节转向盘的位置。调节的形式分为倾斜角度调节和轴向位置调节两种。转向盘倾斜角度调节如图4-2-3所示,轴向伸缩式转向柱如图4-2-4所示。

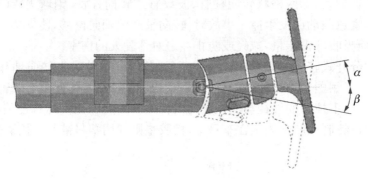

图4-2-3 转向盘倾斜角度调节示意图

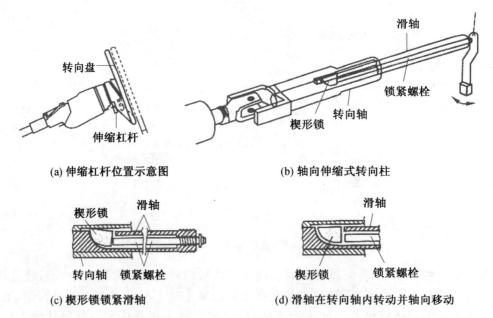

(a) 伸缩杠杆位置示意图   (b) 轴向伸缩式转向柱

(c) 楔形锁锁紧滑轴   (d) 滑轴在转向轴内转动并轴向移动

图4-2-4 伸缩式转向柱

若需要轴向调整转向盘的位置,驾驶人可顺时针方向转动伸缩杠杆。此时伸缩杠杆带动锁紧螺栓向外端移动,将螺栓内端的楔形锁松开,使滑轴能够在转向轴内转动并轴向移动。转向盘位置调好后再利用伸缩杠杆锁定。

4.2.2 转向器

转向器总成是汽车转向系中的重要安全部件,其质量好坏对汽车直线行驶的稳定性和操纵稳定性都有直接影响。

1. 转向器的功用

转向器是转向系统中减速增力的传动装置,其功用为增大由转向盘传到转向节的力;同时,改变力的传递方向,将转向盘的转矩变为转向摇臂的前后摆动。

根据转向器的功用,需要转向器转向灵敏,故转向器的减速比不可太大,一般轿车转向器的减速比为 12~21。转向器还需要有较高的传动效率,能增大由转向盘传到转向节的力并改变力的传递方向,获得所要求的摆动速度和角度。转向器还必须具有一定的可逆性,即从转向轮自动回正和传递适当路感这两个因素综合考虑。

2. 转向器的传动效率

转向器的输出功率与输入功率之比称为转向器的传动效率。当功率由从转向盘输入,从转向摇臂输出时,所求得的传动效率称为正效率;反之则称为逆效率。

为了减轻驾驶人操纵转向盘的体力消耗,应尽量提高转向器的传动效率,特别是正效率。逆效率高,则路面传到转向传动机构的反力很容易传到转向轴和转向盘上,利于汽车转向结束后转向轮和转向盘的自动回正,但也会将坏路面对车轮的冲击力传到转向盘,发生"打手"情况。

3. 转向盘自由行程

在整个转向系中,各传动件之间都必然存在着装配间隙,而且这些间隙将随着零件的磨损而增大。因此,当驾驶人转动转向盘时,转向节并不能随之产生同步转动,而是在消除这些间隙并克服机件的弹性变形后,才做相应的转动。转向盘为消除间隙、克服弹性变形所空转过的角度称为转向盘自由行程。

一定的转向盘自由行程对缓和路面冲击、避免驾驶人过度紧张是有利的,但如果转向盘自由行程过大,就会影响其转向灵敏性。一般说来,转向盘从相对于汽车直线行驶的中间位置向任一方向的自由行程最好不超过 $10°\sim15°$,当零件磨损严重到使转向盘自由行程超过 $25°\sim30°$ 时,则必须进行调整。一般可以通过调整转向器传动副的啮合间隙来调整转向盘自由行程。

4. 转向器的类型

汽车转向器的结构很多,通常按照转向器中啮合传动副的结构形式分类。目前,应用较广泛的转向器主要有蜗杆曲柄指销式、循环球式、齿轮齿条式等几种。由于齿轮齿条式转向器的种种优点,其在小型车上(包括小客车、小型货车或客货两用车)得到广泛应用;而大型车辆则主要采用循环球式转向器。

(1) 蜗杆曲柄指销式转向器

蜗杆曲柄指销式转向器通常用于转向力较大的载货汽车上,例如东风 EQ1090E 型汽车等。东风 EQ1090E 型汽车的蜗杆曲柄双销式转向器如图 4-2-5 所示,它主要由转向器壳体、转向蜗杆、转向摇臂、指销等组成。

转向器壳体固定在车架的转向器支架上。壳体内装有传动副,其主动件是转向蜗杆,从动件是装在摇臂轴曲柄端部的指销。具有梯形截面螺纹的转向蜗杆支承在转向器壳体两端的两个推力角接触球轴承上。转向器下盖装有调整螺塞,用以调整推力角接触球轴承的预紧度,调整后用螺母锁上。

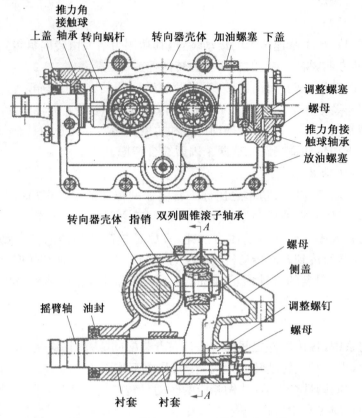

图 4-2-5 东风 EQ1090E 型汽车转向器

蜗杆与两个锥形的指销相啮合,构成传动副。两个指销均用双列圆锥滚子轴承支承在曲柄上,其中靠近指销头部的一列轴承无内圈,滚子直接与指销轴颈接触,该段指销轴颈的直径可以做大些,以保证其有足够的强度。装在滚动轴承上的指销可绕自身轴线旋转,以减轻蜗杆与指销啮合传动时的磨损,提高传动效率。螺母用来调整轴承的预紧度,以使指销能自由转动而无明显轴向间隙为宜,调整后用销片(图中未示出)将螺母锁住。

安装指销和双排圆锥滚子轴承的曲柄制成叉形,与摇臂轴制成一体。摇臂轴用粉末冶金衬套支承在壳体中。转向器侧盖上装有调整螺钉,旋入螺钉可改变摇臂轴的轴向位置,以调整指销与蜗杆的啮合间隙,从而调整转向盘自由行程,调整后用螺母锁紧。摇臂轴伸出壳体的一端通过花键与转向摇臂连接。

汽车转向时,驾驶人通过转向盘带动转向蜗杆(主动件)转动,与其相啮合的指销(从动件)一边自转,一边以曲柄为半径绕摇臂轴轴线在蜗杆的螺纹槽内做圆弧运动,从而带动曲柄及转向摇臂摆动,实现汽车转向。

蜗杆曲柄指销式转向器传动副中的指销,可以如上述有两个,也可以只有一个。单销式与双销式在结构上基本一样。与双销式相比,单销式的结构较简单,但转向摇臂的摆角不大,一般总摆角只有 80°,而双销式的则可达 120°左右。因为当摇臂轴转角很大时,双销式中的一个指销虽已与蜗杆脱离啮合,但另一个指销仍保持啮合。此外,当摇臂轴转角不大时,双销式的两个指销均与蜗杆啮合,每个指销所承受的载荷比单销式指销的载荷小,故双销式的指销比单销式的指销磨损小、寿命长。

（2）齿轮齿条式转向器

齿轮齿条式转向器在1885年首次被应用在汽车上，是现代汽车转向器的鼻祖。

齿轮齿条式转向器结构简单，可靠性好；转向机构几乎完全封闭，维修工作量少，便于独立悬架的布置；转向齿轮啮合无需中间传动，因此操纵的灵敏性很好。此外，转向齿条的节距由齿条端头起至齿条中心逐渐由大变小，转向齿轮与转向齿条的啮合深度逐渐变大。在转向盘转动量相同的条件下，在靠近齿条端头的齿条移动距离要比靠近齿条中心部位的稍短些，从而使转向力微小变化。转向器的这种传动比称为"可变传动比"，这使得转向器转矩传递性能好，而且转向非常轻便，因此，轿车已经广泛采用可变传动比的齿轮齿条式转向器。

齿轮齿条式转向器如图4-2-6所示。它主要由转向器壳体、转向齿轮、转向齿条等组成，转向器通过转向器壳体的两端用螺栓固定在车身（车架）上。

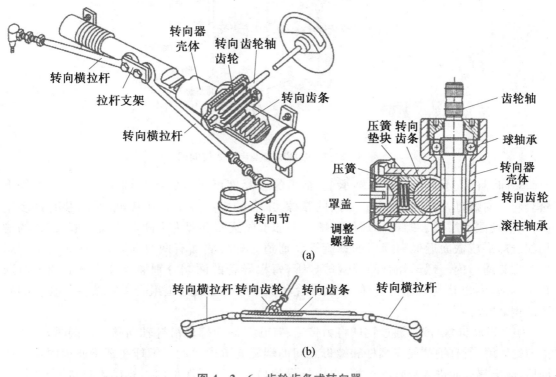

图4-2-6　齿轮齿条式转向器

齿轮轴通过球轴承、滚柱轴承垂直安装在壳体中，其上端通过花键与转向轴上的万向节（图中未画出）相连，其下部是与轴制成一体的转向齿轮。转向齿轮是转向器的主动件，与它相啮合的从动件转向齿条水平布置，齿条背面装有压簧垫块。在压簧的作用下，压簧垫块将齿条压靠在齿轮上，保证二者无间隙啮合。调整螺塞可调整压簧的预紧力。压簧不仅起消除啮合间隙的作用，还是一个弹性支承，可以吸收部分振动能量、缓和冲击。

转向齿条的中部通过拉杆支架与左、右转向横拉杆连接。转动转向盘时，转向齿轮转动，与之相啮合的转向齿条沿轴向移动，从而使左、右转向横拉杆带动转向节转动，使转向轮偏转,实现汽车转向。

（3）循环球式转向器

循环球式转向器是目前国内外汽车应用较为广泛的一种转向器。与其他形式的转向器相比,循环球式转向器在结构上的主要特点是有两级传动副。

解放 CA1092 型汽车的循环球齿条齿扇式转向器如图 4-2-7 所示。第一级传动副是转向螺杆-转向螺母;螺母的下平面加工成齿条,与摇臂轴内侧的齿扇相啮合,构成齿条-齿扇第二级传动副。显然,转向螺母既是第一级传动副的从动件,也是第二级传动副的主动件。通过转向盘转动转向螺杆时,转向螺母不能随之转动,而只能沿杆轴向移动并驱使摇臂轴转动。

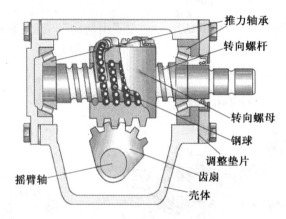

图 4-2-7　循环球齿条齿扇式转向器

转向螺杆支承在两个推力轴承上,轴承的预紧度可用调整垫片调整。在转向螺杆上松套着转向螺母,为了减少它们之间的摩擦,二者的螺纹并不直接接触,其间装有许多钢球,以实现滚动摩擦。螺杆和螺母的螺纹都加工成截面近似为半圆形的螺旋槽,二者的槽相配合即形成截面近似为圆形的螺旋管状通道。螺母侧面有两对通孔,可从此孔将钢球塞入螺旋通道内。螺母外有两根钢球导管,每根导管的两端分别插入螺母侧面的一对通孔中,导管内也装满钢球。这样,两根导管和螺母内的螺旋通道组合成两条各自独立的封闭的钢球"流道"。

当转动转向螺杆时,通过钢球将力传给转向螺母,使螺母沿杆轴向移动。同时,由于摩擦力的作用,所有钢球便在螺杆和螺母之间的螺旋通道内滚动。钢球在螺旋通道内绕行两周后,流出螺母而进入导管的一端,再由导管的另一端流回螺母内。故在转向器工作时,两列钢球只在各自的封闭流道内循环流动,而不会脱出。

循环球式转向器传动效率高（正效率最高可达 90%～95%）,故操纵轻便、转向结束后自动回正能力强、使用寿命长。但因其逆效率也很高,故容易将路面冲击传给转向盘而产生"打手"现象。不过,随着道路条件的改善,这个缺点并不明显。因此,循环球式转向器广泛用于各类各级汽车,例如解放 CA1092 型载货汽车、北京 BJ1041 轻型载货汽车等。

4.2.3 转向传动机构

转向传动机构的作用是将转向器输出的力和运动传给转向轮,使两侧转向轮偏转以实现汽车转向。根据所配用的悬架不同,转向传动机构分为与非独立悬架配用的转向传动机构和与独立悬架配用的转向传动机构两大类。

1. 与非独立悬架配用的转向传动机构

与非独立悬架配用的转向传动机构如图4-2-8所示。它一般由转向摇臂、转向直拉杆、转向节臂、两个梯形臂和转向横拉杆等组成。各杆件之间都采用球形铰链连接,并设有防止松脱、缓冲吸振、自动消除磨损后的间隙的结构设施。

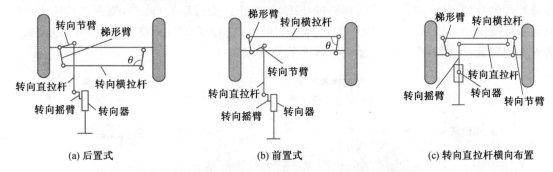

(a) 后置式　　　　　(b) 前置式　　　　　(c) 转向直拉杆横向布置

图4-2-8 与非独立悬架配用的转向传动机构示意图

当前桥仅为转向桥时,由左、右梯形臂和转向横拉杆组成的转向梯形一般布置在前桥之后(如图4-2-8(a)所示),称为后置式。这种布置简单方便,且后置的横拉杆有前面的车桥做保护,可避免直接与路面障碍物相碰撞而损坏。当发动机位置较低或前桥为转向驱动桥时,往往将转向梯形布置在前桥之前(如图4-2-8(b)所示),称为前置式。若转向摇臂不是在汽车纵向平面内前后摆动而是在与路面平行的平面内左右摆动,则可将转向直拉杆横向布置,并借球头销直接带动转向横拉杆,从而使左右梯形臂转动(如图4-2-8(c)所示)。

（1）转向摇臂

常见转向摇臂的结构如图4-2-9所示。其大端具有三角细花键锥形孔,用以与转向摇臂轴外端相连接,并用螺母固定;其小端带有球头销,以便与转向直拉杆做空间铰链连接。转向摇臂安装后从中间位置向两边摆动的角度应大致相等,故在把转向摇臂安装到摇臂轴上时,二者相应的角位置应正确。为此,常在摇臂大孔外端面上和摇臂轴的外端面上各刻有短线,或是在二者的花键部分上都少铣一个齿,作为装配标记。装配时应将标记对齐。

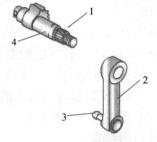

1-带锥度的三角形齿形花键　2-转向摇臂　3-球头销　4-摇臂轴

图4-2-9 转向摇臂

（2）转向直拉杆

解放 CA1092 型汽车的转向直拉杆如图 4-2-10 所示。直拉杆体由两端扩大了的钢管制成，在扩大的端部里装有由球头销、球头座、弹簧座、压缩弹簧和螺塞等组成的球铰链。球头销的锥形部分与转向摇臂连接，并用螺母固定，其球头部分的两侧与两个球头座配合。前球头座靠在端部螺塞上，后球头座在弹簧的作用下压靠在球头上，这样，两个球头座就将球头紧紧夹持住。为保证球头与座的润滑，可从油嘴注入润滑脂。拆装时供球头出入的直拉杆体上的孔口用有油封垫的护套封盖住，以防止润滑脂流出和污物侵入。

压缩弹簧能自动消除因球头与座磨损而产生的间隙，并可缓和由转向轮经转向节臂球头销传来的向前（图中为向左）的冲击。弹簧座的小端与球头座之间留有不大的间隙，作为弹簧缓冲的余地，并可限制缓冲时弹簧的压缩量（防止弹簧过载）。此外，当弹簧折断时此间隙可保证球头销不致从管孔中脱出。端部螺塞可以调整此间隙，调整间隙的同时也调整了前弹簧的预紧度，调好后用开口销固定螺塞的位置以防松动。

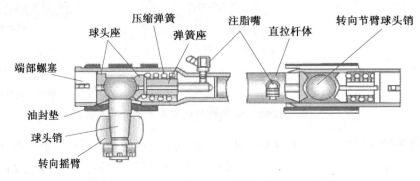

图 4-2-10　解放 CA1092 型汽车转向直拉杆

为了使转向直拉杆在受到向前或向后的冲击时，都有一个弹簧起缓冲作用，两端的压缩弹簧应装在各自球头销的同一侧。由球头销传来的向后的冲击由前压缩弹簧承受。当球头销受到向前的冲击时，冲击力依次经前球头座、前端部螺塞、直拉杆体和后端部螺塞传给后压缩弹簧。

（3）转向横拉杆

解放 CA1092 型汽车转向横拉杆如图 4-2-11(a) 所示。横拉杆体用钢管制成，其两端切有螺纹，一端为右旋，一端为左旋，与横拉杆接头旋装连接。接头的螺纹孔壁上开有轴向切口，故具有弹性，旋装到杆体上后可用螺栓夹紧。两端接头结构相同，如图 4-2-11(b) 所示。由于横拉杆体两端是正反螺纹，因此在旋松夹紧螺栓以后，转动横拉杆体即可改变转向横拉杆的总长度，从而调整转向轮前束。

在横拉杆两端的接头上都装有由球头销等零件组成的球形铰链，球头销的球头部分被夹在上、下球头座内。球头座用聚甲醛制成，有较好的耐磨性，球头座的形状如图 4-2-11(c) 所示。装配时上、下球头座凹凸部分互相嵌合。弹簧通过弹簧座压向球头座，以保证两球头座与球头的紧密接触，在球头和球头座磨损时能自动消除间隙，同时还起缓冲作用。弹簧的预紧力由螺塞调整。球铰上部有防尘罩，以防止尘土侵入。球头销的尾部锥形柱与转向梯形臂连接，并用螺母固定，用开口销锁紧。

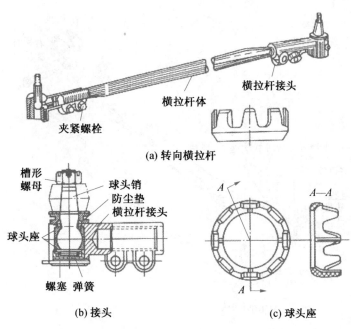

(a) 转向横拉杆

(b) 接头　　　　　　　　(c) 球头座

图 4－2－11　解放 CA1092 型汽车转向横拉杆

东风 EQ1090E 型汽车的转向横拉杆接头结构与解放 CA1092 型汽车的相似,如图 4－2－12所示,其上、下球头座是钢制的。此外,螺孔切口(在横拉杆体上,而不在接头上)两边没有供夹紧螺栓穿入的耳孔,螺栓通过冲压制成的卡箍夹紧在杆体上,从而简化了接头的结构和制造工艺。

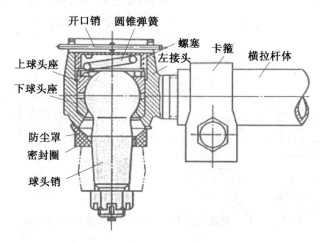

图 4－2－12　东风 EQ1090E 型汽车转向横拉杆接头

（4）转向节臂和梯形臂

解放 CA1092 型汽车的转向节臂和梯形臂如图 4－2－13所示。转向直拉杆通过转向节臂与转向节相连,转向横拉杆两端经左、右梯形臂与转向节相连。转向节臂和梯形臂带锥形柱的一端与转向节锥形孔相配合,用键防止螺母松动。臂的另一端带有锥形孔,与相应的拉杆球头销锥形柱相配合,同样用螺母紧固后插入开口销将螺母锁住。

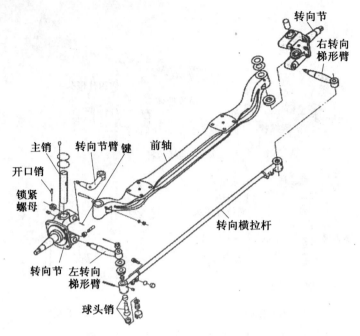

图 4-2-13　解放 CA1092 型汽车转向节臂和梯形臂

2. 与独立悬架配用的转向传动机构

当转向轮采用独立悬架时,由于每个转向轮都需要相对于车架(或车身)做独立运动,所以,转向桥必须是断开式的。与此相应,转向传动机构中的转向梯形也必须分成两段(如图4-2-14(a)所示)或三段(如图 4-2-14(b)所示),转向摇臂 1 在平行于路面的平面中左右摆动。

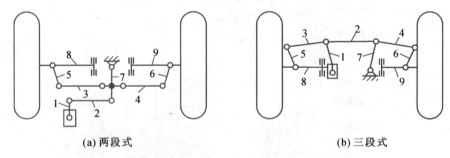

(a) 两段式　　　　　　　　　　　　　　(b) 三段式

图 4-2-14　与独立悬架配用的转向传动机构示意图

4.2.4　机械转向系的检修

1. 转向操纵机构的检修

(1) 转向盘自由行程的检查

汽车每行驶 12 000 km 左右,应检查转向盘的自由行程。检查方法是使汽车前轮处于直线行驶状态,用手向左、右侧轻轻转动转向盘,在转向盘外圆周上测量手感变重时(即轮胎开始转动)的自由行程。如该值在规定值之内,说明状况正常。桑塔纳轿车转向盘自由行程在转向盘边缘处测量,其值为 15 mm～20 mm。当自由行程过大时,说明齿条与转向齿轮啮合间隙偏大,或各连接处松旷,或齿轮磨损,应该检查转向器间隙、调整转向球头销等。

（2）转向盘转动阻力检查

转向盘转动阻力可用弹簧秤拉动转向盘边缘进行测量,如图 4-2-15 所示。

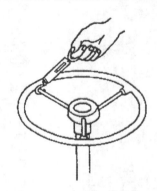

图 4-2-15　转向盘转动阻力检查

（3）转向盘锁止功能的检查

将点火开关转至"LOCK"位置,轻轻转动转向盘,此时转向盘应该锁止不能转动。将点火开关转至"ACC"位置,转向盘应能自由转动。

（4）转向操纵机构松动、摆动检查

用双手握住转向盘,在轴向和径向方向上用力摇动,观察此时转向盘是否移位以了解转向盘与转向轴的安装情况,轴承是否松旷等。

2. 转向器的检修

（1）齿轮齿条式转向器的检修

1）拆卸

齿轮齿条式转向器分解如图 4-2-16 所示。拆卸分解中,应先在转向齿条端头与横拉杆连接处打上安装标记;然后拆卸转向齿条端头,但不能碰伤转向齿条的外表面;拆下转向齿条导块组件后,拉住转向齿条,使齿对准转向齿轮,再拆卸转向齿轮;最后抽出转向齿条,抽出时注意不能让转向齿条转动,防止碰伤齿面。

2）主要零件的检修

零件出现裂纹时应更换,横拉杆、齿条在总成修理时应进行隐伤检验。转向齿条的直线度误差不得大于 0.30 mm。齿面上无疲劳剥蚀及严重磨损,若出现左右大转角时转向沉重且无法调整时,应更换。更换转向齿轮轴承。

3）齿轮齿条式转向器的装配与调整

如图 4-2-16 所示,齿轮齿条式转向器装配方法为先安装转向齿轮,将上轴承和下轴承压在转向齿轮轴颈上,轴承内坐圈与齿端之间应装好隔圈。把油封压入调整螺塞。将转向齿轮及轴承一块压入壳体。装上调整螺塞及油封,并调整转向齿轮轴承紧度。轴承紧度合适时的手感应无轴向窜动,转动自如,转向齿轮的转向力矩符合原厂规定,一般约为 0.5 N·m。按原厂规定扭矩紧固锁紧螺母,并装好防尘罩。装入转向齿条,安装齿条衬套,转向齿条与衬套的配合间隙不得大于 0.15 mm。装入转向齿条导块、隔环、导块压紧弹簧、调整螺塞(弹簧帽)及锁紧螺母。调整转向齿条与转向齿轮的啮合间隙。安装垫圈和转向齿条端头,安装时应注意转向齿条端头和齿条的连接必须紧固,锁止可靠。安装横拉杆和横拉杆端头,并按原厂规定检查调整左、右横拉杆的长度,以保证转向轮前束正确。另外,横拉杆端头球销的夹角应符合原厂规定,调整合格后,必须按原厂规定的扭矩紧固并锁止横拉杆夹子。

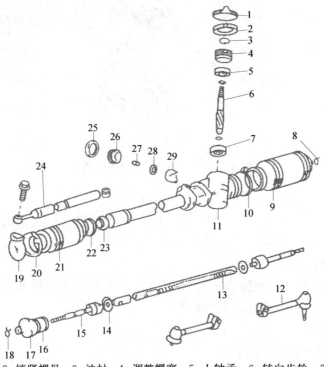

1-防尘罩　2-锁紧螺母　3-油封　4-调整螺塞　5-上轴承　6-转向齿轮　7-下轴承　8-夹子　9-齿条防尘罩　10-箍带　11-齿条壳体　12-横拉杆　13-转向齿条　14-垫圈　15-齿条端头　16-固定环　17-防尘罩　18-夹子　19-减振器支架　20-防尘罩护圈　21-防尘罩　22-箍带　23-齿条衬套　24-转向器减振器　25-螺母　26-弹簧帽　27-弹簧　28-隔环　29-齿条导块

图 4-2-16　齿轮齿条式转向器分解图

转向齿条与转向齿轮的啮合间隙也称为转向齿条的预紧力,因结构的差异,调整方法也有所不同。常见的调整方法有两类,一是改变转向齿条导块与盖之间的垫片厚度来调整转向齿条与转向齿轮轮齿的啮合深度,完成预紧力的调整,如图 4-2-17 所示;另一种是用盖上的调整螺塞改变转向齿条导块与弹簧座之间的间隙值,完成啮合深度调整,即预紧力的调整,如图 4-2-18 所示。

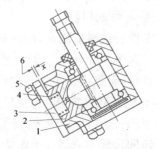

1-转向器壳体　2-导块　3-盖　4-导块压紧弹簧　5-固定螺母　6-盖与壳体间间隙

图 4-2-17　预紧力调整机构(一)

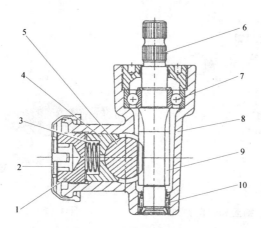

1-调整螺塞 2-罩盖 3-压簧 4-压簧垫块 5-转向齿条 6-齿轮轴
7-球轴承 8-转向器壳体 9-转向齿轮 10-滚柱轴承

图4-2-18 预紧力调整机构(二)

对于第一种结构形式,其预紧力的调整步骤是先不装弹簧以及盖之间的垫片,进行 x 值的调整,使转向齿轮轴上的转动力矩为 $1 N \cdot m \sim 2 N \cdot m$;然后用厚薄规测量 x 值;第三步在 x 值上加 $0.05 mm \sim 0.13 mm$,此值就是应加垫片的厚度,也就是转向齿条和转向齿轮合格的啮合间隙所要求的垫片厚度。

对于第二种结构形式,其预紧力的调整步骤是先旋转盖上的调整螺塞,使弹簧座与导块接触;再将调整螺塞旋出 $30° \sim 60°$ 之后检查转向齿轮的转动力矩,如此重复操作,直至转向齿轮的转动力矩符合原厂规定;最后紧固锁紧螺母。

(2)循环球式转向器的检修

循环球式转向器除因故障、发卡或零件有损坏需解体外,一般不需要解体。当汽车行驶一定里程后,需要正常维修保养或因故拆检时应按下列程序进行。

1)拆卸

从车上拆下循环球式转向器的转向垂臂、万向节叉的锁紧螺母,将转向器总成从车上拆下并卸下通气塞,放出转向器内的润滑油。将转向臂轴转到中间位置(即将转向螺杆拧到底后,再拧回3.5圈),再拧下侧盖的四个紧固螺栓,用软质锤或铜棒轻轻敲打转向臂端头,取出侧盖和转向臂轴总成,注意取出时不要碰伤油封,如图4-2-19所示。拧下转向器底盖四个紧固螺栓,用铜棒轻轻敲转向螺杆的一侧,取下底盖。从壳体中取出转向螺杆及转向螺母总成。螺杆及螺母总成如无异常情况,尽量不要解体。必须解体时,先拧下三个固定导管夹的螺钉,拆下导管,如图4-2-20所示。握紧螺母,慢慢转动螺杆,排出全部钢球,两个循环道夹中的钢球最好不要混在一起,不要丢失,如图4-2-21所示。

2)循环球式转向器主要零件的检修

对解体后的转向器零件进行清洗,并用压缩空气吹干,先对转向器壳体进行检修。其壳体、侧盖如产生裂纹需更换,二者结合平面的平面度公差为 $0.10 mm$。壳体变形的特点是摇臂轴轴承承孔的公共轴线对转向螺杆两轴承承孔公共轴线的垂直度误差逾限(公差为 $0.04 mm \sim 0.06 mm$),两轴线的轴心距变大(公差为 $0.01 mm$)。壳体变形不但会引起转向沉重的故障,同时减少了转向器传动副传动间隙可调整的次数,缩短了转向器的寿命。

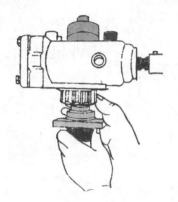

图 4-2-19　拆下侧盖和转向臂轴

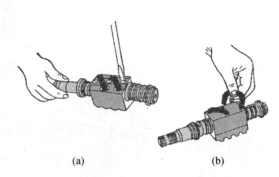

图 4-2-20　拆下导管

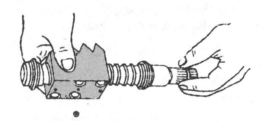

图 4-2-21　排出钢管

修整变形时,先修整结合平面,然后更换摇臂轴衬套。摇臂轴衬套镗削后与摇臂的配合间隙较原厂规定其增大量不得大于 0.005 mm,使用滚针轴承其配合间隙不得大于 0.10 mm。汽车二级维护时应检查摇臂轴与衬套的配合间隙,轿车使用限度为 0.15 mm,载货汽车为 0.20 mm。配合间隙逾限后应更换衬套,衬套与轴承的配合过盈为 0.110 mm～0.051 mm。

再对转向螺杆与转向螺母进行维修。转向螺杆与转向螺母的钢球滚道无疲劳磨损、划痕等耗损,钢球与滚道的配合间隙不得大于 0.10 mm。检验钢球与滚道配合间隙的方法有两种,一种方法是把转向螺母夹持固定后,把转向螺杆旋转到一端止点,然后检验转向螺杆另一端的摆动量,其摆动量不得大于 0.10 mm,转向螺杆的轴向窜动量也不得大于 0.10 mm;另一种方法是将转向螺杆和转向螺母配合副清洗干净后,把转向螺杆垂直提起,转向螺母在重力作用下应能平稳地旋转下落,这说明配合副的传动间隙合格。若无其他耗损,传动副组件一般不进行拆检。

总成修理时,应检查转向螺杆的隐伤。若产生隐伤、滚道疲劳剥落、三角键有台阶形损伤或扭曲,应更换。转向螺杆的支承轴颈若产生疲劳磨损,会引起明显的转向盘沉重、转向迟钝,可按原厂规定的锥角磨削修整轴颈,然后刷镀修复或直接更换。

3) 循环球转向器的装配与调整

首先安装转向螺杆组件,转向螺杆螺母组件在维修时一般不拆散,若拆散重新组装时,先平稳地逐个装入钢球。装钢球的过程中,转向螺杆和转向螺母不要相对运动,必要时,只能稍许转动转向螺杆(如图 4-2-22 所示)或用塑料棒将钢球轻轻冲进滚道内,然后给装满钢球的导管口涂压润滑脂防止钢球脱出,用导管卡将导管固定在转向螺母上。所装钢球的直径和数量必须符合原厂规定。装入钢球后,转动螺母的轴向窜动量不得大于 0.10 mm。

将轴承内圈压在转向螺杆的轴颈上。

组装摇臂轴时,先检查用于转向螺母与齿扇啮合间隙的调整螺钉的轴向间隙,此间隙若大于 0.12mm,在调整螺钉与摇臂上的轴孔端面间加推力垫片调整。摇臂轴承预润滑之后,将摇臂装入壳体内,并按顺序装入推力垫片、调整螺钉、垫圈、弹性挡圈。

把轴承装入下盖承孔中,安装调整垫片和下盖,从壳体孔中放入转向螺杆组件,安装下盖。装下盖之前在结合平面上涂以密封胶。把轴承外圈和转向螺杆油封压入上盖,并装入上盖调整垫片和上盖。通过增减下盖调整垫片或用下盖上的调整螺塞调整转向螺杆的轴承紧度,

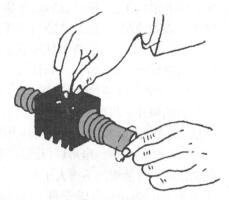

图 4‒2‒22　钢球的装入

然后检查转向盘的转向力矩,一般为 0.6N·m～0.9N·m。安装转向器侧盖,先给油封涂密封胶后,油封唇口向内,均匀地压入壳体上承孔内。将转向螺母移至中间位置(转向器总圈数的 1/2),使扇形齿的中间齿与转向螺母的中间齿相啮合,装入摇臂轴组件。侧盖密封垫涂以密封胶,安装、紧固。

使转向器的传动副处于中间位置(直行位置)。通过调整螺钉,调整转向器传动副的啮合间隙,在直线位置上应呈无间隙啮合。在中间位置上,转向器转动力矩应为 1.5N·m～2.0N·m。转向器转动力矩调整合格后,按规定扭矩锁紧调整螺钉。

安装摇臂时,应注意摇臂与摇臂轴二者的装配记号对正,应特别注意摇臂固定螺母应确实做到紧固、锁止可靠。按原厂规定加注润滑油。有条件时,应检查转向器反驱动力矩(转向轴处于空载状态时,使摇臂轴转动的力矩),转向器的反驱动力矩应符合原厂规定。

(3)蜗杆曲柄指销式转向器的检修

1)拆卸

将转向器从车上拆下。用棉纱将转向器外部以及转向器蜗杆轴和摇臂轴的轴端及连接件擦干净,卸下转向器蜗杆轴上的万向节叉紧固螺栓、螺母、垫圈。从转向摇臂轴上卸下垂臂,卸下转向器侧盖上与车架连接的四个螺栓、螺母、垫圈。拧出转向器加油及放油螺塞,排空转向器总成内部润滑油,将螺塞仍然拧到转向器壳体上,以免丢失。松开摇臂轴调整螺钉的锁紧螺母,把调整螺钉逆时针旋转一周。

用两个螺母一起拧到转向器侧盖上的双头螺栓上,然后用扳手逆时针拧动压在下面的螺母,卸下双头螺栓,再卸下侧盖上的其余六个螺栓,取下侧盖,如图 4‒2‒23 所示。用手抓住摇臂轴扇形块,拔出摇臂轴(可以用木槌敲击摇臂轴输出端的一头,帮助取出摇臂轴)。卸下转向器下盖的紧固螺栓、垫圈,取下转向器下盖,用铜锤轻轻敲击蜗杆轴花键端部,取出垫块及蜗杆带轴承总成。松开转向器上盖的紧固螺

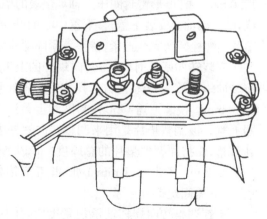

图 4‒2‒23　双头螺栓的拆卸

栓、垫圈,取出上盖、垫片、油封、平面止推轴承外圈和轴承保持架。分解转向器后用干净的汽油或煤油清洗零件,经洗净后的零件用压缩空气吹干。

敲击蜗杆时,须保持蜗杆垂直于轴承的位置,防止碰伤轴承保持架、油封刃口。禁止用汽油清洗橡胶类的密封件,如油封和O形密封件等。

2)主要零件的检修

转向蜗杆的检修。传动副已丧失传动间隙调整能力时更换;滚道表面严重磨损或出现严重压痕、疲劳剥落和裂纹等耗损时更换;轴承轴颈出现疲劳磨损,磨削后刷镀修复或更换。

摇臂轴的检修。扇形块、花键出现明显的扭曲时更换;$\phi42\,mm$两孔的轴线与$\phi35\,mm$轴的轴线的平行度误差不得大于$0.01:100\,mm$;$\phi42\,mm$两孔端面在同一平面里的位置度误差不得大于$0.08\,mm$;花键安装记号(刻线)与扇形块中线之夹角不超过$13°$,如图4-2-24所示。摇臂轴任何部位出现裂纹都应更换,禁止焊修;支承轴颈磨损逾限,应刷镀修理或更换。摇臂轴衬套间隙使用限度为$0.2\,mm$。

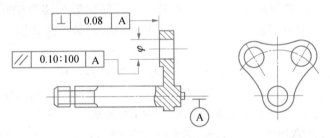

图4-2-24 摇臂轴技术条件

检查指销轴承组件。指销头部产生疲劳剥落或已经产生偏磨或破裂,更换组件。用两个手指捏住指销头部转动,应转动自如,指销在轴承内若有轴向窜动,视情况进行调整。

3)转向器的装配与调整

装配前应复查所更换的零件和修复零件,复查合格的零件清洗后用压缩空气吹干。在装配中,应尽可能地使用专用工具,相关螺栓、螺母的紧固扭矩应符合原厂规定。

先把转向蜗杆下轴承的外座圈压入壳体,有滚道的一面沉入壳体下端面距离为$12.5\,mm\sim13.0\,mm$。把O形密封圈压入轴承垫块的槽内,而且密封圈不得产生扭曲,不得损伤密封圈外缘,防止漏油。安装下盖时,下盖中心的凸台向外,在下盖上面装好调整螺塞和锁止螺母。下盖紧固螺栓暂勿完全拧紧,待上盖紧固螺栓紧固后再完全紧固下盖紧固螺栓。

安装转向蜗杆时,先将转向蜗杆的上下轴承的内圈压入转向蜗杆的上、下支承轴颈。再将转向蜗杆放入壳体上端承孔内,外座圈平面沉入承孔与壳体上端面距离为$12.5\,mm\sim13.0\,mm$。换装上盖O形密封圈和上盖油封。将原调整垫片按原有的顺序和数量放入转向器上盖。该调整垫片是用来调整转向螺杆中心位置的,制造厂家已经调好,维修时不需要重新调整,保持原调整垫片的总厚度。EQ1090型汽车转向器垫片厚度和数量分别为$0.5\,mm$1张、$0.2\,mm$1张、$0.1\,mm$1张,相互交错叠压,其总厚度不大于$1.2\,mm$。紧固上盖固定螺栓,将下盖固定螺栓拧紧。

检查调整转向蜗杆轴承预紧度时,用内六角扳手把调整螺塞拧到底,再退回$1/8\sim1/4$圈,使蜗杆轴在输入端具有$1.0\,N\cdot m\sim1.7\,N\cdot m$的预紧力矩。用专用扳手将锁紧螺母拧紧,把调整螺塞锁死,使拧紧力矩为$49\,N\cdot m$。锁紧调整螺塞时,要保证调整螺塞位置不变。

锁紧后应复查输入端扭矩是否符合要求,否则应重新调整。

组装指销时,指销必须成对更换,防止造成左、右转向间隙不等,引起转向力不均匀的故障,还应同时更换指销轴承。按图4-2-25所示组装指销与轴承组件,再用专用压套压住轴承外圈将组件压入(压出)承孔。调整指销轴承的紧度时,把指销上的螺母拧紧,使指销能转动自如,并无轴向间隙为合适。调整后,将止动垫片翻起1~2齿,将螺母锁紧。将摇臂轴组件预润滑后,装入壳体,使指销与转向蜗杆啮合。啮合后转向蜗杆应转动自如,转动圈数不少于八圈。安装侧盖,注意两个双头螺栓要旋入指定的螺孔内。

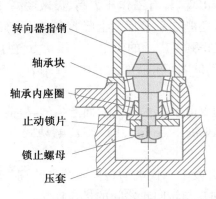

图4-2-25 主销组件压装

指销与蜗杆啮合间隙的调整时,先松开摇臂轴调整螺钉的锁紧螺母,将蜗杆轴转到转不动位置后,再退回3圈左右,使指销处于蜗杆的中间位置。顺时针旋转调整螺钉,同时来回转动蜗杆,直到感觉有阻力为止。在蜗杆的输入端检查转动力矩,应不大于2.7 N·m。在调整螺钉的周围涂上密封胶,然后拧紧锁紧螺母,拧紧力矩不小于49 N·m。复查蜗杆输入端的转动力矩,如有变化应重新调整,直到符合要求为止。

维修时的经验方法为,指销处于蜗杆的中间位置,用起子将调整螺钉拧到底,再退回1/8圈;轴向推、拉摇臂轴,无明显间隙感觉;转动摇臂时,灵活自如、无卡滞现象为合适。若转向螺杆的中心位置不准确,应对上盖垫片总厚度进行调整。汽车在二级维护时应检修调整转向器传动间隙。

4) 安装摇臂

摇臂与摇臂轴的安装标记要对正,摇臂紧固螺母的紧固力矩应符合原厂规定,而且锁止可靠。按原厂规定加注润滑油(EQ1092为1.1 L的GL-4或GL-5齿轮油),改装车若转向器的安装角度有所变化,加注润滑油的容量必须满足转向螺杆上端轴承的润滑需要。

3. 转向传动机构的检修

目视检查转向传动机构是否弯曲、损坏,防尘罩是否有裂纹或破损,目视检查转向器是否漏油。接着,用手摇晃转向传动机构检查是否松动或摆动。

§4.3 动力转向系统的构造与检修

在机械转向系中,操纵轻便和转向灵敏对转向系角传动比i_w的要求是互相矛盾的。如果要求汽车具有高的转向灵敏性,那么转向系统的传动比就比较小;如果要使转向机构操纵轻便、省力,就要使转向系统具有较大的传动比,此时转向系统的灵敏性就会降低。显然,单靠选择 i_w、改善转向器本身的结构,以同时满足转向轻便和转向灵敏,其作用是很有限的。

为了解决这一矛盾,减轻驾驶人的疲劳强度,改善转向系统的技术性能,以发动机动力为主要能源的动力转向装置得到越来越多的应用。采用动力转向的汽车转向时,通常所需的能量只有小部分是由驾驶人提供的,而大部分是由发动机或电动机提供的。根据转向助力控制方式的不同,动力转向系统分为两大类:普通动力转向系统和电控动力转向系统。

普通动力转向系统根据传动介质的不同,又分为液压式、气压式两大类。液压动力转向系统于 20 世纪 40 年代开始出现,具有工作压力高、灵敏度高、结构紧凑、部件尺寸小、工作噪音小、滞后时间短的优点,还能在一定程度上吸收来自不平路面的冲击。因此,液压动力转向系统在各级各类汽车上得到了广泛的应用。气压动力转向系统则主要应用于一些前轴载荷比较大的、采用气压制动的客车和货车上。由于工作压力较低,气压动力转向系不适用于大型货车和轿车。

电控动力转向系统是随着电子技术的发展而产生的,目前主要有电控液压式动力转向系统(Electric Hydraulic Power Steering,EHPS)、电动式动力转向系统(Electric Power Steering,EPS)两大类。

目前,国际上又出现了开发下一代电动转向系统的热潮,这就是线控转向系统(Steering By Wire),它取消了转向盘与转向轮之间的机械连接,完全由电能实现转向。在逐步克服成本高等因素后,线控转向系统将有望成为今后的发展主流。

4.3.1　液压动力转向系统的组成

1. 液压动力转向系统的组成

液压动力转向系统通常由机械转向器、转向控制阀、转向动力缸以及将发动机输出的部分机械能转换为液压能的转向油泵、转向油罐等组成,如图 4-3-1 所示。

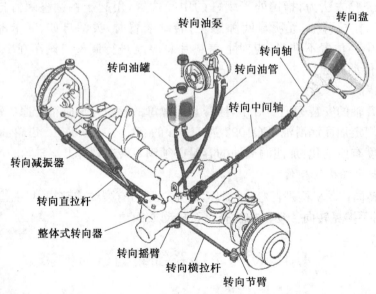

图 4-3-1　液压动力转向系统的一般组成

2. 液压动力转向系统的类型

液压动力转向系统按液流形式的不同,可分为常压式和常流式两种;按控制阀阀芯运动方式的不同,又可分为滑阀式和转阀式两种。

3. 液压动力转向系统的工作原理

常压式动力转向系统装有高压储能器,无论汽车直线行驶还是转向,液压系统管路中始终保持高压。该系统可以采用小流量泵,并在油泵不运转的情况下仍可保持一定的转向加力作用,使汽车有可能续驶一段距离(这对于重型汽车尤其重要)。其工作原理如图4-3-2所示。

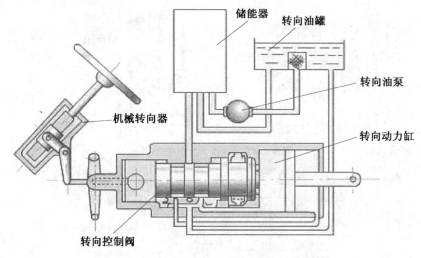

图4-3-2 常压式液压动力转向装置示意图

常流式动力转向系统结构简单,只有在转向时才在系统中建立高压。该系统油泵大负荷工作的时间短,寿命长,发动机功率较小,应用广泛。其工作原理如图4-3-3所示。

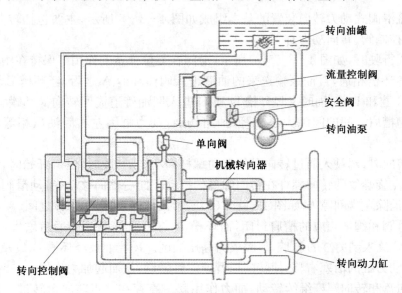

图4-3-3 常流式液压动力转向装置示意图

4.3.2 液压动力转向器的结构

液压动力转向装置也被称为液压动力转向器。根据机械式转向器、转向动力缸和转向控制阀三者在转向装置中的布置和连接关系的不同,液压动力转向器分为整体式(机械式转向器、转向动力缸和转向控制阀三者设计为一体)、组合式(机械式转向器和转向控制阀设计在一起,转向动力缸独立)和分离式(机械式转向器独立,转向控制阀和转向动力缸设计为一体)三种结构。其中,整体式动力转向器应用最为广泛。黄河 JN1181C13 型汽车整体式动力转向装置如图 4-3-4 所示。

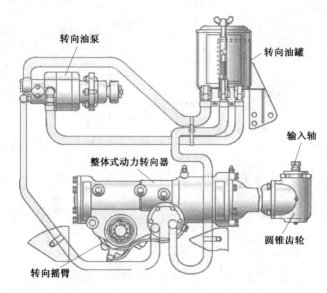

图 4-3-4 黄河 JN1181C13 型汽车动力转向装置

1. 液压常流滑阀式动力转向器

液压常流滑阀式动力转向装置的基本组成如图 4-3-5 所示,主要包括转向储油罐、转向油泵、转向控制阀、转向动力缸等。

汽车直线行驶时,如图 4-3-5(a)所示,滑阀在复位弹簧的作用下保持在中间位置。转向控制阀内各环槽相通,自油泵输送来的油液进入阀体环槽 A 之后,经环槽 B 和 C 分别流入动力缸的 R 腔和 L 腔,同时又经环槽 D 和 E 进入回油管道流回转向储油罐。这时,滑阀与阀体各环槽槽肩之间的间隙大小相等,油路畅通,动力缸因左右腔油压相等而不起加力作用。

汽车右转向时,驾驶人通过转向盘使转向螺杆向右转动(顺时针)。开始时,转向螺母暂时不动,具有左旋螺纹的转向螺杆在转向螺母的推动下向右轴向移动,带动滑阀压缩复位弹簧向右移动,消除左端间隙 h,如图 4-3-5(b)所示。此时环槽 C 与 E 之间、A 与 B 之间的油路通道被滑阀和阀体相应的槽肩封闭,而环槽 A 与 C 之间的油路通道增大,油泵送来的油液自 A 经 C 流入动力缸的 L 腔,L 腔成为高压油区。R 腔油液经环槽 B、D 及回油管流回转向储油罐,动力缸的活塞右移,使转向摇臂逆时针转动,从而起加力作用。

只要转向盘和转向螺杆继续转动,加力作用就一直存在。当转向盘转过一定角度保持不动时,转向螺杆作用于转向螺母的力消失,但动力缸活塞仍继续右移,转向摇臂继续逆时

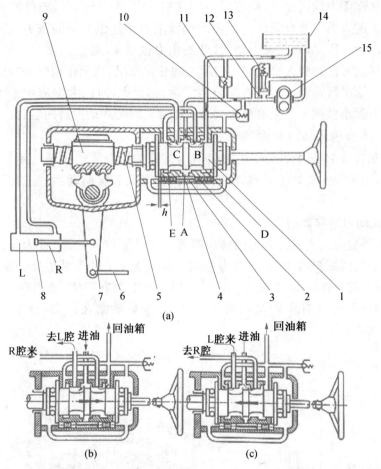

1-滑阀　2-反作用柱塞　3-滑阀复位弹簧　4-阀体　5-转向螺杆　6-转向直拉杆
7-转向摇臂　8-转向动力缸　9-转向螺母　10-单向阀　11-安全阀　12-节流孔
13-溢流阀　14-转向储油罐　15-转向油泵

图 4-3-5　液压常流滑阀式动力转向装置

针方向转动。转向摇臂上端拨动转向螺母,带动转向螺杆及滑阀一起向左移动,直到滑阀恢复到中间稍偏右的位置。此时 L 腔的油压仍高于 R 腔的油压。L 腔和 R 腔压力差在动力缸活塞上的作用力用来克服转向轮的回正力矩,使转向轮的偏转角维持不动,这就是转向的维持过程。如转向轮进一步偏转,则需继续转动转向盘,重复上述全部过程。

　　由此可见,动力转向装置能使转向轮的偏转角随转向盘转角的增大而增大,转向盘保持不动而转向轮的偏转角也保持不动,这就是"随动"作用。在工作过程中,转向轮偏转的开始和终止较转向盘的转动和停止都略微滞后一点。

　　松开转向盘,滑阀在复位弹簧和反作用柱塞上的油压的作用下回到中间位置,动力缸停止工作。转向轮在前轮定位产生的回正力矩的作用下自动回正,通过转向螺母带动转向螺杆反向转动,使转向盘回到直线行驶位置。如果滑阀不能回到中间位置,汽车将在行驶中跑偏。

　　反作用柱塞的内端以及复位弹簧所在的空间,在转向过程中总是与动力缸高压油腔相通。此油压与转向阻力成正比,作用在反作用柱塞的内端。转向时,要使滑阀移动,驾驶人作用在转向盘上的力不仅要克服转向器内的摩擦阻力和复位弹簧的张力,还要克服作用在柱塞上的油液压力。所以,转向阻力增大,油液压力也增大,驾驶人作用于转向盘上的力也必须增大。这样就可使驾驶人感觉到转向阻力的变化情况,这种作用就是"路感"。

由于液压常流滑阀式动力转向系统结构复杂、体积大,所以大多应用于大型货车、客车和工程机械上。而小型汽车上主要应用的是液压常流转阀式动力转向装置。

2. 液压常流转阀式动力转向器

北京切诺基吉普车采用转阀式动力转向器,其结构如图4-3-6所示。这种动力转向器由循环球-齿条齿扇式机械转向器、转阀式转向控制阀和转向动力缸三部分组成,并将三部分设计成一个整体。

(1)转阀式动力转向器的构造

循环球-齿条齿扇式机械转向器的转向螺母和齿条制成圆柱形(称为齿条-活塞),安装在转向器壳体的油压缸筒内,将缸筒分为左、右(对应于车上的安装位置分别为下、上)两腔室,构成转向动力缸。在齿条-活塞左部的圆柱形表面上制有环槽,槽内套有O形橡胶密封圈,在密封圈的外面还套有聚四氟乙烯活塞环,以保证活塞在动力缸中工作时的密封和耐磨。

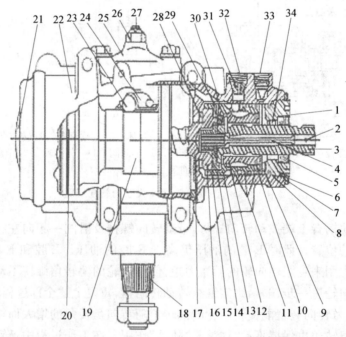

1-卡环　2-短轴与弹性扭杆的传力销　3-短轴　4-弹性扭杆　5-骨架油封　6-调整螺塞　7-锁止螺母
8、10、15-O形密封圈　9-止推滚针轴承　11、20-聚四氟乙烯环和O形密封圈组件　12-转阀　13-阀体
14-下端轴盖　16-转向螺杆与阀体的锁定销　17-转向螺杆　18-转向摇臂轴　19-齿条-活塞　21-转
向轴端盖　22-壳体　23-循环球导管　24-导管压紧板　25-侧盖　26-锁紧螺母　27-调整螺钉
28-止推滚针轴承　29-下端轴盖与阀体的锁定销　30-转阀与短轴的锁定销　31-进油口座及止回阀
32-进油口　33-出油口　34-滚针轴承

图4-3-6　北京切诺基吉普车转阀式动力转向器

转向控制阀主要由阀体、转阀、短轴组件(短轴、弹性扭杆和下端轴盖等)及密封圈、轴承等零件组成。整个转向控制阀组件装在动力转向器壳体右端孔内。

阀体制成圆桶形,外表面切有六道环形槽。其中三道宽深的槽是油槽,每道油槽底部均制有四个间隙相等的径向通孔作为油道,中间油槽上的四个通孔直径较大,与进油口相通,是进油道,两边油槽的四个通孔直径较小。经转向器壳体内的油道分别与动力缸左、右腔相通,另外三道浅窄的环槽用来安装密封圈组件。阀体左边缘处开有矩形缺口,转向螺杆的锁定销卡入此缺口中,形成阀体带动转向螺杆的传力连接。靠近阀体左端固定有锁定销,此销外端埋在阀体外圆表面以下,内端伸出少许,与下端轴盖外圆上的缺口相卡,形成下端轴盖带动阀体的传力连接。阀体内表面切有八条互不贯通的纵向槽,并形成八道槽肩。

转阀也制成圆桶形,其外圆与阀体高精度间隙配合(转阀与阀体组成精密偶件,不可单独更换)。转阀外表面切有阀体对应的八条互不贯通的纵槽,其相应的槽肩与阀体内表面上的槽肩相配合,形成油液流动的间隙。在转阀的八道槽肩中,相间的四道槽肩上开有径向通孔,形成回油孔。转阀右端外圆处切有环槽,用来安装 O 形密封圈。转阀左端内圆柱面上开有缺口,短轴左端安装的锁定销即卡入此缺口中,以保证短轴和转阀同步转动,相互之间不发生角位移。在短轴和转阀之间留有较大的径向间隙,供低压油流通。

短轴为空心管形轴件,其中有弹性扭杆。短轴右端外表面制有三角形花键,与转向轴下端的万向节(图中未画出)相连接,驾驶人转动转向盘的作用力即由此输入;短轴左端凸缘盘上制有弧形缺口。弹性扭杆的右端经传力销与短轴固定,弹性扭杆左端通过三角形花键与下端轴盖相连接。下端轴盖为圆盘形零件,其外圆与阀体左端内表面滑动配合,圆盘上也开有弧形槽孔。转向螺杆右端凸缘的外圆滑动配合在阀体左端内圆表面中,转向螺杆凸缘上的叉形凸块插入下端轴盖和短轴的弧形缺口之中,并有一定的相对角位移量,以保证和限制转向时弹性扭杆的扭转。

调整螺塞旋装在转向器壳体右端的螺纹孔中,其左端和中部装有滚针轴承。该螺塞支承着短轴并在轴向对阀体定位,使装在阀体上的锁定销与轴盖之间、装在转向螺杆上的锁定销与阀体之间轴向靠紧。调整螺塞左端还装有弹簧(图中还未画出),以压紧转阀,阻止转阀轴向移动,并使转阀与短轴左端上的锁定销轴向靠紧。转向螺杆右端凸缘的左侧装有轴向止推滚针轴承,以保证螺杆和转阀组件转动灵活和轴向定位。

在动力转向器壳体上对应于转向控制阀的部位,开有与转向油泵相通的两个油管接口,分别为进油口和出油口,在进油口内还装有止回阀。转向器侧盖上旋装有调整螺钉,旋进或旋出螺钉可以改变摇臂轴的轴向位置,从而调整齿条与齿扇的啮合间隙,调好后用锁紧螺母锁紧。

(2) 转阀式动力转向器的工作过程

汽车直线行驶时如图 4-3-7(a)所示。转阀处于中间位置,来自转向油泵的油液从动力转向器壳体进油口经阀体的进油道流进阀体和转阀之间。由于转阀处于中间位置,进入的油液分别经过阀体和转阀纵槽槽肩形成的两边相等的间隙,阀体油道 L、R,流进转向动力缸的左、右腔室,使两腔油压相等,齿条-活塞保持在中间平衡位置,不起转向及转向加力作用。与此同时,流进阀体和转阀之间的油液还经转阀的四条径向回油孔汇集于转阀内腔的回油道,最后经转向器壳体回油口流回转向油罐,形成常流式油液循环。

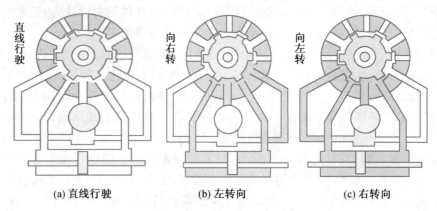

(a) 直线行驶   (b) 左转向   (c) 右转向

图 4‑3‑7　不同行驶状态下转阀与阀体相对位置及动力转向器工作示意图

　　汽车左转向时,短轴在转向轴驱动下逆时针方向转动,并分两路传递作用力。一路通过其左端的销钉拨动转阀同步转动;另一路则通过其右端的传力销传至弹性扭杆的右端,并经弹性扭杆左端的三角形花键传给下端轴盖,下端轴盖又通过其圆盘外缘上的缺口和销 29 传给阀体,最后经固定在阀体上的销 16 传给转向螺杆。由于受到转向摇臂轴传来的路面转向阻力,刚转向时齿条‑活塞暂时不能轴向移动,而转向螺杆也不能轴向移动,所以转向螺杆暂时不能随短轴同步转动,即阀体暂时不能随短轴同步转动。由短轴经销 2 传递的驾驶人的转向力矩只能使弹性扭杆发生扭转变形,从而使转阀相对于阀体转过不大的角度,二者纵槽槽肩两边的间隙不再相等,通向 R 油道的一边增大,通向 L 油道的一边减小,如图 4‑3‑7(b)所示。来自油泵的油液从油道 P 进入阀体与转阀之间,流向间隙增大的一边,并经 R 油道流进动力缸的右腔,使该腔油压升高;而与 L 油道相通的动力缸左腔油压则降低(左腔油液通过 L 油道流进阀体与转阀之间,再经传阀的四条径向油孔、回油道流回转向油罐)。左、右两腔的压力差作用在齿条‑活塞上,帮助转向螺杆迫使齿条‑活塞开始左移,转向轮开始向左偏转,转向加力起作用。同时转向螺杆本身也开始与短轴同向转动。只要转向盘继续转动,弹性扭杆的扭转变形便一直保持不变,阀体与转阀之间的相对角位置也不变,转向加力作用就一直存在,转向轮将继续向左偏转。

　　一旦转向盘停止转动并维持在某一转角位置不动,短轴及转阀便不再转动。但齿条‑活塞在油压差的作用下仍继续左移,导致转向螺杆连同阀体沿原转动方向继续转动,使弹性扭杆的扭转变形减小,阀体与转阀的相对角位移量减小,动力缸左、右两腔油压差减小。减小了的油压差仍作用在齿条‑活塞上,以克服转向轮的回正力矩,转向轮的偏转角维持不动。

　　在转向过程中,转向盘转得愈快,弹性扭杆的扭转速度就愈快,转阀相对于阀体产生角位移的速度也愈快。从而造成动力缸左、右两腔产生压力差的速度加快,转向轮的偏转速度也相应加快。

　　由上述分析可知,转阀式动力转向装置能使转向轮偏转的角度随转向盘转角的增大而增大;转向轮偏转的速度随转向盘转动速度的加快而加快;转向盘停止转动并维持转角不动,转向轮也随之停止偏转并维持偏转角不动,因而具有随动作用。在正常情况下,驾驶人操纵转向盘所提供的转向力主要用来使弹性扭杆产生扭转变形,从而控制转向过程;而克服路面转向阻力及转向传动机构摩擦阻力使转向轮偏转所需要的动力则主要由转向动力缸提供。

若在前述维持转向的位置上松开转向盘,被扭转变形的弹性扭杆的右端将顺时针方向自动转过一定的角度而恢复自由状态。转阀则在随之同向转动的短轴带动下回复到中间位置,动力缸停止工作,转向轮在回正力矩作用下自动回正。如果需要液压加力,驾驶人可以回转转向盘,使动力转向装置帮助转向轮回正。

汽车右转向时,弹性扭杆的扭转方向、转阀相对于阀体的转动方向以及动力缸中齿条-活塞轴向移动的方向均与前述相反,转向轮向右偏转。

汽车直线行驶时,若遇路面作用力而使转向轮偏转(设转向轮向左偏转,驾驶人仍保持转向盘处于直线行驶位置),转向阻力通过转向传动机构、齿条-活塞、转向螺杆作用于阀体,使阀体相对于不转动的转阀逆时针方向转动(即在图4-3-7(a)所示位置)。此时动力缸左腔油压升高,右腔油压降低,压力差作用在齿条-活塞上使其右移,并通过转向传动机构使转向轮向右偏转而回正。从而保证了汽车直线行驶的稳定性,并有效地避免了转向盘"打手"现象。

在转向过程中,动力缸中的油液压力是随转向阻力变化而变化的。而动力缸中油压的变化又受控于弹性扭杆的扭转变形量:转向阻力增大,弹性扭杆的扭转变形量也增大,转阀相对于阀体的角位移量增大,从而使动力缸中油压升高;反之则动力缸中油压降低。显然,弹性扭杆的扭转变形量取决于转向阻力的大小。在此过程中,弹性扭杆因扭转变形而产生的反作用力(与转向阻力成递增函数关系)传到转向盘上,使驾驶人能感觉到转向阻力的变化情况,所以这种转阀式动力转向装置具有"路感"作用。

在动力转向装置失效的情况下由人力转向时,短轴随转向盘转过一定角度后,其左端凸缘上的弧形缺口便抵住转向螺杆右端的叉形凸块,由短轴直接带动转向螺杆转动,以保证汽车转向。这时的动力转向器即变为机械转向器,转向变得沉重,转向盘自由行程增大。

与滑阀式动力转向器相比,转阀式动力转向器的主要优点是灵敏度高,因而广泛应用于高速行驶的轿车上。

3. 转向油泵

转向油泵是液压式动力转向装置的能源,一般由发动机驱动,其作用是将输入的机械能转换为液压能输出。转向油泵有齿轮式、叶片式、转子式和柱塞式等几种形式。曾被广泛采用的齿轮式转向油泵的构造及工作原理与发动机润滑系中的齿轮式机油泵类似。叶片式转向油泵具有结构紧凑、输油压力脉动小、输油量均匀、运转平稳、性能稳定、使用寿命长等优点,现代汽车采用较多,故以下仅介绍叶片式转向油泵。

（1）叶片式转向油泵的工作原理

叶片式转向油泵按其转子叶片每转一周的供油次数和转子轴的受力情况可以分为单作用非卸荷式和双作用卸荷式两种。

1) 单作用非卸荷式叶片泵

单作用非卸荷式叶片泵主要由端盖、驱动轴、转子、定子、叶片及壳体组成,如图4-3-8所示。定子具有圆柱形内表面,转子上沿圆周均匀制有径向切槽。矩形叶片装在转子的切槽内,可在槽内移动;叶片沿转子轴向的两端分别压靠在两侧端盖的端面上,并可在端面上滑动。这样就由定子内表面、转子外表面、叶片和端盖构成若干个油腔。转子和定子中心不重合,有一偏心距 e。当转子旋转时,叶片在自身离心力的作用下紧贴定子的内表面,将上述各油腔密封,并在转子切槽内做往复运动。

转子按图示逆时针方向转动时,右半转子上各叶片均沿切槽向外滑动而伸出,相邻两叶片之间油腔的工作容积均增大,因而具有吸油作用。此时左半转子上各叶片则均沿切槽向内滑动而被压回,相邻两叶片之间油腔的工作容积均减小,因而具有压油作用。转子每转一周,叶片在切槽内做往复伸、缩运动各一次,完成吸油、压油各一次,故称为单作用叶片泵。由于右边吸油区的油压低,左边压油区的油压高,左、右两油区的压力差作用在转子上,使转子轴的轴承上承受较大的载荷,故称其为非卸荷式叶片泵。

2) 双作用卸荷式叶片泵

双作用卸荷式叶片泵也由转子、定子、叶片、端盖等组成,如图4-3-9所示。其与单作用叶片泵的不同之处在于:双作用叶片泵的转子与定子的中心相重合;定子的内表面不是圆形而是一个近似的椭圆形,由两条长半径 R 和两条短半径 r 所决定的圆弧以及四段过渡曲线所组成。当转子旋转,叶片由短半径 r 向长半径 R 处运动时,两叶片间油腔的工作容积逐渐增大,形成局部真空而吸油;而叶片由长半径 R 向短半径 r 处运动时,两叶片间油腔的工作容积逐渐减小而压油。转子每转一周,叶片在转子切槽内往复运动两次,完成两次吸油和两次压油,故称为双作用叶片泵。由于两个吸油区和两个压油区各自的中心夹角对称,所以作用在转子上的油压作用力相互平衡,故又称为卸荷式叶片泵。为了使转子受到的径向油压力完全平衡,工作油腔数(即叶片数)为偶数。

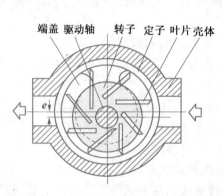

图4-3-8 单作用叶片工作原理图

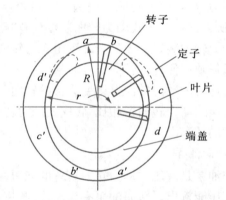

图4-3-9 双作用叶片泵工作原理图

(2) 叶片式转向油泵的构造

北京切诺基吉普车采用双作用卸荷式叶片泵,其构造如图4-3-10所示。左端盖和右端盖以外圆柱面与壳体的内孔滑动配合,配合表面之间分别装有O形密封圈,其中密封圈10使右端盖的右侧(与油泵的压油腔、出油道均相通)与壳体的进油腔隔开。定子位于左、右端盖之间的进油腔内,其两端与左、右端盖的接合端面靠弹簧的弹力压紧,弹性挡圈限制端盖在弹簧作用下向左轴向移动。

在右端盖上开有两个对称的吸油凹槽J,两凹槽均与进油腔相通,实现双边进油,利于增大油泵的流量。此外,在左、右两端盖上还对称开有两个压油凹槽E,转子工作腔内压出的高压油流入其中的左端盖压油凹槽后,经定子上的八个轴向通孔汇集于右端盖的压油凹槽内。右端盖的压油凹槽开有轴向通道,与出油道相通。两个定位销使定子与左、右端盖周向定位,右端盖又通过定位销与壳体周向定位,从而保证了端盖各油口以及壳体进、出油道之

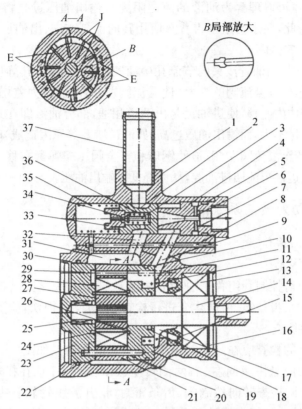

1-壳体　2-溢流阀　3-安全阀　4-出油管接头　5、10、18、22-O形密封圈　6-节流孔　7-感压小孔
8-横向油道　9-出油道　11、20-定位销　12-端盖压紧弹簧　13-轴承　14-驱动轴　15-骨架油封
16-卡圈　17-隔套　19-右端盖　21-定子　23-左端盖　24、26-环形油槽　25-滚针轴承　27-转子
28-叶片　29-定子轴向通孔　30-挡圈　31-进油腔　32-进油道　33-螺塞　34-钢球　35-溢流阀弹
簧　36-安全阀弹簧　37-进油道　J-吸油凹槽　E-压油凹槽

图4-3-10　北京切诺基吉普车叶片式转向油泵

间正确的相对位置。

　　转子位于定子的内孔中,以三角形花键孔与驱动轴的花键轴段相配合。转子沿圆周方向均匀地开有十条径向切槽,每条槽内装有可沿槽径向滑动的矩形叶片。叶片两长边制成圆弧形,以利于与定子内表面良好接触,这种接触必须可靠,以保证油泵正常工作。为此,除依靠叶片本身的离心力外,还在叶片槽根部制有小油腔(其结构形状如图4-3-10中局部放大图B所示),在左、右端盖与转子叶片槽根部相对应的圆周上分别开有环形油槽。高压油经端盖与转子之间的间隙进入环形油槽后,即可流入叶片槽根部的小油腔驱动轴右部轴颈通过向心球轴承支承在壳体上,轴的左端插入左端盖中的无内圈滚针轴承中,起支承作用。驱动轴的左中段制有三角形花键,轴的右端与皮带盘相配合,发动机传出的动力由此输入,通过花键带动转子旋转。

　　叶片式转向油泵的输出油量随转子旋转速度(即随发动机转速)的升高而增大。转向油泵设计时一般须保证即使在发动机怠速运转状态下,油泵的输出油量也能满足快速转向所需的动力缸活塞移动速度所需的油量。这样,当发动机转速高时,油泵的输出油量将过大,导致油泵消耗功率过多和油温过高。油泵的输出油压取决于液压系统的负荷(即动力缸活塞所受的运动阻力,也可以理解为油液的流通阻力),输出油压过高将导致动力缸和油泵超载而损坏其零件。为此,北京切诺基吉普车所用转向油泵在进、出油道之间装有控制流量的溢流阀和控制压力的安全阀。

当输出油量过大时,出油管接头内节流孔中油液的流速很高,其静压力相应很低,此压力经感压小孔、横向油道传到溢流阀的左侧,使溢流阀左、右两侧压力差增大。在压力差作用下溢流阀压缩弹簧在壳体内左移,使进油道与出油道相通,部分油液即在泵内循环流动,使输出油量减少。当输出油量不大,而输出油压过高(如油道堵塞等原因造成)时,过高的油压同样经感压小孔、横向油道传至溢流阀左侧,迫使钢球和安全阀压缩弹簧右移,则高压油可通过带滤网的螺塞的中心孔经进油道流回进油腔,从而降低了输出油压。

4.3.3 液压动力转向系统的检修

1. 动力转向器的检修

(1) 主要零部件检查

转向器分解后应对控制阀组件、支座组件、滚珠轴承、管道组件、转向横拉杆、转向器壳体、压力密封垫和弹簧、齿条组件、防尘套进行检查,如有明显损伤,应更换。

(2) 系统密封性检查

转向系统密封性的检查应在热车时进行,其常见的泄漏点如图4-3-11和图4-3-12所示。其方法是将转向盘快速向左、右两侧转至极限位置(注意在极限位置停留不得超过5s),并保持不动。目测检查转向控制阀、齿条密封(松开波纹管软管夹箍,再将波纹管推至一旁)、叶片泵、油管接头是否有漏油现象,如有渗漏应更换密封件。如果发现储油罐中缺少ATF油时,应检查转向系统的密封性是否完好。当转向器主动齿轮不密封时,必须更换阀体中的密封环和中间盖板上的圆形绳环。如果转向器罩壳中的齿轮齿条密封件不密封,转向动力油液可能流入波纹管套里。此时,应拆开转向机构,更换所有密封环。如油管接头漏油,应查找原因并重新接好。

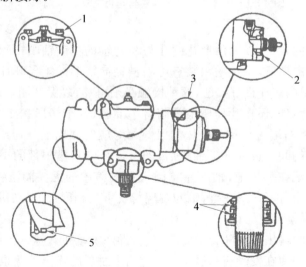

1-侧盖 2-调整螺母油封 3-压力软管接头螺栓
4-转向摇臂轴油封 5-端盖油封

图4-3-11 循环球式动力转向器常见泄漏点

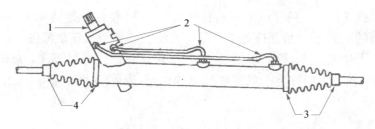

1-小齿轮轴油封 2-油管接头 3、4-防尘套及卡箍

图 4 - 3 - 12 齿轮齿条式动力转向器常见泄漏点

2. 转向油泵的检修

转向油泵在使用中应定期检查皮带情况。除此之外,动力转向器出现故障时,应检查转向油泵泵油压力。若确认转向油泵的工作性能下降,一般应整体更换。

(1) 转向油泵压力的检查步骤

将量程为 15 MPa 的压力表和节流阀串接到转向油泵和转向控制阀之间的管路中。起动发动机,如果需要,向转向油罐中补充 ATF 油。使发动机怠速运转,转动转向盘数次。急速关闭节流阀(不超过 5 s～10 s),并读出压力数,若压力足够(如桑塔纳 2000 为6.8 MPa～8.2 MPa),说明转向油泵正常。如果没有达到额定值,就应检查压力和流量限制阀是否完好。如不正常就应更换溢流阀、安全阀或更换转向油泵。

(2) 转向油泵皮带张紧力的检查与调整

1) 皮带张紧力的检查

方法一:汽车停在干燥路面上,运转发动机使油液上升到正常温度,左右转动转向盘,此时驱动皮带负荷最大。如果皮带打滑,说明皮带张紧度不够或油泵内有机械损伤。这种方法为快速、经验法。

方法二:关闭发动机,用手以约 100 N 的力从皮带的中间位置按下,皮带有约 10 mm 挠度为合适,否则必须调整。

方法三:有条件时可使用如图 4 - 3 - 13 所示的皮带紧度测量表。将测量表安装在驱动皮带上,然后测量皮带产生标准变形量时所需力的大小。

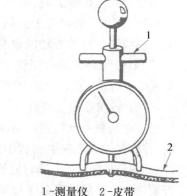

1-测量仪 2-皮带

图 4 - 3 - 13 皮带张紧度测量表

汽车每行驶 15 000 km 时,应检查皮带的张紧力,必要时更换。

2) 皮带张紧力的调整

以桑塔纳 2000 型为例进行介绍,具体方法为先松开转向油泵支架上的后固定螺栓和张紧螺栓的螺母。通过张紧螺栓把皮带绷紧,当用手以约 100 N 的力从皮带的中间位置按下,皮带约有 10 mm 挠度为合适。然后,拧紧张紧螺栓的螺母,拧紧转向油泵支架上的固定螺栓。

3. 转向储油罐的检修

转向储油罐的功用是储存、滤清、冷却动力转向系统工作油液,油罐表面有用不同方式表示的液面高度要求。如果液面高度太低,将使动力转向系渗入空气,造成汽车转向操作不稳、忽轻忽重或有噪音。

(1) 转向储油罐液面的检查

将车辆停放在平坦的地面上,使前轮处于直行位置。起动发动机,并使其达到正常的工作温度。使发动机怠速运转大约 2 min,左右打几次转向盘,使油温达到 40℃～80℃,关闭发动机。观察储油罐的液面,此时液面应处于上限与下限之间,液面低于最低位时,应加至最高位。

对于用油尺检查的汽车,拧下带油尺的封盖,用布将油位标尺擦净,将带油尺的封盖插入储油罐内拧好,然后重新拧出。观察油尺上的标记,应处于上限与下限之间,必要时将油加至最高位处。

(2)转向油液的更换

1)放油

支起汽车前部,使两前轮离开地面。拧下转向储油罐盖,拆下转向油泵回油管,然后将转向油放入容器中。令发动机怠速运转,在放转向油的同时,左右转动转向盘。

2)加油与排气

向转向储油罐内加注符合规定的转向油。停止发动机工作,支起汽车前部,并用支架支撑,连续从左到右转动转向盘若干次,将转向系统中多余空气排出。检查转向储油罐中油面高度,视需要加至最高位标记处。降下汽车前部,起动发动机怠速运转,连续转动转向盘,注意油面高度的变化。当油面下降时就不断加注转向油,直到油面停留在最高位标记处,并在转动转向盘后,储油罐中不再出现气泡为止。

4. 转向盘的检查

(1)检查转向操纵力

检查转向操纵力时,将汽车停放在水平干燥的路面上,油液温度达到 40℃～80℃,轮胎气压正常,并使前轮处于直线行驶位置。使发动机怠速运转,将一弹簧秤钩在转向盘边缘上,拉动转向盘,检查转向盘左右转动一圈所需拉力变化。一般来说,如果转向操纵力超过44.5 N,说明动力转向工作不正常,应检查有无皮带打滑或损坏、转向油泵输出油压或油量是否低于标准、油液中是否渗入空气、油管是否有压瘪或弯曲变形等故障。

(2)转向盘回位检查

一面行驶一面缓慢或迅速转动转向盘,检查两种情况下的转向盘操纵力有无明显的差别,并检查转向盘能否回到中间位置。再使汽车以约 3.5 km/h 的速度行驶,将转向盘顺时针或逆时针转动 90°,然后放开手 1 s～2 s,如果转向盘能自动回转 70°以上,说明工作正常,否则应查明故障原因并予以排除。

5. 系统压力的检查

接好压力表和节流阀。将节流阀打开,起动发动机并以怠速运转,使转向盘向左、右旋转到极限位置,同时读出压力表上的压力,额定值为 6.8 MPa～8.2 MPa。如果向左或向右的额定值达不到要求,应修理转向器或更换总成。

如果动力转向系出现失效或转向沉重等故障,应检查转向油泵和系统的工作压力。

扫一扫可见本章小结和复习参考题

扫一扫可见
本章操作视频

汽车制动系的构造与检修

第 5 章

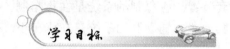

学习目标

【知识目标】

(1) 了解汽车制动系的功用及类型,熟悉汽车制动系的基本组成和工作原理,掌握各类车轮制动器的结构和工作原理。

(2) 熟悉制动传动装置的布置形式,熟悉制动力分配调节装置的结构和工作原理,掌握制动主缸、制动轮缸和真空助力装置的结构和工作原理。

(3) 掌握制动系的基本检查与调整方法,掌握车轮制动器的检修方法。

(4) 了解防抱死制动系统的类型,熟悉其基本组成、主要元件的结构和工作原理。

【能力目标】

(1) 能对照汽车底盘叙述汽车制动系的功用、组成,各总成的安装位置及布置形式。

(2) 能叙述车轮制动器的组成、功用和装配关系,正确拆卸、检查、装配和调整车轮制动器。

(3) 能对汽车制动系进行正确维护和检查调整,掌握制动系统空气排除方法,能熟练进行制动系的常规检查和制动踏板行程的检查与调整。

§5.1 汽车制动系概述

5.1.1 制动系的功用、类型及组成

1. 制动系的功用

为了保证汽车的安全行驶,提高汽车的平均行驶速度及运输效率,在复杂的道路条件或交通情况下,要求对汽车的行驶速度加以控制。汽车在弯道和不平道路行驶或会车时,必须降低车速,特别是在遇到障碍物或是有妨碍安全行驶的情况下,需要在尽可能短的距离内将车速降到很低甚至停车;汽车下长坡时,在重力作用下不断加速,为避免危险,应当将车速限

制在一定安全范围内,并保持相对稳定;对已停驶(特别是在坡道上停驶)的汽车,应使之可靠地停留在原地不动,防止溜车,也需要制动。

汽车制动系的功用:① 使行驶中的汽车按照驾驶人的要求进行强制减速甚至停车;② 使已停驶的汽车在各种道路条件下(包括在坡道上)稳定驻车;③ 使下坡行驶的汽车速度保持稳定。

2. 制动系的类型

按制动系的功用分为行车制动系统、驻车制动系统、应急制动系统和辅助制动系统。行车制动系统是使行驶中的汽车降低速度甚至停车的一套专门装置,它在行车过程中经常使用。驻车制动系统是使已停驶的汽车驻留原地不动的一套装置。应急制动系统是在行车制动系统失效的情况下保证汽车仍能实现减速或停车的一套装置。辅助制动系统是在汽车下坡时用以稳定车速的一套装置。

按制动系的制动能源分为人力制动系统、动力制动系统和伺服制动系统。人力制动系统是以驾驶人的体能作为唯一制动能源的制动系统。动力制动系统是完全靠发动机的动力转化为气压或液压形式的动能进行制动的制动系统。伺服制动系统是兼用人力和发动机动力进行制动的制动系统。

按制动传动机构的布置形式分为单回路制动系统和双回路制动系统。单回路制动系统的传动装置采用单一的气压或液压回路,当制动系中有一处损坏而漏气(油)时,整个系统即失效。双回路制动系统的所有行车制动器的气压或液压管路分属于两个彼此隔绝的回路,这样,即使其中一个回路失效,还能利用另一回路产生制动,从而提高汽车制动的可靠性和安全性。

按制动能量的传输方式分为机械式、液压式、气压式和电磁式等,同时采用两种以上传能方式的制动系统可称为组合式制动系统。

3. 制动系的基本组成

任何制动系都由供能装置、控制装置、传动装置和制动器四个基本组成部分。供能装置包括供给、调节制动所需能量以及改善传能介质状态的各种部件,其中产生制动能量的部分称为制动能源,人的体能是最基本的制动能源。控制装置包括产生制动动作和控制制动效果的各种部件。传动装置包括将制动能量传输到制动器的各个部件。制动器产生阻碍车辆的运动或运动趋势(制动力)的部件,其中也包括辅助制动系统中的缓速装置。

较为完善的制动系统还具有制动力调节装置、车轮防抱死装置(ABS)、报警装置以及压力保护装置等附加装置。

5.1.2 制动系的工作原理

常规制动系的工作原理如图 5-1-1 所示。一个以内圆面为工作表面的金属制动鼓固定在车轮轮毂上,随车轮一同旋转。在固定不动的制动底板上,有两个支承销,支承着两个弧形制动蹄的下端。制动蹄的外圆面上又装有一般非金属的摩擦片。制动底板上还装有液压制动轮缸,用油管与装在车架上的液压制动主缸相连通。主缸活塞可由驾驶人通过制动踏板来操纵。

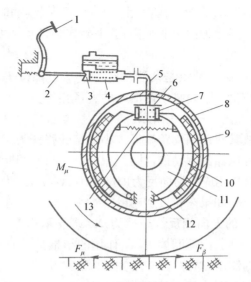

1-制动踏板 2-推杆 3-主缸活塞 4-制动主缸 5-油管 6-制动轮缸 7-轮缸活塞
8-制动鼓 9-摩擦片 10-制动蹄 11-制动底板 12-支承销 13-制动蹄回位弹簧

图 5-1-1 制动系工作原理示意图

制动系不工作时,制动鼓的内圆面与制动蹄摩擦片的外圆面之间保持有一定的间隙,使车轮和制动鼓可以自由旋转。

要使行驶中的汽车减速,驾驶人应踩下制动踏板,通过推杆和主缸活塞,使主缸内的油液在一定压力下流入轮缸,并通过两个轮缸活塞推动制动蹄绕支承销转动,上端向两边分开而以其摩擦片压紧在制动鼓的内圆面上。这样,不旋转的制动蹄就对旋转着的制动鼓作用一个摩擦力矩,其方向与车轮旋转方向相反。制动鼓将该力矩传到车轮后,由于车轮与路面间的附着作用,车轮对路面作用一个向前的力,同时路面也对车轮作用一个向后的反作用力,即制动力。制动力由车轮经车桥和悬架传给车架及车身,迫使整个汽车产生一定的减速。制动力越大,则汽车减速程度也越大。当松开制动踏板时,回位弹簧即将制动蹄拉回复位,摩擦力矩和制动力消失,制动作用即行终止。

如图 5-1-1 所示的制动系中,主要由制动底板、制动轮缸、制动鼓、带摩擦片的制动蹄构成的部件称为制动器,其功用是对车轮施加制动力矩以阻碍其转动。

§5.2 车轮制动器

凡利用固定元件与旋转元件的工作表面摩擦而产生制动作用的制动器称为摩擦制动器,摩擦制动器按照摩擦工作表面的不同分为鼓式和盘式两种。鼓式制动器与盘式制动器的区别在于,前者的摩擦副中的旋转元件为制动鼓,其圆柱面为工作表面;后者的摩擦副中的旋转元件为圆盘式制动盘,其端面为工作表面。

5.2.1 鼓式车轮制动器

鼓式制动器多为内张双蹄式。但是,因制动蹄张开机构的结构、张开力作用点和制动蹄支承点的布置方式等不同,制动器的工作性能也不同。根据制动时制动蹄对制动鼓作用的径向力是否平衡,鼓式制动器分为简单非平衡式、平衡式和自动增力式三种。

1. 简单非平衡式制动器

简单非平衡式制动器的结构特点是两制动蹄的支承点都位于蹄的一端,两支承点与张开力作用点的布置都是轴对称式,轮缸中两活塞的直径相等。

简单非平衡式制动器如图 5-2-1 所示。制动时,轮缸内油压升高,推动活塞向两端移动。因两活塞直径相等,故其对两制动蹄施加大小相等的张开力 P,使蹄分别绕各自的支承销向外转动,直至其摩擦片压靠到制动鼓内圆工作面上。与此同时,制动鼓对两制动蹄分别作用有法向反力 Y_1、Y_2,以及相应的切向反力即摩擦力 X_1、X_2。为简化起见,假设这些反力都集中作用于摩擦片的中央,如果车轮按逆时针方向旋转,则前制动蹄所受的摩擦力 X_1 和后制动蹄所受的摩擦力 X_2 的方向相反。摩擦力 X_1 绕支承销产生的力矩与该蹄张开力 P 绕支承销产生的力矩方向相同,因而摩擦力 X_1 作用的结果是使前制动蹄对制动鼓的压紧力增大,从而使该蹄所产生的制动(摩擦)力矩增大,即具有"助势"作用,故称为助势蹄,也称为领蹄或紧蹄。摩擦力 X_2 则有使制动蹄离开制动鼓的倾向,使蹄对鼓的压紧力减小,从而使该蹄的制动力矩减小,具有"减势"作用,故称为减势蹄,也称为从蹄或松蹄。

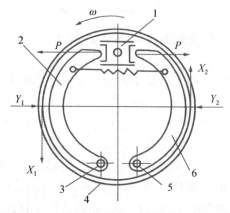

1-制动轮缸 2、6-制动蹄 3、5-支承销 4-制动鼓

图 5-2-1 简单非平衡式制动器示意图

由此可知,虽然前、后两蹄所受张开力 P 相等,但因摩擦力 X_1 与 X_2 所起的作用相反,且轮缸两活塞又是浮动的,使两蹄所受到制动鼓的法向反力不相等,即 $Y_1 > Y_2$,相应的摩擦力 $X_1 > X_2$,故两制动蹄对制动鼓作用的制动力矩不相等。通常,助势蹄的制动力矩约为减势蹄的 2～2.5 倍。

简单非平衡式制动器按其两蹄张开的力源不同可分为液压张开式和气压张开式两种。

(1) 液压张开式车轮制动器

北京 BJ2020N 型汽车后轮制动器即为液压张开的简单非平衡式制动器,如图 5-2-2 所示。作为旋转元件的制动鼓固装于车轮轮毂的凸缘上,制动底板用螺栓与后驱动桥壳半轴套管上的凸缘连接。具有 T 形截面的制动蹄以其腹板下端的孔分别同两支承销的偏心轴颈动配合,制动蹄外端面铆有摩擦片,为了使两蹄摩擦片上的单位压力大致相等,磨损量接近一致,其前蹄擦片比后蹄摩擦片长。

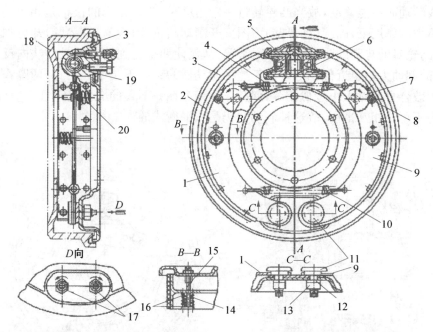

1-前制动蹄　2-摩擦片　3-制动底板　4、10-制动蹄回位弹簧　5-制动轮缸活塞
6-活塞顶块　7-调整凸轮　8-调整凸轮锁销　9-后制动蹄　11-支承销　12-弹簧
垫圈　13-螺母　14-制动蹄限位弹簧　15-制动蹄限位杆　16-弹簧盘　17-支承销
内端面上的标记　18-制动鼓　19-制动轮缸　20-调整凸轮压紧弹簧

图 5-2-2　北京 BJ2020N 型汽车后轮制动器

　　属于液压传动装置的制动轮缸作为制动蹄的促动装置,用螺栓安装在制动底板上,因而在结构上又成为制动器不可分割的组成部分。制动蹄回位弹簧将两蹄上端拉靠在制动底板上的调整凸轮处。在调整凸轮头部下面装有压紧弹簧,弹簧张力可使调整凸轮固定在调整好的任何位置上。制动蹄腹板的上端松嵌入制动轮缸活塞顶块的凹槽中,轮缸活塞被弹簧始终压靠在制动蹄上端。制动蹄在不工作的原始位置时,制动蹄摩擦片与制动鼓之间应保持合适的间隙,其设定值由汽车制造厂规定,一般在 0.25 mm～0.50 mm 之间。在制动鼓的腹板边沿处开有一小孔,以便观察和检测制动蹄与制动鼓之间的间隙。

　　当踩下制动踏板时,制动液被压入制动轮缸,推动制动轮缸活塞向两端移动,通过活塞顶块推动两制动蹄压向制动鼓,使蹄与鼓之间产生摩擦力,以实现汽车制动。松开制动踏板,制动蹄在回位弹簧的作用下回到原位,制动液流回主缸,制动即被解除。

　　(2) 气压张开式车轮制动器

　　东风 EQ1090E 型前轮制动器属于气压张开式车轮制动器,如图 5-2-3 所示。

　　该制动器的前、后两制动蹄用可锻铸铁制成,其下端支承孔与带偏心轴颈的支承销间隙配合,并用挡板及锁销轴向限位。不制动时由回位弹簧把制动蹄上端支承面拉靠到制动凸轮轴的凸轮上,凸轮与轴制成一体,多用中碳钢制成,其表面经高频淬火处理。制动凸轮轴通过支承座固定在制动底板上,其尾部花键轴插入制动调整臂的花键孔中。

　　制动时,制动调整臂在制动气室的推动下,带动制动凸轮轴转动,凸轮便迫使两制动蹄张开并压靠在制动鼓上,产生制动作用。由于凸轮的工作表面轮廓中心对称,且凸轮只能绕固定的轴线转动而不能移动,故当凸轮转过一定角度时,两蹄张开的位移是相等的。在蹄与鼓之间摩擦力的作用下,前蹄(助势蹄)力图离开制动凸轮,而后蹄(减势蹄)却更加靠紧制动凸轮,造成凸轮对助势蹄的张开力小于减势蹄,从而使两蹄受到的制动鼓的法向反力近似相等,使两蹄的制动力矩也近似相等。由于这种制动器的结构不是中心对称,两蹄作用于制动鼓的法向等效合力虽然大小近似相等,但其作用线存在一不大的夹角而不在一直线上,两法向等效合力不可能相互平衡,故这种制动器仍是非平衡式的。

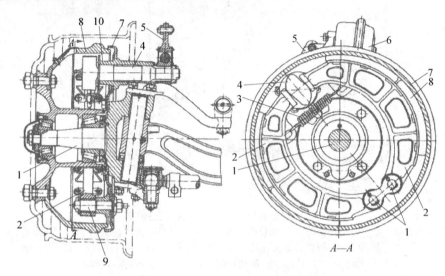

1-转向节轴颈　2-制动蹄　3-回位弹簧　4-制动凸轮轴　5-制动调整臂
6-制动气室　7-制动底板　8-制动鼓　9-支承销　10-制动凸轮轴支承座

图5-2-3　东风EQ1090E型汽车前轮制动器

制动器间隙的调整可以根据需要进行局部或全面调整。局部调整时,只需要利用制动调整臂来改变凸轮轴的原始位置。全面调整时,还应同时转动装于制动蹄下端的偏心支承销。制动调整臂结构如图5-2-4所示。在制动调整臂和两侧的盖所包围的空腔内装有调整蜗杆和调整蜗轮。转动蜗杆轴,即可在不改变制动调整臂与制动气室推杆的相应位置的情况下,通过蜗轮使制动凸轮轴转过一定角度,从而改变制动凸轮的原始位置。

如图5-2-4(a)所示,蜗杆轴一端的轴颈上,沿周向有六个均布的凹坑。当蜗杆每转到一个凹坑对准位于制动调整臂体内的锁止球时,锁止球便在弹簧作用下嵌入凹坑,使蜗杆轴与制动调整臂相对位置保持不变。在图5-2-4(b)中,蜗杆轴与制动调整臂相对位置是靠锁止套11和锁止螺钉12来固定的(如解放CA1091型汽车)。将具有六角孔的锁止套按入制动调整臂的孔中,即可转动调整蜗杆进行全面调整,此时还应转动带有偏心轴颈的支承销(一般具有2.5mm的偏心距)。

2. 平衡式车轮制动器

由于车轮制动器的助势蹄能提高制动效能,因而设计了前后蹄均为助势蹄的车轮制动器。前后两蹄总体布置上设计对制动鼓"中心对称",因此两个助势蹄对轮毂轴承的作用力是平衡的。其中只有在前进制动时两蹄为助势蹄的,称单向助势平衡式车轮制动器;无论在前进和倒车时两蹄都为助势蹄的,则称为双向助势平衡式制动器。

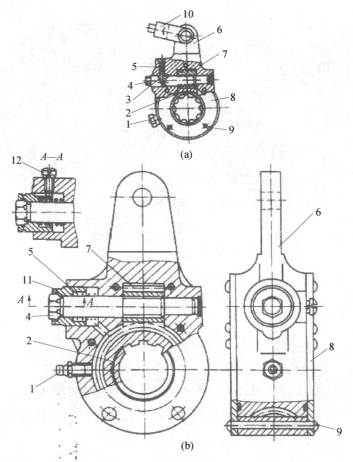

1-油嘴　2-调整涡轮　3-锁止球　4-蜗杆轴　5-弹簧　6-制动调整臂
7-调整蜗杆　8-盖　9-铆钉　10-制动气室推杆　11-锁止套　12-锁止螺钉

图 5-2-4　制动调整臂

（1）单向助势平衡式制动器

单向助势平衡式制动器如图 5-2-5 所示。

以北京 BJ2020N 型汽车前轮制动器为例，如图 5-2-6 所示。两制动蹄各用一个单向活塞制动轮缸，但两套制动蹄、轮缸、支承销和调整凸轮等在制动底板上的布置是中心对称的。两制动轮缸用连接油管连通，使其中油压相等。这样，在前进制动时，两蹄均为助势蹄，且前后蹄对制动鼓的压紧力是相等的，从而提高了前进制动时的制动性能，并使蹄片磨损趋于相等。但在倒车制动时两蹄均为减势蹄，制动效能比前进时差很多。

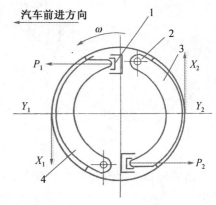

1-轮缸活塞　2-支承销　3-后制动蹄　4-前制动蹄

图 5-2-5　单向助势平衡式制动器示意图

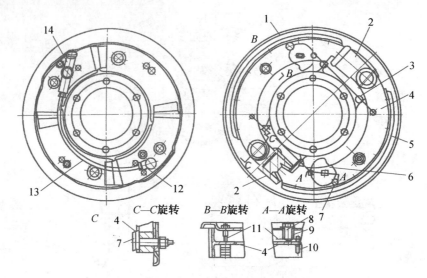

1-制动底板 2-制动轮缸 3-制动蹄回位弹簧 4-制动蹄 5-摩擦片 6-调整凸轮 7-支承销 8-调整凸轮轴 9-弹簧 10-调整凸轮锁销 11-制动蹄限位杆 12、14-油管接头 13-轮缸连接油管

图 5-2-6 北京 BJ2020N 型汽车前轮制动器

（2）双向助势平衡式制动器

双向助势平衡式制动器如图 5-2-7 所示。该制动器的两个制动蹄的支承点和促动点能根据车轮旋转方向相互转换，即可使汽车前进或倒退时均能得到相同且较高的制动效能。

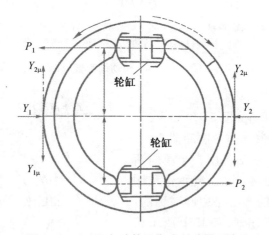

图 5-2-7 双向助势平衡式制动器示意图

红旗 CA7560 型汽车的前后轮制动器就属于双向助势平衡式制动器，其中前轮制动器的结构如图 5-2-8 所示。制动底板上的所有固定元件，如制动蹄、制动轮缸、回位弹簧等都是成对的，它们既按轴对称，又按中心对称布置。两制动蹄的两端都采用浮动式支承，且支点的周向位置也是浮动的。

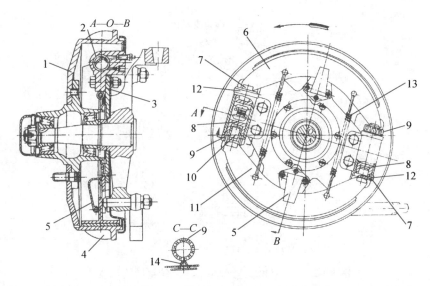

1-制动鼓　2-制动轮缸　3-制动底板　4-制动鼓散热片　5-制动蹄限位片　6-上制动蹄　7-支座
8-轮缸活塞　9-调整螺母　10-可调支座　11-下制动蹄　12-防护套　13-回位弹簧　14-锁片

图 5－2－8　红旗 CA7560 型汽车前轮制动器

在前进制动时,两制动轮缸内所有活塞都在液压作用下向外张开,将两制动蹄压靠在制动鼓上。在制动鼓的摩擦力矩作用下,两蹄都绕车轮中心 O 朝箭头所示的车轮旋转方向转动,将轮缸活塞外端的支座推回,直至顶靠着端面为止。于是两蹄便以支座为支点均在自动助势的条件下工作。

倒车制动时,每个制动蹄的支点和促动点的位置都与前进制动时相反,其两制动蹄压向制动鼓后,被制动鼓带着绕车轮中心 O 逆箭头方向转过一个角度,将可调支座连同调整螺母一起推靠到轮缸的端面上,于是两可调支座便成为蹄新的支承点。此时所产生的制动效能与前进制动时完全相同。

利用调整螺母可以调整蹄鼓间隙。拨动调整螺母头部的齿槽,使螺母转动,带螺杆的可调支座便向内或向外做轴向移动,改变蹄鼓间隙。调整好后将锁片插入调整螺母的齿槽中,以防止螺母松动。

3. 自动增力式车轮制动器

自动增力式制动器可分为单向自动增力式和双向自动增力式两种。

自动增力式制动器的增力原理是将两制动蹄用推杆浮动铰接,利用传力机构的张开力使两蹄接力式地产生助势作用,还可充分利用前蹄的助势推动后蹄,使总的摩擦力矩进一步增大,故称"自动增力"。

BJ2021 切诺基轻型越野车的后轮制动器即为双向自增力式制动器,其结构如图5－2－9、图5－2－10所示。两制动蹄的上端用两根复位弹簧拉靠在支撑销上,下端由拉紧弹簧拉靠在可调推杆两端直槽的底平面上,轮缸处于支撑销稍下的位置。

该制动器中装有间隙自调机构,它由自调拨板、拨板复位弹簧、拉绳及其导向板等组成。自调拨板以右端部销孔支撑在制动蹄的销钉上,可绕此销钉转动,在拨板复位弹簧的作用下拨板处于最下端。自调拨板用手拨转带齿调整螺钉,使拨板左端与调整螺钉的齿离开一定

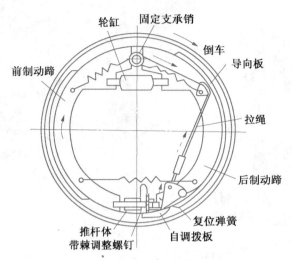

图 5-2-9 BJ2021 轻型越野车后轮制动器示意图

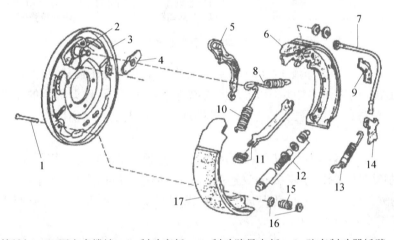

1-定位弹簧销钉 2-固定支撑销 3-制动底板 4-制动蹄导向板 5-驻车制动器摇臂 6-后制动
蹄 7-拉绳 8-后蹄复位弹簧 9-导向板 10-前蹄复位弹簧 11-驻车制动推板及弹簧 12-带棘
轮调整螺钉 13-复位弹簧 14-自调拨板 15-制动蹄定位弹簧 16-弹簧座 17-前制动蹄

图 5-2-10 BJ2021 轻型越野汽车后轮制动器分解图

距离,此距离与规定的制动器间隙相对应。自调拉绳的上端挂在支撑销上,中部绕过导向板的弧面,下端与自调拨板相连。导向板以其中央孔的圆筒状凸起装在制动蹄的孔中,形成自由转动支点。

倒车制动时,后蹄的上端离开支撑销,整个制动蹄压靠在制动鼓上,并在摩擦力作用下随制动鼓顺时针方向转过一个角度。此时挂在支撑销上的拉绳即拉动自调拨板的自由端向上(顺时针方向)摆转,摆转量取决于制动器实际间隙的大小。当制动器间隙超过标准值时,拨板的摆转使其左端插入调整螺钉的齿槽内。解除倒车制动时,制动蹄复位,拨板在扭簧的作用下回到最下端,同时将调整螺钉拨转过一定的角度,使可调推杆的长度稍有增加,从而使蹄鼓间隙有所恢复。经若干次制动,所积累的制动器过量间隙才能被完全清除。若制动器间隙为标准值,则拨板的摆动量不足以使其左端插入调整螺钉的齿槽,因而保持规定的间隙不变。前进制动时,该自调装置完全不起作用。

5.2.2　盘式车轮制动器

现代汽车上使用的盘式制动器有两种,一种是固定钳盘式制动器,另一种是浮动钳盘式制动器。

1. 固定钳盘式制动器

图 5-2-11 所示为固定钳盘式制动器,其旋转元件是固定在车轮上,以端面为工作面,用合金铸铁制成的制动盘。固定元件是制动块总成和制动钳,制动钳的钳形支架通过螺栓与转向节(前桥)或桥壳(后桥)固装,并用调整垫片控制制动钳与制动盘之间的相对位置。制动钳体的内、外两侧油缸内各装一个活塞,并用矩形密封圈进行密封。

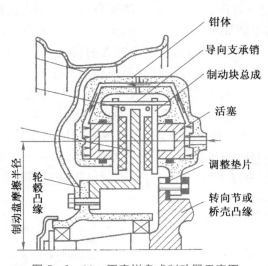

图 5-2-11　固定钳盘式制动器示意图

制动时,制动油液被压入内、外两油缸中,在液压作用下两活塞带动两侧制动块相向移动压紧制动盘,产生摩擦力矩。解除制动时,活塞和制动块依靠密封圈的弹力和弹簧的弹力回位。

若制动块摩擦片与制动盘的间隙因磨损加大,制动时活塞密封圈变形达到极限后,活塞仍可在液压作用下克服密封圈的摩擦力继续移动,直到摩擦片压紧制动盘为止。但解除制动时,矩形密封圈所能将活塞拉回的距离同摩擦片磨损之前是相同的,即摩擦片与制动盘间隙仍保持标准值。由此可见,矩形密封圈能兼起活塞回位弹簧的作用,并能自动调整制动器间隙。

2. 浮动钳盘式制动器

(1) 结构与原理

图 5-2-12 所示为浮动钳盘式制动器结构示意图。浮动钳盘式制动器与固定钳盘式制动器的不同之处在于制动钳体可以相对于制动盘做轴向

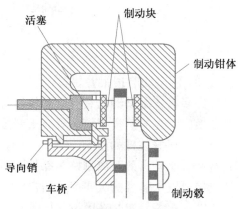

图 5-2-12　浮动钳盘式制动器示意图

滑动,而且制动油缸只装在制动盘的内侧,其数目只有固定钳盘式的一半,而外侧的制动块则固装在钳体上。

制动时,活塞制动块在液压作用力作用下,由活塞推靠在制动盘上。同时制动钳上的反力推动制动钳沿定位导向销移动,使外侧的摩擦片也压靠在制动盘上,产生制动力。于是制动盘两边都被紧紧抱住,使其停止转动。

与固定钳盘式制动器相比较,浮动钳盘式制动器的单侧轮缸结构不需要设置跨越制动盘的油道,故不仅轴向和径向尺寸较小,有可能布置得更接近车轮轮毂,而且制动液受热汽化的机会较少。浮动钳盘式制动器现已基本取代了固定钳盘式制动器。

(2)间隙自调装置

钳盘式制动器经过一段时间的工作,制动盘和制动块摩擦片都要磨损,使得在未制动时制动盘与制动块摩擦片之间的间隙增大,制动踏板自由行程加大。钳盘式制动器制动间隙一般都是自动调节的,其原理如图5-2-13所示。制动钳体中的活塞上都装有橡胶密封圈,在活塞移动过程中,橡胶密封圈的刃边在摩擦力的作用下随活塞移动,使密封圈产生弹性变形。相应的,其极限变形量 Δ 应等于制动器间隙为设定值时的完全制动所需的活塞行程,如图5-2-13(a)所示。解除制动时,活塞在密封圈的弹力作用下返回,直到密封圈变形完全消失为止,如图5-2-13(b)所示。若制动器存在过量间隙,则制动时活塞密封圈变形量达到极限值后,活塞仍可能在液压力作用下,克服密封圈的摩擦力而继续移动,直到实现完全制动为止。但解除制动后,活塞密封圈将活塞拉回的距离仍然是 Δ,因此制动器间隙又恢复到设定值。这种利用密封圈的弹性和定量变形使活塞复位和自动调整间隙的方法,可使制动器结构简单、成本低。

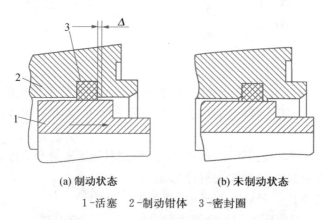

(a) 制动状态　　　　　(b) 未制动状态

1-活塞　2-制动钳体　3-密封圈

图5-2-13　盘式制动器制动间隙自动调节原理示意图

(3)制动块磨损报警装置

许多盘式制动器上装有制动块摩擦片磨损报警装置,用来提醒驾驶人制动块摩擦片需要更换。常见的磨损报警装置有声音报警、电子报警和触觉报警三种。

声音报警装置如图5-2-14所示,这种系统在制动摩擦块的背板上装有一小弹簧片,其端部到制动盘的距离刚好为摩擦片的磨损极限。当摩擦片磨损到需更换时,弹簧片与制动盘接触发出刺耳的尖叫声,警告驾驶人需检修制动器。

电子报警装置是在摩擦片内预埋了电路触点,当摩擦片磨损到使触点外露接触制动盘时,会形成电流回路,接通仪表盘上的警告灯,告知驾驶人摩擦片需更换。

触觉报警装置是在制动盘表面有一传感器,摩擦片也有一传感器。当摩擦片磨损到两个传感器接触时,踏板产生脉动,提醒驾驶人需更换摩擦片。

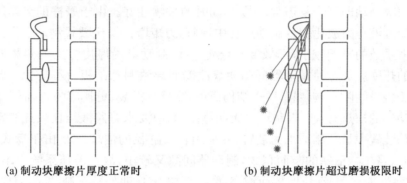

(a) 制动块摩擦片厚度正常时　　　　　(b) 制动块摩擦片超过磨损极限时

图 5-2-14　声音报警装置

3. 典型浮钳盘式制动器

桑塔纳轿车前轮制动器即浮钳盘式制动器,其结构如图 5-2-15 所示。制动钳壳体用螺栓与支架相连,螺栓同时兼作导向销支架固定在前悬架焊接总成的轴承座凸缘上。壳体可沿导向销与支架做轴向相对移动,内、外摩擦块装在支架上,用摩擦块止动弹簧卡住,使内、外摩擦块可以在支架上做轴向移动,但不会上下窜动。制动盘装在内、外摩擦块之间,并通过轮胎螺栓固定在前轮毂上。内、外摩擦衬块是由无石棉金属材料制成的,与钢制背板牢牢粘在一起组成了内、外摩擦块。制动时活塞在制动液压力作用下,推动内摩擦块压向制动盘内侧面,制动钳上的反力则将摩擦块压向制动盘外侧面。于是内、外摩擦块将制动盘的两侧面紧紧夹住,实现了制动。

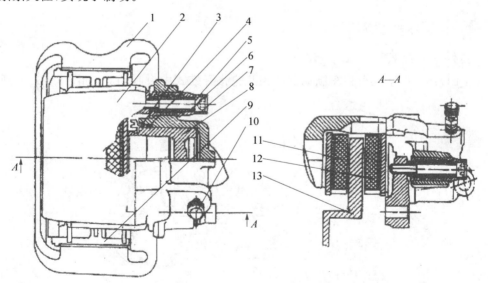

1-支架　2-制动钳壳体　3-活塞防尘罩　4-活塞密封圈　5-螺栓　6-导套　7-导向防尘罩　8-活塞　9-止动弹簧　10-放气螺钉　11-外摩擦块　12-内摩擦块　13-制动盘

图 5-2-15　桑塔纳轿车前轮浮钳盘式制动器

4.盘式制动器的特点

盘式制动器与鼓式制动器相比较,有以下优点:① 制动盘暴露在空气中,散热能力强,特别是采用通风式制动盘,空气可以流经内部加强散热。② 浸水后制动效能降低较少,而且只需经一两次制动即可恢复正常。③ 制动时的平顺性好。由于摩擦助势作用,产生的制动力矩仅与油缸液压力成比例。制动过程中,制动力矩增长得比鼓式制动器慢。同时,制动器效能受摩擦系数的影响较小,即效能较稳定。④ 制动盘沿厚度方向的热膨胀量极小,不会像制动鼓的热膨胀那样使制动器间隙明显改变而导致制动踏板行程变化。此外,该形式制动器也便于装设间隙自调装置。⑤ 结构简单,摩擦片拆装、更换容易,因而维修方便。

盘式制动器的缺点有:① 因制动时无助势作用,故要求管路液压比鼓式制动器高,一般需在液压传动装置中加装制动加力装置,并采用较大缸径的油缸。② 由于盘式制动器活塞的回位能力差,且轮缸活塞的断面积大,制动器间隙又较小,故在液压系统中不能留有残余压力。③ 防污性能差,制动块摩擦面积小,磨损较快。④ 兼作驻车制动时,需要加装的驻车制动传动装置较鼓式制动器复杂,因而在后轮上的应用受到限制。

§5.3 驻车制动器

5.3.1 驻车制动器的作用及类型

驻车制动器俗称手制动器,其功用是使停驶的汽车驻留原地不动,便于在坡道上起步;在行车制动器失效后临时使用或配合行车制动器进行应急制动。

驻车制动器按安装位置的不同,可以分为中央驻车制动器和车轮驻车制动器两类。按制动器结构形式不同可分为鼓式、盘式、带式和弹簧作用式驻车制动器。

5.3.2 中央驻车制动器

1.凸轮张开鼓式中央制动器

东风 EQ1090E 型汽车驻车制动器即为凸轮张开鼓式中央制动器,如图 5-3-1 所示。

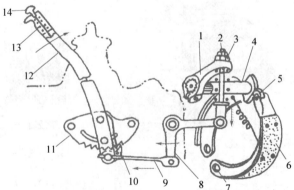

1-摆臂　2-制动盘　3-制动蹄　4-调整螺钉　5-销　6-拉簧　7-后制动蹄臂　8-回位弹簧　9-蹄臂拉杆　10-前制动蹄臂　11-拉杆臂　12-传动拉杆　13-棘爪　14-齿扇　15-驻车制动杆

图 5-3-1 东风 EQ1090E 型汽车驻车制动器

（1）结构

制动鼓通过螺栓与变速器输出轴的凸缘盘紧固在一起，制动底板固定在变速器输出轴轴承盖上，两制动蹄通过偏心支承销支承于制动底板上。制动蹄上端装有滚轮，在回位弹簧的作用下滚轮紧靠在凸轮两侧。凸轮轴支承在制动底板的上部，轴外端与摆臂连接，摆臂的另一端与穿过压紧弹簧的拉杆相连。拉杆再通过摇臂、传动杆与驻车制动杆相连。驻车制动杆下端装有棘爪，工作时，棘爪嵌入齿扇上的棘齿内，起锁止作用。解除制动时，需按下驻车制动杆上的按钮使棘爪脱离棘齿才能扳动驻车制动杆。

（2）工作情况

制动时，将驻车制动杆上端向后拉动，则制动杆的下端向前摆动。传动杆带动摇臂顺时针转动，拉杆则带动摆臂顺时针转动，凸轮轴亦顺时针转动。凸轮使两制动蹄以支承销为支点向外张开，压靠到制动鼓上，产生制动作用。当制动拉杆到制动位置时，棘爪嵌入齿扇上的棘齿内，起锁止作用。

解除制动时，按下驻车制动杆上的按钮使棘爪脱离棘齿，向前推动制动杆，则传动杆、拉杆、凸轮轴按逆时针方向转动。制动蹄在回位弹簧作用下回位，制动蹄与制动鼓间恢复制动间隙，从而使驻车制动解除。

2. 盘式中央制动器

解放 CA1091 型汽车驻车制动器示意图如图 5-3-2 所示。

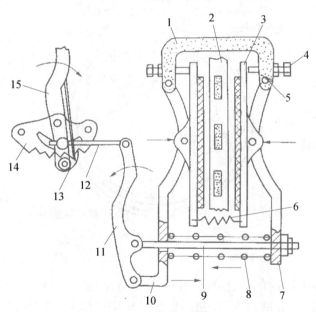

1-支架 2-制动盘 3-制动蹄 4-调整螺钉 5-销 6-拉簧 7-后制动蹄臂
8-回位弹簧 9-蹄臂拉杆 10-前制动蹄臂 11-拉杆臂 12-传动拉杆
13-棘爪 14-齿扇 15-驻车制动操纵杆

图 5-3-2 解放 CA1091 型汽车驻车制动器示意图

不制动时，驻车制动操纵杆处于最前位置，两制动蹄臂之间的定位弹簧将两制动蹄分开后，制动蹄与制动盘之间有一定的间隙，无制动效果。制动时，将驻车制动操纵杆向后拉（如

图 5-3-2 所示向右拉),通过传力机构使两制动臂夹紧,蹄盘之间的间隙消除,产生制动效果,并通过制动杆下端的棘爪锁止制动位置。

解除制动时,先向后拉驻车制动操纵杆,同时按下驻车制动操纵杆上的按钮,使棘爪脱出。然后将驻车制动操纵杆推向最前端,使前后制动蹄回位,此时制动即被解除。制动盘与制动蹄之间的间隙可通过拉杆端面的螺母和调整螺钉调整。

5.3.3 车轮驻车制动器

车轮制动器中的驻车制动装置或与行车制动装置共用一套制动器,或单独使用一套制动器。车轮驻车制动器按结构形式可分为鼓式、盘式和盘鼓组合式。

1. 带驻车制动装置的鼓式制动器

目前,多数国产轿车采用后轮鼓式制动器兼作驻车制动器,如桑塔纳轿车、捷达轿车、广本飞度轿车等,它主要由驻车制动杆、制动拉索、操纵拉杆和后轮制动器组成。

桑塔纳轿车带驻车制动装置的后轮制动器的结构、原理如图 5-3-3 所示。驻车制动杠杆上端用平头销与后制动蹄相连,其上部卡入驻车制动推杆右端的切槽,作为中间支点。其下端做成钩形,与驻车制动钢索相连,前、后制动蹄的腹板卡在驻车制动推杆两端的切槽中。

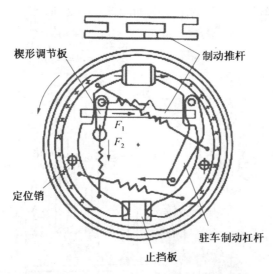

图 5-3-3 桑塔纳轿车后轮制动器示意图

驻车制动时,将车厢内的驻车制动杆拉到制动位置,制动钢索将制动杠杆下端向前拉,使之绕上端支点(平头销)转动。制动杠杆在转动过程中,其中间支点推动驻车制动推杆向左移动,将前制动蹄压向制动鼓,直到前制动蹄压到制动鼓后,推杆停止移动,则制动杠杆的中间支点成为继续转动的新支点,于是制动杠杆的上端右移,使后制动蹄压靠到制动鼓上。钢索拉得越紧,摩擦片对制动鼓的压力也越大,制动鼓与摩擦片之间产生的摩擦力矩也越大。解除驻车制动时,松开驻车制动杆,在复位弹簧的作用下,制动杆、制动蹄均回复原位。

2. 带驻车制动装置的盘式制动器

一种带凸轮促动机构的盘式制动器的浮式制动钳如图5-3-4所示。自调螺杆穿过制动钳体的孔旋装在切有粗牙螺纹的自调螺母中,螺母凸缘的左边部分被扭簧紧箍着。扭簧的一端固定在活塞上,而另一端则自由地抵靠螺母凸缘。推力球轴承固定在螺母凸缘的右侧,并被固定在活塞上的挡片封闭。轴承与挡片之间的装配间隙即等于制动器间隙为标准值时完全制动所需的活塞行程。膜片弹簧使螺杆右端斜面与驻车制动杠杆的凸轮斜面始终贴合。

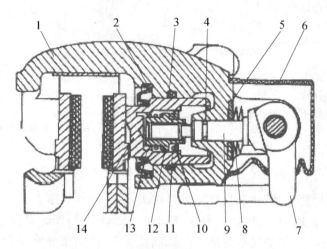

1-制动钳体　2-活塞护罩　3-活塞密封圈　4-自调螺杆密封圈　5-膜片弹簧支
撑垫圈　6-驻车制动杠杆护罩　7-驻车制动杠杆　8-膜片弹簧　9-自调螺杆
10-挡片　11-推力球轴承　12-自调螺母　13-扭簧　14-活塞

图5-3-4　带凸轮促动机构的浮式制动钳

驻车制动时,在驻车制动杠杆的凸轮推动下,自调螺杆连同自调螺母一直左移到螺母接触活塞的底部。此时,由于扭簧的阻碍,自调螺母不可能倒转着相对于螺杆向右移动,于是轴向推力便通过活塞传到制动块上而实现制动。解除驻车制动时,自调螺杆在膜片弹簧的作用下,随着驻车制动杠杆回位。

该制动器可以实现制动间隙的自动调整。在制动间隙大于标准值的情况下行车制动时,活塞在液压作用下左移。挡片与轴承间的间隙消失后,活塞所受液压推力便通过推力轴承作用在自调螺母凸缘上。因为自调螺杆受凸轮斜面和膜片弹簧的限制,不能转动,也不能轴向移动,所以这一轴向推力便迫使自调螺母转动,并且随活塞相对螺杆左移到制动器过量间隙消失为止。此时扭簧张开,且其螺圈直径略有增大。撤出液压后,活塞密封圈使活塞退回到制动器间隙等于标准值的位置,而扭簧的自由端则由于所受摩擦力矩的消失而转回原位。这样,自调螺母保持在制动前的轴向位置不动,从而保证了挡片与推力轴承之间的间隙为原值。

3. 带弹簧储能器的车轮驻车制动器

许多重型货车或大型客车采用气压操纵的带有弹簧储能器的车轮驻车制动器,此类制动器将弹簧储能器制动气室与后轮制动气室组合在一起,形成一个组合式制动气室,如图5-3-5所示。

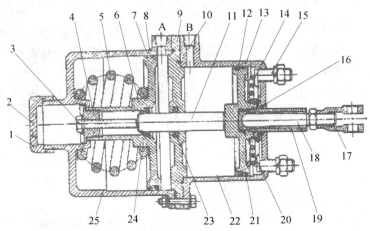

1-防尘罩　2-滤网　3-传力螺杆　4-螺塞　5-腰鼓形制动弹簧　6-驻车制动活塞　7-油浸毡圈　8、12-橡胶密封圈　9-隔板　10、23-密封圈　11-推杆　13-毡圈　14-后制动活塞回位弹簧　15-安装螺栓　16-导管油封　17-连接叉　18-推杆　19-导管　20-推杆座　21-后制动活塞　22-后制动气室　24-内外密封圈总成　25-驻车制动气室

图5-3-5　带有弹簧储能器的组合式制动气室

单独进行驻车制动时,将驻车制动操纵阀拉出,驻车制动气室右侧的压缩空气便被操纵阀从下端气孔放出,此时A孔和B孔与大气相通。制动弹簧伸长,其作用力依次经活塞、螺塞、传力螺杆和推杆将后制动气室的活塞推到制动位置,将回位弹簧完全压缩。

在汽车起步前,应将驻车制动操纵阀推回到不制动位置,使压缩空气自储气筒经A孔充入驻车制动气室右侧,压缩制动弹簧,将驻车制动活塞推到不制动位置。同时,后制动活塞也在其回位弹簧作用下回到不制动的位置,汽车方可正常行驶。

若汽车的气源或气路发生故障,不能对驻车制动气室充气,制动弹簧处于伸张状态,使汽车保持制动。该装置可起到安全制动或应急制动的作用。

§5.4　制动传动装置

制动传动装置的作用是将驾驶人或其他动力源的作用传到制动器,同时控制制动器的工作,从而获得所需要的制动力矩。制动传动装置按传力介质的不同可分为液压式、气压式和气-液综合式制动传动装置,按制动管路的数目可分为单管路和双管路制动传动装置。

对于轿车,常见的制动传动装置为液压式双管路制动传动装置。而中型以上的客货车多采用气压式双管路制动传动装置。

5.4.1　液压式制动传动装置

液压式制动传动装置利用制动液,将制动踏板力转换为液压力,通过管路传至车轮制动器,再将液压力转变为制动器工作的机械力。液压制动的特点是制动柔和灵敏,结构简单,使用方便,不消耗发动机功率。但其操纵较费力,制动力不是很大,制动液流动性差,高温易产生气阻,如有空气侵入或漏油会降低制动效能甚至失效。

为了提高汽车制动的可靠性和行车的安全性,目前都是采用双管路液压制动传动装置。双管路是指利用彼此独立的双腔制动主缸,通过两套独立管路,分别控制两桥或三桥的车轮制动器。其特点是若其中一套管路发生故障而失效时,另一套管路仍能继续起制动作用。双管路的布置方案在各型汽车上各有不同,常见的有前后独立式和交叉式两种形式。

前后独立式双管路液压制动传动装置如图 5-4-1 所示。该装置由双腔制动主缸通过两套独立的管路分别控制前桥和后桥的车轮制动器。这种布置方式结构简单,如果其中一套管路损坏漏油,另一套仍能起作用,但会破坏前后桥制动力分配的比例。该形式的传动装置主要用于发动机前置后轮驱动的汽车。

交叉式(也称为对角线式)双管路液压制动传动装置如图 5-4-2 所示。该装置由双腔制动主缸通过两套独立的管路分别控制前后桥对角线方向的两个车轮制动器。这种布置方式在任一管路失效时,仍能保持一半的制动力,且前后桥制动力分配比例保持不变,有利于提高制动方向稳定性。该形式的传动装置主要用于发动机前置前轮驱动的轿车。

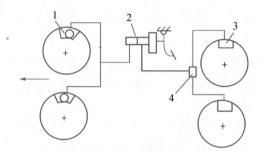

1-盘式制动器　2-双腔制动主缸
3-鼓式制动器　4-制动力调节器

图 5-4-1　前后独立式的双管路
液压制动传动装置

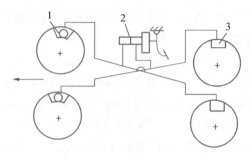

1-盘式制动器
2-双腔制动主缸　3-鼓式制动器

图 5-4-2　交叉式的双管路液
压制动传动装置

1. 制动主缸

(1) 功用

制动主缸又称为制动总泵,它处于制动踏板与管路之间,其功用是将制动踏板输入的机械能转换成液压能。

(2) 结构

串联式双腔制动主缸如图 5-4-3 所示,主要由储液罐、制动主缸壳体、第一活塞、第二活塞、活塞弹簧、推杆、皮碗等组成。

主缸的壳体内装有第二活塞、第一活塞及复位弹簧,第一活塞和第二活塞分别用皮碗密封,第二活塞用限位螺钉保证其正常位置。储液罐分别与主缸的前、后腔相通,前出油口、后出油口分别与轮缸相通,第二活塞靠第一活塞的液力推动,而第一活塞直接由推杆推动。

(3) 工作原理

不制动时,推杆球头端与活塞之间保留有一定的间隙,以保证活塞在弹簧的作用下完全回复到最右端位置,前、后两工作腔内的活塞头部与皮碗正好位于前、后腔内各自的旁通孔和补偿孔之间。制动时,为了消除推杆球头与活塞之间的间隙所需的踏板行程,称为制动踏板自由行程。

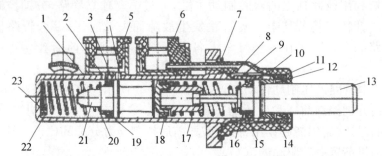

1-制动主缸壳体　2、9-补偿孔　3、16、18-皮碗　4、10-回油孔　5、6-进油孔　7-密封环　8-密封圈　11-制动主缸限位环　12-制动主缸油封　13-第一活塞(带推杆)　14-制动主缸密封套　15-单向弹簧卡片　17-第一活塞回位弹簧　19-垫片　20-弹簧座　21-第二活塞　22-第二活塞主回位弹簧　23-第二活塞副回位弹簧

图 5-4-3　串联式双腔制动主缸

当踩下制动踏板时,踏板传动机构通过推杆推动第一活塞左移,直到第一活塞皮碗盖住补偿孔后,右工作腔中液压升高,油液一方面通过腔内出油口进入右前和左后制动管路,一方面又推动第二活塞左移。在右腔液压和第一活塞回位弹簧的作用下,第二活塞向左移动,左腔压力也随之提高,油液通过腔内出油口进入右后和左前制动管路。当继续踩下制动踏板时,左、右液压继续提高,使前、后制动器制动。

解除制动时,活塞在弹簧作用下复位,高压油液自制动管路流回制动主缸。如活塞复位过快,工作腔容积迅速增大,油压迅速降低,制动管路中的油液由于管路阻力的影响,来不及充分流回工作腔,使工作腔中形成一定的真空度。于是储液室中的油液便经进油口活塞上的轴向小孔推开垫片及皮碗进入工作腔(某些车型中,油液通过皮碗的唇边进入工作腔)。当活塞完全复位时,补偿孔开放,制动管路中流回工作腔的多余油液经补偿孔流回储液室。

若与左腔连接的制动管路损坏漏油,则在踩下制动踏板时只有右腔中能建立液压,左腔中无压力。此时在压差作用下,第二活塞迅速移到其前端顶到主缸缸体上。此后,右工作腔中液压方能升高到制动所需的值。若与右腔连接的制动管路损坏漏油,则在踩下制动踏板时,起先只是第一活塞前移,而不能推动第二活塞,因而右工作腔中不能建立液压。但在第一活塞直接顶触第二活塞时,第二活塞便前移,使左工作腔建立必要的液压而制动。

由上述可见,双回路液压制动系统中任一回路失效时,制动主缸仍能工作,只是所需踏板行程加大。这将导致汽车的制动距离增长,制动效能降低。

2. 制动轮缸

制动轮缸又称制动分泵,其功用是将制动主缸传来的液压力转变为使制动器工作的机械力。根据制动器结构的不同,制动轮缸有双活塞式和单活塞式两种类型。

双活塞式制动轮缸的结构如图 5-4-4 所示,其缸体通常用螺栓固装在制动底板上,内装铝合金活塞,密封皮碗的刃口方向朝内,并由弹簧压靠在活塞上与其同步运动。活塞外端压有顶块并与制动蹄的上端相抵紧。在缸体的两端装有防护罩,可防止尘土及泥土的侵入,同时可防止水分进入,以免活塞和轮缸生锈而卡住。缸体上方装有放气螺塞,以便放出液压

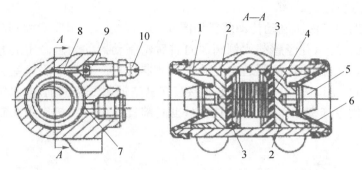

1-缸体　2-活塞　3-皮碗　4-弹簧　5-顶块　6-防护罩
7-进油孔　8-放气孔　9-放气阀　10-放气阀防护螺钉

图 5-4-4　双活塞式制动轮缸

系统中的空气。制动时,制动液自油管接头和进油孔进入,活塞在液压力作用下向外移动,通过顶块推动制动蹄。弹簧保证皮碗、活塞、制动蹄紧密接触,并保持两活塞之间的进油间隙。

　　单活塞式制动轮缸的结构如图 5-4-5 所示。为缩小轴向尺寸,液压腔密封件不用抵靠活塞端面的皮碗,而采用装在活塞导向面上切槽内的皮圈,进油间隙靠活塞端面的凸台保持。放气阀的中部有螺纹,尾部有密封锥面,平时旋紧压靠在阀座上。与密封锥面相连的圆柱面两侧有径向孔,与阀中心的轴向孔相通。

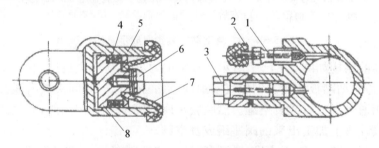

1-放气阀　2-护罩　3-进油管接头　4-皮圈
5-缸体　6-顶块　7-防护罩　8-活塞

图 5-4-5　单活塞式制动轮缸

3. 真空加力装置

　　汽车高速化后,采用人力液压制动的汽车要求制动压力升高到 10 MPa～20 MPa 方能产生与车速相适应的制动力矩,该压力要求靠人力制动是难以实现的,特别是盘式制动器没有助势作用,更需加大制动油压。因此,常在普通的液压制动系统中加装真空加力装置,减轻驾驶人施加于制动踏板上的力,增加车轮的制动力,达到操纵轻便、制动可靠的目的。

　　真空加力装置可分为真空助力装置和真空增压装置两种。真空助力装置是通过助力器来帮助制动踏板对制动主缸产生推力,助力器装在踏板与主缸之间。真空增压装置是通过增压器将制动主缸的液压进一步增加,增压器装在主缸之后。

（1）真空助力装置

双管路真空助力式液压制动传动装置如图5-4-6所示。串联双腔制动主缸的前腔通向左前轮制动器的轮缸，并经感载比例阀通向右后轮制动器的轮缸。主缸的后腔通向右前轮制动器的轮缸，并经感载比例阀通向左后轮制动器轮缸。真空伺服气室和控制阀组成一个整体部件，称为真空助力器。制动主缸直接装在真空伺服气室的前端，真空单向阀装在伺服气室上。真空伺服气室工作时产生的推力，也同踏板力一样直接作用在制动主缸的活塞推杆上。

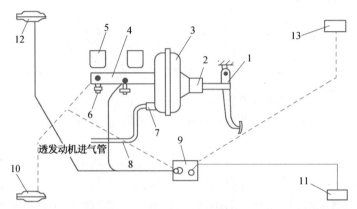

1-制动踏板　2-控制阀　3-真空伺服气室　4-主动主缸　5-储液罐
6-制动信号灯液压开关　7-真空单向阀　8-真空供能管路　9-感载比
例阀　10-左前轮缸　11-左后轮缸　12-右前轮缸　13-右后轮缸

图5-4-6　真空助力装置组成示意图

真空助力器的结构如图5-4-7所示。真空助力器和制动主缸用四个螺钉固定在车身前围上，借推杆与制动踏板连接。伺服气室由前、后壳体组成，其间夹装有膜片和膜片座，它的前腔经单向阀通进气歧管或真空罐。后腔膜片座毂筒中装有控制阀，空气阀与推杆固接，橡胶阀门与在膜片座上加工出来的阀座组成真空阀。

制动时踩下制动踏板，踏板力推动控制阀推杆和控制阀柱塞向前移动，在消除柱塞与橡胶反作用盘之间的间隙后，再继续推动制动主缸推杆，主缸内的制动液以一定压力流入制动轮缸。与此同时，在阀门弹簧的作用下，真空阀也随之向前移动，直到压靠在膜片座的阀座上，从而使通道A与B隔绝。进而空气阀离开真空阀而开启，空气经过滤环、空气阀的开口和通道B充入伺服气室后腔。伺服气室前、后腔的压差产生推力，此推力通过膜片座、橡胶反作用盘推动制动主缸推杆向前移动。此时制动主缸推杆上的作用力（即为踏板力）和伺服气室反作用盘推力的总和，使制动主缸输出压力成倍增高。

解除制动时，控制阀推杆弹簧使控制阀推杆和空气阀向右移动，真空阀离开膜片座上阀座，真空阀开启。伺服气室前、后腔相通，均为真空状态。膜片座和膜片在复位弹簧作用下复位，制动主缸解除制动。

（2）真空增压装置

真空增压装置的组成，如图5-4-8所示。它比液压制动传动装置多了一个由真空单向阀、真空罐、控制阀、增压缸等组成的真空增压器。

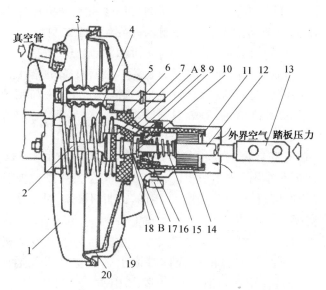

1-伺服气室前壳体　2-制动主缸推杆　3-密封圈　4-膜片复位弹簧　5-导向螺栓
6-控制阀　7-橡胶反作用盘　8-膜片座　9-真空阀　10-空气阀　11-过滤杯
12-控制阀推杆　13-调整叉　14-毛毡过滤环　15-控制阀推杆弹簧　16-阀门弹簧
17-螺栓　18-控制阀柱塞　19-伺服气室后壳体　20-伺服气室膜片

图 5-4-7　真空助力器的结构示意图

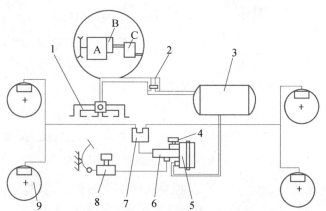

1-进气管　2-单向阀　3-真空罐　4-控制阀　5-真空伺服气室　6-增压缸　7-安全缸
8-制动主缸　9-车轮制动器　A-发动机　B-真空泵　C-单向阀

图 5-4-8　真空增压装置的组成

在发动机工作时,在进气歧管中的真空度作用下,真空罐中的空气经过单向阀被吸入发动机,因而罐中也产生并积累一定的真空度,作为制动加力的力源。

踩下制动踏板时,制动主缸输出的制动液先进入增压缸,由此一方面传入前后轮制动轮缸作为促动力;另一方面又作为控制压力输入控制阀,开启控制阀使真空伺服室产生的推力与来自制动主缸的液压力一起作用在增压缸上,使增压缸输送到各制动轮缸的压力远高于制动主缸的压力。

安全缸的作用是当前后轮制动管路之一损坏漏油时,该管路上的安全缸即自动封堵,保证另一管路仍能保持其中的压力。真空增压器的功用是将发动机产生的真空度转变为机械推力,使从制动主缸输出的制动液增压后再输入各轮缸,增大制动力。真空增压器由增压缸、控制阀和真空伺服气室等组成,如图 5-4-9 所示。

增压缸是将低压制动液变为高压制动液的装置。装有皮圈的增压缸活塞将增压缸内腔分隔为两部分,左腔经出油管通向前后制动轮缸,右腔经进油接头与制动主缸相通。推杆后端与伺服气室膜片相连,前端嵌装着球阀,其球座在增压缸活塞上。不制动时,推杆前部的球阀与阀座之间保持一定距离,保证增压缸两腔相通。

控制阀是控制伺服气室是否起作用的随动机构,它由真空阀和空气阀组成双重阀门。不制动时,空气阀在弹簧的作用下处于关闭状态,真空阀在膜片复位弹簧的作用下处于开启状态。膜片座中央有孔道使气室 A 和气室 B 相通,因此不制动时四个气室 A、B、C 和 D 相通,且具有相等的真空度。

伺服气室是将进气歧管产生的真空度与大气压力的压力差转变为机械推力的总成。膜片将伺服气室分成前后两腔,前腔 C 经前壳体端面上的真空管接头通向真空源,后腔 D 与控制阀上腔 A 相通,并通过真空阀与前腔 C、下腔 B 相通。

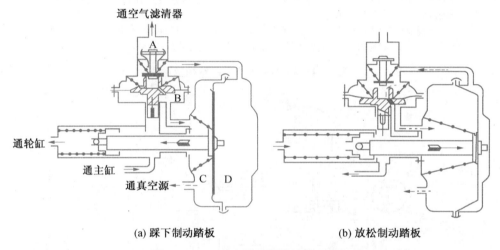

图 5-4-9　真空增压器的结构示意图

不制动时,空气阀关闭,真空阀开启。控制阀四个气室相通,且具有相等的真空度,推杆在复位弹簧的作用下处于最右端位置,推杆前部的球阀与阀座之间保持一定距离,增压缸两腔相通。

制动时,踩下制动踏板,制动主缸的制动液输入到增压缸体中,一部分制动液经活塞中间的小孔进入各制动轮缸,轮缸液压即等于主缸液压。与此同时,液压还作用在控制阀活塞上,当油液压力升到一定值时,活塞连同膜片上移,首先关闭真空阀,同时关闭C、D 腔通道,膜片座继续上移将空气阀打开,于是空气经空气阀进入 A 腔并到 D 腔。此时,气室 B、C 的真空度仍保持不变,这样 C、D 两腔产生压力差,推动膜片使推杆左移,球阀关闭增压缸活塞中孔,制动主缸与增压缸左腔隔绝。此时在增压缸活塞上作用着两个力:主缸液压作用力和伺服气室输出的推杆力。因此,增压缸左腔及各轮缸的压力高于主缸压力。

维持制动时,制动踏板踩到某一位置不动,制动主缸不再向增压缸输送制动液,作用在增压缸活塞和控制阀活塞上的力为定值。但随着进入空气室空气量的增加,A 和 B 气室的压力差加大,对控制阀膜片产生向下的作用力,因而使膜片座及活塞向下移动,空气阀、真空阀开度逐渐减小,直至关闭。此时处于"双阀关闭"状态,油压对控制活塞向上的压力与气室 A、B 压力差造成的向下压力相平衡。气室 C、D 压力差作用在膜片上的总推力与控制油压作用在增压缸活塞右端的总推力之和,与高压油液作用在增压缸左端的总阻抗力相平衡,增压缸活塞即保持相对稳定状态,维持了一定的制动强度。这一稳定值的大小取决于控制活塞下面的液压(主缸油压),即取决于踏板力和踏板行程。

放松制动踏板后,控制油压下降,控制活塞连同膜片座下移,空气阀仍处于关闭状态,而真空阀开启。于是 D、A 两气室的空气经 B、C 两气室被吸出,从而 A、B、C、D 各气室均具有一定的真空度。推杆、膜片及辅助缸活塞在弹簧的作用下各自复位,轮缸油液从增压缸活塞的小孔流回,从而解除制动。

4. 制动液

(1)制动液的使用要求

制动液是液压制动系的重要组成部分,其质量好坏对制动系的工作可靠性影响很大,性能要求如下:① 有高的沸点,高温下不易汽化,否则易产生气阻,使制动失效;② 低温下有良好的流动性;③ 不腐蚀与之经常接触的金属件,不会造成橡胶件膨胀、变硬和损坏;④ 具有良好的润滑作用;⑤ 吸水性差而溶水性好。

(2)制动液的标准

国外汽车制动液具有代表性的标准是美国联邦政府运输安全部(DOT)制定的《联邦机动车辆安全标准》(FMVSS),具体是 FMVSS NO. 116 DOT3、DOT4、DOT5。这是世界各国公认的汽车制动液通用标准。

我国汽车制动液标准有《机动车制动液使用技术条件》(GB 10830—1998)和《HZY2、HZY3、HZY4 合成制动液》(GB 12981—1991)。汽车制动液使用技术条件分为 JG3、JG4、JG5 三级。

(3)制动液的选用

汽车制动液的选择原则:一是选择合成制动液;二是按照汽车维修手册或汽车使用说明书的要求,选择符合质量等级的制动液。制动液的更换以汽车的行驶里程或时间确定,一般行驶里程在 30 000 km 或使用时间两年时,需更换制动液。

汽车制动液使用应注意:① 不同规格的制动液不能混用;② 应防止水分或矿物油混入;③ 制动缸橡胶皮碗不可长时间暴露放置在空气中;④ 汽车制动液多以有机溶剂制成,易挥发、易燃,因此管理和使用中要注意防火;⑤ 避免制动液进入眼睛;⑥ 避免制动液溢洒到漆膜表面,若出现此情况应立即用冷水冲洗。

5.4.2　气压式制动传动装置

气压式制动传动装置是利用压缩空气作动力源的动力传递装置。制动时,驾驶人通过控制制动踏板的行程,便可控制制动气压的大小,得到不同的制动强度。其特点是制动操纵省力、制动强度大、踏板行程小,但需要消耗发动机的动力、制动粗暴而且结构比较复杂。因此,该类传动装置一般在重型和部分中型汽车上采用。

气压制动传动装置的组成与布置形式随车型而异,管路的布置形式也分为单管路和双管路两种。

1. 双管路气压制动传动装置的组成及布置形式

双管路气压传动装置是利用一个双腔(或三腔)的制动控制阀、两个或三个储气筒,组成两套彼此独立的管路,分别控制两桥(或三桥)的制动器。解放 CA1091 型汽车双管路制动系统如图 5-4-10 所示。

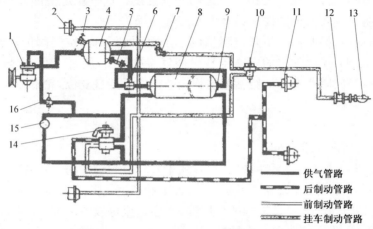

1-空气压缩机　2-前制动气室　3-放气阀　4-湿储气筒　5-安全阀　6-三通管
7-低压警报开关　8-储气筒　9-单向阀　10-挂车制动阀　11-后制动气室
12-分离开关　13-连接头　14-制动控制阀　15-气压表　16-低压调节器

图 5-4-10　解放 CA1091 型汽车双管路制动系统示意图

发动机驱动的活塞式空气压缩机将压缩空气经单向阀压入湿储气筒,湿储气筒上装有安全阀和供其他系统使用的压缩空气放气阀。压缩空气在湿储气筒内冷却并进行油水分离,然后进入主储气筒的前、后腔。主储气筒的前腔与制动控制阀的上腔相连,以控制后轮制动。同时通过三通管与气压表及气压调节器相连。储气筒后腔与制动控制阀的下腔相连,以控制前轮制动,并通过三通管与气压表相连。气压表为双指针式,上指针指示储气筒前腔气压,下指针指示储气筒后腔气压。以上为供气管路,管中常存有压缩空气,储气筒最高气压为 0.8 MPa。

当驾驶人踩下制动踏板时,拉杆带动制动控制阀拉臂摆动,使制动控制阀工作。储气筒前腔的压缩空气经制动控制阀的上腔进入后制动气室,使后轮制动;同时储气筒后腔的压缩空气通过制动控制阀下腔进入前制动气室,使前轮制动。当放松制动踏板时,制动控制阀使各制动气室通大气以解除制动。

东风 EQ1090E 型汽车双管路制动系统如图 5-4-11 所示。单缸压缩机产生的压缩空气首先经过单向阀输入湿储气筒进行油水分离,之后分成两个回路。一个回路经过储气筒、并列双腔制动阀的后腔而通向前制动气室,另一回路是经过储气筒、双腔制动阀的前腔和快放阀而通向后制动气室。当其中一个回路发生故障失效时,另一回路仍能继续工作,以维持汽车一定的制动能力,从而提高了汽车的行驶安全性。但是,切不可仅利用一个制动回路长时间行车,以免发生意外。

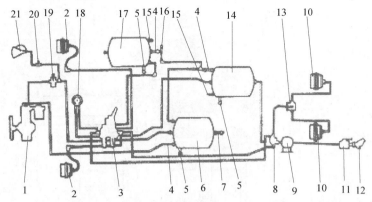

1-空气压缩机　2-前制动气室　3-并列双腔制动控制阀　4-储气筒单向阀　5-放水阀　6-湿储气筒　7-安全阀　8-梭阀　9-挂车制动阀　10-后制动气室　11-挂车分离开关　12-连接头　13-快放阀　14-主储气筒(供前制动器)　15-低压报警器　16-取气阀　17-主储气筒(供后制动器)　18-双针气压表　19-气压调节阀　20-气喇叭开关　21-气喇叭

图 5-4-11　东风 EQ1090E 型汽车双管路制动系统示意图

　　装在并列双腔制动阀与后制动气室之间的快放阀的作用是当松开制动踏板时,使后轮制动气室放气线路和时间缩短,保证后轮制动器迅速解除制动。前、后制动回路的储气筒上都装有低压报警器。当储气筒中的气压低于 0.35 MPa 时,系统便接通装在驾驶室内转向柱支架内侧的蜂鸣器的电路,使之发出断续鸣叫声,以警告驾驶人储气筒内气压过低。

　　在不制动的情况下,前制动储气筒还通过挂车制动阀、挂车分离开关、连接头向挂车储气筒充气。制动时,双腔制动阀的前、后腔输出气压可能不一致,但都通入梭阀。梭阀则只让压力较高一腔的压缩空气输入挂车制动阀,其输出的气压又控制装在挂车上的继动阀,使挂车产生制动。

　　2. 主要部件的结构及工作原理

　　(1) 空气压缩机和调压阀

　　空气压缩机一般固定在发动机气缸的一侧,多由发动机通过皮带或齿轮来驱动,有的采用凸轮轴直接驱动。空气压缩机按缸数可分为单缸(用于东风 EQ1090E 型汽车)和双缸(用于解放 CA1092 型汽车)两种,其工作原理相同。

　　东风 EQ1090E 型汽车采用的单缸风冷式空气压缩机,其结构如图 5-4-12 所示。

　　铸铁制成的缸体下端用螺栓紧固在曲轴箱上,缸体外表面铸有三道环形散热片。铝制气缸盖用螺栓紧固于气缸体上端面,其间装有密封缸垫。气缸盖内装有进气阀和排气阀,侧面进气口 A 上装有空气滤清器 B。进气阀由导向座、弹簧、阀片、阀片座、密封圈等组成,经进气道与进气滤清器相通。排气阀由导向座、弹簧、阀片、阀片座、密封圈、波形垫圈等组成,经排气管接头与储气筒相通。进气阀上方设有卸荷装置(卸荷室和卸荷阀),卸荷阀壳体内镶嵌着套筒,其中有卸荷柱塞和弹簧。

　　曲轴用两个球轴承支承在曲轴箱座孔内,前端伸出并固装着皮带轮。前轴径和前轴承之间有油封,以防漏油。曲轴后端中心制成一圆孔,是空气压缩机润滑油的入口。在孔内装有弹簧及杯形油堵,油堵右端面有润滑油节流孔。弹簧又使油堵右端面压靠在后轴承盖中

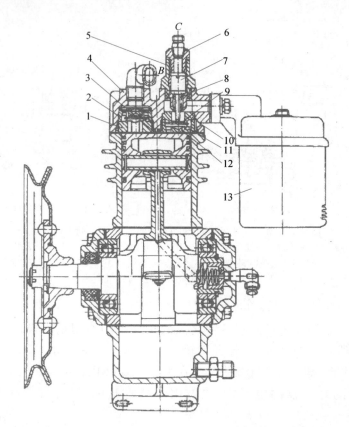

1-出气阀座　2-出气阀导向座　3-排气阀　4-气缸盖　5-卸荷装置壳体　6-定位塞　7-卸荷柱塞　8-柱塞弹簧　9-进气阀　10-进气阀座　11-进气阀弹簧　12-进气阀门导向座
13-进气滤清器　A-进气口（图中未标出）　B-排气口　C-调压阀控制压力输入口

图 5-4-12　东风 EQ1090E 型汽车空气压缩机

央的端面上,起端面油封作用,防止润滑油大量泄入曲轴箱影响发动机及空气压缩机的正常油压。曲轴箱底部有回油管接头使润滑油流回发动机油底壳。

　　空气压缩机工作时,活塞下行,气缸内形成一定真空度,迫使进气阀克服弹簧的张力离开阀座,外界的空气即经空气滤清器、进气道、进气阀被吸入气缸。活塞下行至下止点附近时,随着活塞移动速度的降低,其真空度也逐渐减小,当减到不能克服弹簧的张力时,进气阀被弹簧压靠在阀座上,切断进气通路。活塞上行时,气缸内空气即被压缩,压力升高,当压力升高到足以克服排气阀弹簧的张力与排气室内压缩空气的压力之和时,压缩空气即压开气阀,经排气室和排气管道送至湿储气筒。当储气筒内的气压达到规定值 0.7 MPa～0.74 MPa 后,调压机构即使卸荷阀压开进气阀,使空气压缩机与大气相通,不再泵气。

　　东风 EQ1090E 型汽车调压阀如图 5-4-13 所示。其作用是调节储气筒中压缩空气的压力,使之保持在规定的压力范围内,同时使空气压缩机能卸荷空转,减少发动机的功率损失。

　　调压阀壳体上装有两个带滤芯的管接头,分别与空气压缩机上的卸荷室和储气筒相通。膜片及弹簧下座等机件用螺母紧固在一起,膜片的外缘被夹持在盖与壳体之间,构成膜片上、下两腔室。膜片上腔室经上盖上的小孔与大气相通;而下腔室经气体通道及管接头用气

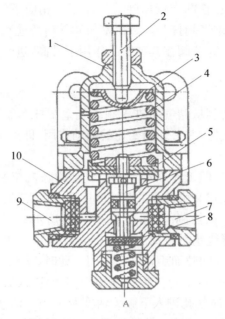

1-盖　2-调压螺钉　3-弹簧座　4-调压弹簧　5-膜片　6-空心管　7-挂接
卸荷室管接头　8-排气阀　9-接储气筒管接头　10-壳体　A-通大气

图 5－4－13　东风 EQ1090E 型汽车调压阀

管与储气筒相通。调压弹簧上端通过上弹簧座支承于调压螺钉上；下端通过弹簧下座使膜片组件紧靠在壳体的环形凸肩上。空心管外圆柱面的中段与壳体的中心导向孔滑动配合，其间有密封圈。空心管的中心孔经上部的径向孔与膜片的下腔室相通，壳体下端腔室内装有排气阀及其压紧弹簧，并经孔 A 与大气相通。调节阀调节气压值可通过旋转盖上的调压螺钉，改变调压弹簧的预紧力予以调整。

　　当储气筒内气压未达到规定值时，膜片下腔气压较低，不足以克服调压弹簧的预紧力，膜片连同空心管及排气阀被调压弹簧压到下极限位置（如图 5－4－13 所示），调压阀不起作用。此时，由储气筒至卸荷室的通路被隔断，卸荷室与大气相通，卸荷阀杆在最高位置，进气阀处于密封状态，空气压缩机对储气筒正常充气。

　　当储气筒气压升高到 0.7 MPa～0.74 MPa 时，膜片下方气压作用力即克服调压弹簧的预紧力而推动膜片向上拱曲，使空心管和排气阀随之上移到排气阀压靠阀座而关闭。此时，卸荷室与大气通路切断，并且空心管下端面也离开排气阀，出现一相应的间隙（如图5－4－14所示）。于是储气筒中的压缩空气便沿图中箭头所标明的路线充入空气压缩机的卸荷室，迫使卸荷柱塞下移，使进气阀门开启。这时气缸与大气相通，空气压缩机卸荷空转，湿储气筒内气体压力也不再升高。

　　随着储气筒内的压缩空气不断消耗，调压阀膜

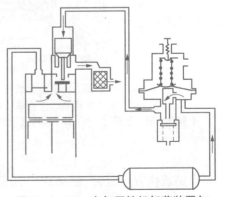

图 5－4－14　空气压缩机卸荷装置与
调压阀工作原理示意图

片下面气压降低,膜片和空心管即在调压弹簧的作用下相应下移,当气压达到 0.56 MPa～0.6 MPa 时,空心管下端将排气阀打开。卸荷室与储气筒的通路被切断而与大气相通,卸荷室的压缩空气即排入大气。卸荷阀在其弹簧的作用下升高,进气阀又恢复正常,空气压缩机恢复对储气筒充气。

　　(2)制动控制阀

　　制动控制阀的作用是控制从储气筒进入制动气室和挂车制动控制阀的压缩空气量,从而控制制动气室中的工作气压,并有逐渐变化的随动作用,即保证制动气室的气压与踏板行程有一定的比例关系。

　　制动阀的结构形式很多,但工作原理类同。其结构随汽车制动系回路不同,分单腔式、双腔式和三腔式三种。双腔式又可分为并联式和串联式,而三腔式多为并联式。

　　解放 CA1091 型汽车制动控制阀,如图 5-4-15 所示。制动踏板由拉杆与拉臂相连。制动时,踩下制动踏板,拉臂绕销轴顺时针转动,通过滚轮、压块压缩平衡弹簧,并推动上腔活塞向下移动,首先消除排气间隙而后推开上阀门。此时,从储气筒前腔来的压缩空气经进气口 D、上阀门与中阀体阀口间的进气间隙和出气口 A 进入后制动气室,使后轮制动。同时,进入 A 口的压缩空气经通气孔进入下腔大活塞及下腔小活塞的上方,并使其向下移动,消除排气间隙而后推开下阀门。此时,从储气筒后腔来的压缩空气经进气口 E、下阀门与下阀体的阀口之间的进气间隙和出气口 B 进气前制动气室,使前轮制动。

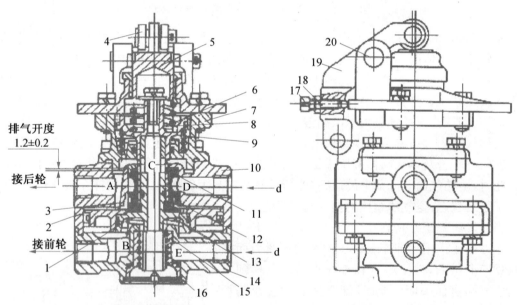

1-下腔小活塞回位弹簧　2-下腔大活塞　3-通气孔　4-滚轮　5-压块　6-平衡弹簧　7-上阀体　8-上腔活塞　9-上腔活塞回位弹簧　10-中阀体　11-上阀门　12-卡环　13-下腔小活塞　14-下阀体　15-下阀门　16-排气阀　17-调压螺钉　18-锁紧螺母　19-拉臂　20-销轴

图 5-4-15　解放 CA1091 型汽车制动控制阀

　　当踏板位置一定时,制动阀将保持在进、排气阀门同时关闭的平衡状态。若需加强制动,可继续踩下踏板一定行程,之后,制动阀将处于一个新的制动强度增加的平衡状态。松开制动踏板时,拉臂复位,平衡弹簧恢复到原来装配长度,上腔活塞受上腔活塞回位弹簧的作用而上移,上阀门随之上移与中阀体的阀口接触,关闭储气筒与后制动气室的通路,上活塞继续上移,其下端与上阀门之间形成排气间隙。后制动气室的压缩空气经 A 口及所形成的排气间隙,通过下腔小活塞的内孔腔 C,至制动阀最下端排气口排入大气。同时,大活塞及下腔小活塞在小活塞复位弹簧的作用下上移,下阀门也随之上移,先关闭进气阀门,继而打开排气阀门,前制动气室的压缩空气经 B 口及所形成的排气间隙以及下阀门的内孔和排气口排入大气,制动作用即被解除。

当前制动管路损坏漏气时,制动阀上腔仍能按上述方式工作,因此后制动器仍能起到制动作用。当后制动管路损坏漏气时,平衡弹簧及上活塞将直接推动下腔小活塞使前制动器起作用。

调整螺钉是用来调整排气间隙的,出厂时已调整好,使用中不要任意拧动。

(3) 继动阀(加速阀)与快放阀

对于轴距较长的载货汽车,制动阀距制动气室较远,如果制动气室的充气与放气都要经过制动阀,则将使制动的产生与解除过于迟缓,不利于汽车的及时制动和制动过后的及时加速。为此,不少汽车在制动阀与制动气室之间装有继动阀与快放阀,使制动气室内的气压更快地建立与撤除。

膜片式继动阀,如图 5-4-16 所示。它安装在储气筒和制动气室之间。进气口 A 接储气筒,出气口 B 接制动气室,控制气压输入口 C 与制动阀的出气口相通。

制动时,踩下制动踏板,压缩空气由继动阀 C 口充入膜片上方的气室,推动膜片及芯管向下移动,并将阀门推离阀座,即进气阀开启,于是储气筒内的压缩空气直接由进气口 A 和出气口充入制动气室,不必流经制动阀。这样就缩短了制动气室的充气管路,加速了充气过程,因此继动阀也称为加速阀。

放松制动踏板时,C 口经继动阀与大气相通,膜片在其下方气压作用下,带动芯管上

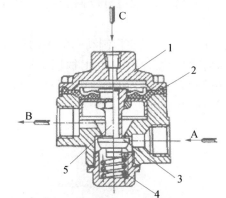

1-阀体　2-膜片　3-阀门　4-阀门弹簧　5-芯管
A-进气口　B-出气口　C-控制气压输入口

图 5-4-16　继动阀(快放阀)

移,阀门在阀门弹簧的作用下紧靠在阀座上,即进气阀关闭。芯管继续上移,使其下端面离开阀门,即排气阀开启。于是,制动气室的压缩空气便经芯管和 C 口流向继动阀,并经继动阀的排气口排入大气。由于继动阀具有平衡膜片和平衡气室,所以只要输入的制动压力是渐进变化的,则继动阀对本身输出压力的控制也是渐进的。

东风 EQ1090E 型汽车的膜片式快放阀的结构及工作原理,如图 5-4-17 所示。它装在制动阀与制动气室的管路中靠近制动气室处。

制动时,由制动阀输送来的压缩空气进入 A 口后(如图 5-4-17(b)所示),推动膜片将排气口 D 切断,同时压下膜片四周使之弯曲,压缩空气沿下壳体的径向沟槽,经 B、C 口分别通往左、右制动气室。解除制动时,制动气室的压缩空气经 B、C 口流回(如图 5-4-17(c)所示),将膜片顶起,关闭进气口 A,打开排气口 D,压缩空气直接从排气口 D 排入大气,无须迂回流经制动阀。

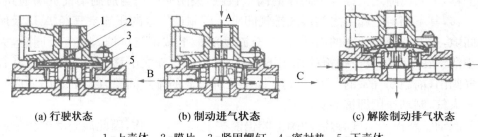

(a) 行驶状态　　　　　(b) 制动进气状态　　　　(c) 解除制动排气状态

1-上壳体　2-膜片　3-紧固螺钉　4-密封垫　5-下壳体

图 5-4-17　快放阀

（4）制动气室

制动气室的作用是把储气筒经过控制阀送来的压缩空气的压力转变为转动凸轮的机械力。

解放 CA1091 型汽车和东风 EQ1090E 型汽车都采用膜片式制动气室，其结构如图 5-4-18 所示。在外壳和盖之间，通过卡箍夹装有橡胶膜片，推杆与膜片支撑盘焊接，弹簧将推杆、支撑盘连同膜片推到图示左极限位置。推杆的右端借连接叉与制动调整臂相连。膜片将制动气室分成两腔，左腔有通气孔与制动阀输出管路相通，右腔经通气孔与大气相通。

踩下制动踏板时，制动阀输出的压缩空气自通气孔进入制动气室左腔，气压克服弹簧的作用力，推动膜片向右拱曲并使推杆右移，使制动调整臂及制动凸轮转动实现制动。放松制动踏板时，左腔的压缩空气经制动阀的排气口通大气。推杆和膜片在弹簧的作用下恢复原位，制动作用解除。

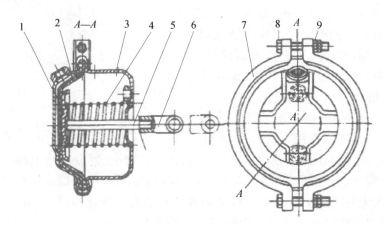

1-膜片　2-盖　3-外壳　4-弹簧　5-推杆
6-连接叉　7-卡箍　8-螺栓　9-螺母

图 5-4-18　膜片式制动气室

5.4.3　制动力分配调节装置

汽车制动时，作用在车轮上的制动力随制动踏板力的增加而增加，但受到轮胎与路面间附着力的限制，制动力不能超过附着力，否则车轮将被抱死。无论前轮先抱死还是后轮先抱死都会严重影响行驶的安全性并加剧轮胎的磨损,尤其是后轮先抱死的危害更大。要使汽车既能得到尽可能大的制动力,又能使汽车保持行驶方向的稳定性,就必须使汽车前后轮同时达到抱死的边缘。在前后轮路面附着系数相同的情况下,汽车前后轮同时达到抱死边缘的条件是前后轮制动力之比等于前后轮对路面垂直载荷之比。

汽车在制动过程中,前后车轮所受载荷是变化的,加上轮胎气压、胎面花纹磨损状况不同而使前后轮的附着系数也不同。为使前后轮获得最理想的制动力,现代汽车上采用了各种制动力调节装置,来调节前后车轮制动管路的工作压力,常用的制动力分配调节装置有限压阀、感载比例阀和惯性阀等。

1. 限压阀与比例阀

(1) 限压阀

限压阀串联于液压制动管路的后制动管路中,其作用是当前、后制动管路压力 P_1 和 P_2 由零同步增长到一定值后,即自动将 P_2 限定在该值不变。

限压阀的结构如图 5-4-19 所示。自进油口输入的控制压力是前促动管路压力(亦即主缸压力)P_1,从出油口输出的是后促动管路压力 P_2。阀门与活塞连接成一体,装入阀体后,弹簧即受到一定的预紧力。在弹簧力的作用下,阀门离开阀体上的阀座而抵靠着阀盖。阀门凸缘上开有若干个通油切口。当输入压力 P_1 较低时,阀门一直保持开启,因而 $P_1 = P_2$,即限压阀尚未起限压作用。当 P_2 与 P_1 同步增长到一定值 P_s 时,活塞上所受到液压作用力将弹簧压缩使阀门关闭,后轮轮缸与主缸隔绝。此后 P_2 即保持定值 P_s,不再随 P_1 增长。

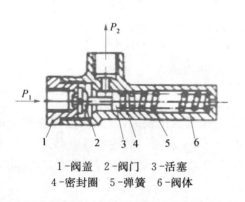

1-阀盖　2-阀门　3-活塞
4-密封圈　5-弹簧　6-阀体

图 5-4-19　限压阀结构原理示意图

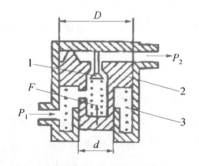

1-阀门　2-活塞　3-弹簧

图 5-4-20　比例阀结构原理示意图

(2) 比例阀

比例阀(又称 P 阀)串联于液压制动回路的后促动管路中,其作用是当前、后促动管路压力 P_1 与 P_2 同步增长到某一定值 P_s 后,即自动对 P_2 的增长加以限制,使 P_2 的增量小于 P_1 的增量。

比例阀一般采用两端承压面积不等的异径活塞结构,如图 5-4-20 所示。不工作时,异径活塞 2 在弹簧 3 的作用下处于上极限位置。此时阀门 1 保持开启,因而在输入控制压力 P_1 与输出压力 P_2 从零同步增长的阶段,总是 $P_1 = P_2$。但压力 P_1 的作用面积 A_1 小于压力 P_2 的作用面积 A_2,故活塞上方液压作用力大于活塞下方液压作用力。在 P_1、P_2 同步增长过程中,活塞上、下两端液压作用力之差超过弹簧的预紧力时,活塞便开始下移。当 P_1 和

P_2 增长到一定值 P_s 时,活塞内腔中的阀座与阀门接触,进油腔即被隔绝。此时为比例阀的平衡状态。

若进一步提高 P_1,则活塞将回升,阀门再度开启,油液继续流入出油腔,使 P_2 也升高,但由于 $A_1 < A_2$,P_2 尚未增加到新的 P_1 值,活塞又下降到平衡位置。

夏利轿车上使用的液压比例阀,如图 5-4-21 所示。阶梯形的异径活塞上部的导向圆柱面与阀体 1 的孔做滑动配合。活塞的凸缘 E 即是比例阀的阀门,其下端面是工作面。输入压力 P_1 与输出压力 P_2 均为零时,活塞被弹簧推到上极限位置,使橡胶阀座的下端面上有若干个周向分布的凸台与活塞接触。因此只要异径活塞上的阀门 E 离开阀座,进油腔与出油腔即相互连通。松套在活塞上的弹簧座支承在导向座上,导向座用钢丝挡圈限位。在导向座与阀体之间装有密封圈,以防止制动液渗漏。

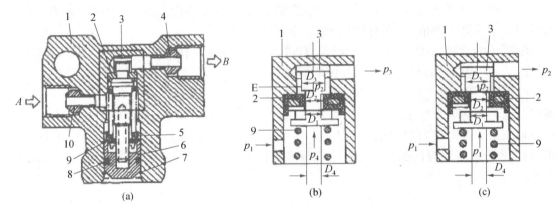

1-阀体　2-橡胶阀座　3-异径活塞　4、10-密封座
5-弹簧座　6-导向座　7-钢丝挡圈　8-密封圈　9-弹簧

图 5-4-21　夏利轿车使用的比例阀

2. 感载比例阀

有些汽车在实际装载量不同时,其总质量和重心位置变化较大,因而满载和空载下的理想促动管路压力分配特性曲线差距也较大。在此情况下,采用一般的特性曲线不变制动力调节装置已不能保证汽车的制动性能符合法规的要求,故有必要采用特性随汽车实际装载量而变化的感载比例阀。

感载比例阀有液压式和气压式两种形式。液压式感载比例阀及其感载控制机构,如图 5-4-22 所示。阀体安装在车身上,其中的活塞为两端承压面积不等的异径结构,其右部空腔内有阀门。杠杆的一端用拉力弹簧与后悬架连接,另一端压在异径活塞上。不制动时,活塞在弹簧通过杠杆施加的推力 F 作用下处于右极限位置。阀门因其杆部顶触螺塞 1 而开启,使左右阀腔连通。制动时,来自主缸压力为 P_1 的制动液由进油口 A 进入,并通过阀门从出油口 B 输至后轮轮缸,输出压力 $P_2 = P_1$。当活塞左右两端面液压之差大于推力 F 时,活塞左移,使其上的阀座与阀门接触而达到平衡状态,此后 P_2 增量将小于 P_1 的增量。

感载比例阀的特点是作用于活塞的轴向力 F 是可变的。汽车是利用轴载变化时,车身与车桥间的距离发生变化来改变弹簧预紧力。拉力弹簧右端经吊耳与摇臂相连,而摇臂则

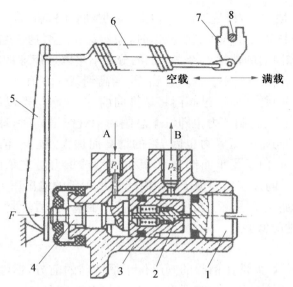

1-螺塞　2-阀门　3-阀体　4-活塞　5-杠杆
6-感载拉力弹簧　7-摇臂　8-后悬架横向稳定杆

图 5-4-22　液压感载比例阀及其感载控制机构

夹紧在后悬架的横向稳定杆的中部。当汽车的轴载荷增加时,后桥向车身移近,后悬架的横向稳定杆带动摇臂逆时针转过一个角度,将弹簧进一步拉紧,作用于活塞上推力 F 便增加;反之,轴载荷减小,推力 F 便减小。这样,调节作用起始点压力值 P_s 就随轴载荷而变化。

通过感载控制机构输入感载阀的控制信号,一般是有关悬架的变形量。然而影响悬架变形量的因素,除了汽车总质量分配到该悬架上的载荷(包括制动时的载荷转移)以外,还有汽车行驶时不平路面对车轮和悬架瞬时冲击载荷。感载控制机构中设置容量较大的弹簧的目的就在于吸收这种冲击载荷,以排除其对感载阀工作的干扰。另外,液压感载比例阀中油液本身的阻尼也有助消除这一干扰。

3. 惯性阀

惯性阀(也称 G 阀)的调节作用起始点的控制压力值 P_s 取决于汽车制动时作用在汽车重心上的惯性力,即 P_s 不仅与汽车总质量或实际装载量有关,而且与汽车制动减速程度有关。惯性阀也有惯性限压阀和惯性比例阀两类。

(1) 惯性限压阀

如图 5-4-23 所示,惯性限压阀内有一个惯性球,惯性球的支承面相对于水平面的仰角 θ 必须大于零,惯性阀方可能起作用。汽车在水平路面上时,θ 应为 $10°\sim13°$。

通常惯性球在其本身重力作用下处于下极限位置,并将阀门推到与阀盖接触,使得阀门与阀座之间保持一定的间隙。此时进油口 A 与出油口 B 连通。

在水平路面上施行制动时,来自主缸的压力

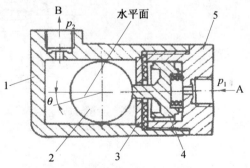

1-阀体　2-惯性球　3-阀座　4-阀盖
A-进油口　B-出油口

图 5-4-23　惯性限压阀

油即由进油口 A 输入惯性球,再从出油口 B 进入后促动管路,输出压力 P_2 即等于输入压力 P_1。当路面对车轮的制动力使汽车产生减速时,惯性球相应减速。当控制压力 P_1 较低、减速程度较小时,惯性球向前的惯性力沿支承面的分力不足以平衡球的重力沿支承面的分力,阀门便仍然保持开启,P_2 也依然等于 P_1。当 P_1 增高到某一定值 P_s 时,制动力增大到足以实现上述二力平衡,阀门弹簧便通过阀门将球推向前方,使阀门得以压靠阀座,切断液流通路。此后 P_1 继续增高,前轮制动力也即汽车总制动力继续增高时,球的惯性力使球滚到上极限位置不动,阀门对阀座的压紧力也因 P_1 的增高而加大,故 P_2 值就此保持 P_s 值不变。汽车在上坡路上制动时,由于支承面仰角 θ 增大,惯性球重力沿支承面的分力也增大,使得惯性阀开始起作用所需的控制压力值 P_s 也更大,即所限定的输出压力 P_2 值更大,这正与汽车上坡时后轮附着力加大相适应。相反,在下坡路上制动时,后轮附着力减小,惯性阀所限定的 P_2 也正好相应地降低。

(2) 惯性比例阀

如图 5-4-24 所示,惯性比例阀的阀座位于惯性球的前方,惯性球兼起阀门作用。阀体上部有两个同心但直径不等的油腔 E 和 G,E 腔与出油口 B 连通,而 G 腔通过油道 H 与进油口 A 连同。E 腔中直径较大的第一活塞与 G 腔中直径较小的第二活塞组成异径活塞组。在输入压力 P_1 和输出压力 P_2 同步增长的初始阶段,惯性球保持在后极限位置不动,进油口 A 与出油道 C、D 相通,因而 $P_2 = P_1$。此时异径活塞组两端的液压作用力不等,其差值由弹簧承受。当该力超过弹簧预紧力时,异径活塞组便进一步压缩弹簧而右移。当 P_1、P_2 同步增长到某一定值 P_s 时,惯性球沿倾斜角为 θ 的支承面向上滚到压靠阀座时,油腔 E 和 G 便互相隔绝,异径活塞组停止右移。此后,极限增长的输入压力 P_1 对第二活塞的作用力 N_1 与弹簧力 F 之和作用于第一活塞上,使 E 腔压力 P_2 也随之增长。

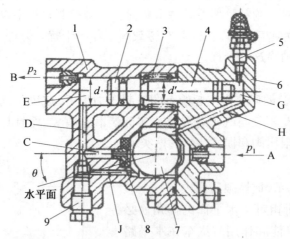

1-前阀体 2-第一活塞 3-弹簧 4-第二活塞 5-放气阀 6-阀体 7-惯性球
8-阀座 9-旁通锥阀 A-进油口 B-出油口 C、D、H、J-油道 E、G-油腔

图 5-4-24 惯性比例阀

当汽车实际装载量不同时,其总质量也下同。在总制动力相同的情况下,满载汽车的减速程度比空车的小。但是使同一惯性阀开始起作用的减速只与仰角 θ 有关,而与汽车装载量无关。因此,汽车满载时,相应于调节作用起始点的控制压力值 P_s 比空载时的高。

在某些情况下不需要惯性比例阀起作用时,可将旁通锥阀旋出,使旁通油道 H 与出油道 D 连通。于是阀门被短路,异径活塞组也失效。

§5.5　制动系的检修

汽车在使用过程中,制动系的零部件由于磨损、变形、断裂、老化或调整不当,将导致制动不良、制动跑偏、制动拖滞、制动失效等故障,严重影响行车安全。因此,应重视制动系的检修,保证制动系统性能完好。

5.5.1　基本检查与调整

1. 制动踏板行程的检查与调整

如图 5-5-1 所示,a 为制动踏板自由行程,h 为制动踏板的高度,d 为踏板的踏下余量,c_1 或 c_2 为踏板限位器与制动灯开关和制动开关上的螺纹端之间的间隙,根据需要进行调整。

（1）制动踏板自由行程

制动踏板自由行程是制动主缸与推杆之间间隙的反应。检查时,可用手轻轻压下制动踏板,当手感变重时,用钢板尺测出制动踏板下移的量,该量即为制动踏板自由行程,应符合有关技术规定。

制动踏板自由行程的调整,大多通过调节推杆长度来实现。将推杆长度缩短可以增大自由行程,加长则可以减小自由行程。调整完毕,应将锁紧螺母锁止。

（2）制动踏板高度和踏下余量

用直尺测量从地面到制动踏板上表面的距离,如果超出规定应调整踏板高度。制动踏板高度通过制动踏板后面的制动灯开关进行调整。首先拆下制动灯导线,松开制动灯开关锁紧螺母,视调整要求将制动灯开关旋入、旋出即可。然后紧固锁紧螺母,并确保制动灯开关工作良好。制动踏板高度调整后应再次检查踏板自由行程。

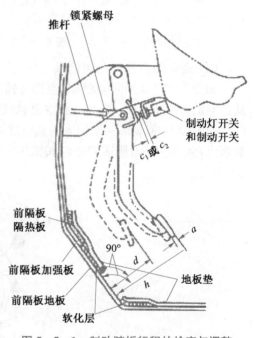

图 5-5-1　制动踏板行程的检查与调整

踏下高度是在发动机运转时踏板所能踏下的高度,如果低于规定高度,应检查制动系统是否有泄漏、积气或制动主缸、制动轮缸是否损坏。

2. 真空助力器的检查

（1）真空助力器性能检查

将发动机熄火,首先用力踩几次制动踏板,以消除真空助力器中残余的真空度,用适当的力踩住制动踏板,并保持在一定位置,然后起动发动机,使真空系统重新建立起真空,并观察制动踏板。若制动踏板位置有所下降,说明真空助力器正常;若踏板位置保持不动,则说明真空助力器或真空助力器止回阀损坏。

（2）真空助力器密封性检查

如图 5-5-2 所示，准备 T 形管、真空表、软管及卡紧装置。将与进气歧管相连的真空管从真空助力器单向阀上拔下，用 T 形管接与真空管、真空助力器单向阀和与进气歧管相连的真空管之间。起动发动机，怠速运转 1 min。卡紧与进气歧管相连的真空管上的卡紧装置，切断助力器单向阀与进气歧管之间的通路。将发动机熄火，观察真空表的变化，如果在规定时间内真空度下降过多，说明助力器膜片或真空阀损坏。

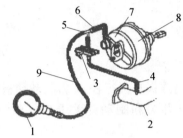

1-真空表　2-进气歧管　3-卡紧装置　4-软管　5-三通接头
6-软管　7-单向阀　8-真空助力器　9-软管

图 5-5-2　真空助力器密封性检查

（3）真空助力器单向阀检查

如图 5-5-3 所示，将与真空助力器单向阀相连的真空管拆下，并将真空助力器单向阀从真空助力器上拆下，把手动真空泵软管与单向阀真空源接口相连。扳动手动真空泵手柄给单向阀加上 50 kPa～70 kPa 的真空度，在正常情况下，真空度应保持稳定。如果真空表上显示出真空度下降，则表明单向阀损坏。

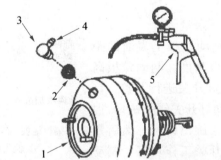

1-真空表　2-单向阀密封圈　3-真空助力器单向阀
4-单向阀真空源接口　5-手动真空泵

图 5-5-3　真空助力器单向阀检查

3. 制动管路的检查

检查液压制动系的管路和接头有无凹瘪、严重锈蚀、裂纹现象，确保连接可靠无渗漏。金属管路用的管夹应固定牢靠，不得与车架及其他部件相碰撞，在行车过程中不得产生较大振幅的振动。制动软管应无折叠、脱皮、老化、膨胀等缺陷。

5.5.2　液压制动系统制动液的检查、添加及排气

1. 制动液的检查

制动液储液罐位于制动主缸上方,其上有制动液面的最高与最低标记,制动液应保持在最高标记处。

2. 制动液的添加

制动液减少,应加注原厂规定的制动液,然后按技术要求进行制动系统的排气并补充制动液至规定值。如液面在短时间内出现明显下降,应立刻检查渗漏处,待恢复正常后才能使用车辆。

3. 液压制动系统的排气

液压制动系统中渗入空气后,制动时系统中的空气将被压缩,造成踏板行程增加,踏板发软,影响制动效果。在汽车维修过程中,由于拆检液压制动系统、接头松动或制动液不足等原因,造成空气进入管路时,应及时将系统中的空气排出。

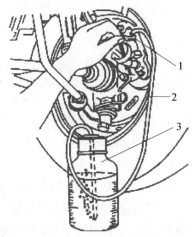

1-放气螺钉　2-放气管　3-透明容器(装 1/2 制动液)

图 5-5-4　液压制动系统的排气

如图 5-5-4 所示,液压制动系统排气的具体操作步骤为先取下放气螺钉的护套,将一根软管的一头接在放气螺钉上,另一头插在一个透明容器内。一人坐在驾驶室内,连续踩下制动踏板,直至踩不下去为止,并且保持制动踏板踩住不动。另一人将放气螺塞拧松一下,此时,制动液连同空气一起从软管喷入容器中,然后尽快将放气螺钉拧紧。在排出制动液的同时,踏板高度会逐渐降低,在未拧紧放气螺钉之前,切不可将踏板抬起,以免空气再次侵入。一个制动轮缸应反复排气几次,直至将空气完全排出(制动液中无气泡),按照右后轮、左后轮、右前轮、左前轮的顺序逐个排气完毕。在排气过程中,应及时向储液罐内添加制动液,保持液面的规定高度。排气结束后应再次检查制动液面高度,不足则补充。

5.5.3　主要零部件的检修

下面以桑塔纳 2000 轿车制动系为例,介绍液压制动系主要零部件的检修。

1. 前轮制动器的检修

（1）前轮制动器的拆卸，如图5-5-5所示。用千斤顶支起并拆下前轮,拆下制动器摩擦片上、下定位弹簧。用内六角扳手拧松并拆下上、下固定螺栓,取下制动钳壳体,从支架上拆下制动摩擦片。把制动钳活塞压回到制动钳壳体内,在压回活塞之前,应先从制动液储液罐中抽出一部分制动液,以免活塞压回时引起制动液外溢而损坏车身漆膜。

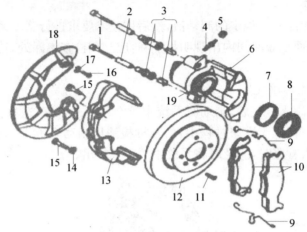

1-螺栓　2-导向销　3-塑料衬套　4-放气螺钉　5-防尘罩　6-制动钳体
7-活塞密封圈　8-防尘罩　9-防振弹簧　10-制动蹄　11-制动盘固定螺钉　12-制动盘　13-制动钳支架　10-垫圈　15-螺栓　16-防溅盘固定螺栓　17-弹簧垫圈　18-防溅盘　19-活塞

图5-5-5　前轮制动器的分解图

（2）制动盘的检修

制动盘使用过程中磨损使其厚度减小,从而降低制动效能,引起制动踏板振动、制动噪声等。如图5-5-6所示,可用卡尺检查制动盘的厚度,测量位置位于制动衬片与制动盘接触面的中心部位。桑塔纳2000前轮制动盘厚度标准值为12 mm,使用极限为 10 mm,超过极限应更换。

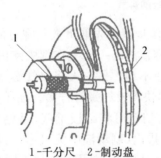

1-千分尺　2-制动盘

图5-5-6　制动盘厚度的检查

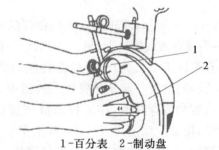

1-百分表　2-制动盘

图5-5-7　制动盘端面跳动的检查

制动盘过度的轴向跳动会使制动踏板抖动、制动衬片磨损不均匀。如图5-5-7所示,可用百分表检查制动盘端面跳动量。用磁性表座将百分表支起,百分表头抵到制动盘摩擦端面,百分表调零。缓慢转动制动盘,最大偏差值即为制动盘端面圆跳动量。桑塔纳轿车制动盘端面圆跳动量使用极限为 0.08 mm，不符合要求的应进行加工修复或更换。

如图 5-5-8 所示，制动盘在允许厚度的范围内可以修磨其上锈斑、刻痕。使用砂轮打磨制动盘表面时，打磨的痕迹可以是无方向性的，但打磨痕迹应相互垂直。

（3）制动摩擦片厚度的检查

如图 5-5-9 所示，可用游标卡尺测量制动摩擦片的厚度。制动摩擦片的总厚度标准值为 14 mm，使用极限为 7 mm。制动摩擦片厚度磨损极限的残余厚度应不小于 0.8 mm。在未拆下外制动摩擦片时，可通过轮辐 4 上的孔检查其厚度。

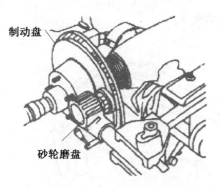

图 5-5-8　制动盘的修磨

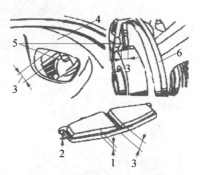

1-制动摩擦片厚度　2-制动摩擦片磨损极限的残余厚度
3-制动摩擦片总厚度　4-轮辐　5-外制动摩擦片　6-制动盘

图 5-5-9　制动摩擦片厚度的检查

（4）制动钳的检修

重点是检查活塞与缸筒的间隙，如果间隙大于 0.15 mm 或缸筒壁有较深的划痕，应更换制动钳总成。

2. 后轮制动器的检修

（1）后轮制动器的拆卸

如图 5-5-10，图 5-5-11、图 5-5-12 所示，用千斤顶支起后轮，拆下车轮螺母。用专用工具拆卸轮毂盖，取下开口销，旋下六角螺母，取出止推垫圈。通过车轮螺栓孔向上拨动调整楔形块，使制动摩擦片与制动鼓放松，拉出制动鼓。用尖嘴钳拆下制动蹄保持弹簧及

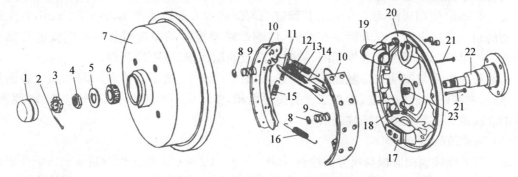

1-轮毂盖　2-开口销　3-开槽垫圈　4-调整螺母　5-止推垫圈　6-轴承　7-制动鼓　8-弹簧座　9-弹簧　10-制动蹄　11-楔形件　12-回位弹簧　13-上回位弹簧　14-压力杆　15-楔形块拉簧　16-下回位弹簧　17-固定板　18-螺栓　19-后制动轮缸　20-制动底板　21-定位销　22-后桥车轮支承短轴　23-观察孔橡胶塞

图 5-5-10　后轮制动器分解图

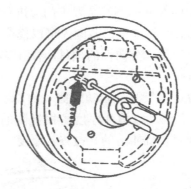

图 5-5-11　后轮制动器楔形块的拆卸

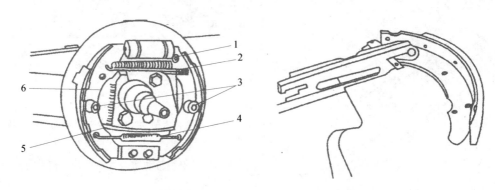

1-上回位弹簧　2-压力杆　3-弹簧及座圈
4-下回位弹簧　5-驻车制动拉杆　6-楔形块回位弹簧

图 5-5-12　后轮制动器制动蹄及定位弹簧的拆卸

弹簧座圈。借助旋具、撬杠或用手从下面的支架上提起制动蹄,取出下回位弹簧。用钳子拆下制动杆上的驻车制动拉索,用钳子取下楔形调整块弹簧和上回位弹簧。拆卸制动蹄,将带推杆的制动蹄夹紧在台钳上,拆下定位弹簧,取下制动蹄。如有必要,拆下制动轮缸并解体。

(2)制动蹄摩擦片的检修

制动蹄摩擦片厚度的检查,如图 5-5-13 所示。用卡尺测量后制动蹄摩擦片的厚度,标准值为 5 mm,使用极限为 2.5 mm,其铆钉头与摩擦片表面的距离不得小于 1 mm,以免铆钉头刮伤制动鼓内表面。在未拆下车轮时,后制动蹄摩擦片的厚度可从制动底板的观察孔中检查。如果制动蹄摩擦片磨损超限,被制动液或油脂污损,应更换新件。

制动蹄摩擦片与制动鼓接触面积的检查,如图 5-5-14 所示。将制动蹄摩擦片表面打磨干净后,靠在制动鼓内壁上,检查二者的接触面积,要求应不小于 60%,否则应继续打磨摩擦片的表面或光磨制动鼓内圆柱表面。

(3)制动鼓的检修

制动鼓内圆柱表面磨损与尺寸的检查,如图 5-5-15 所示。首先检查制动鼓内圆柱表面有无烧损、刮痕和凹陷,若不能修复则更换新件,若可修复则进行修磨加工。其次检查制动鼓内圆柱表面的尺寸及圆度误差。用卡尺测量制动鼓内圆柱表面的尺寸,标准值为 ϕ180 mm,使用极限为 ϕ181 mm。用圆度误差测量工具测量制动鼓内圆柱表面的圆度误差,使用极限为 0.03 mm,超过极限应更换新件。

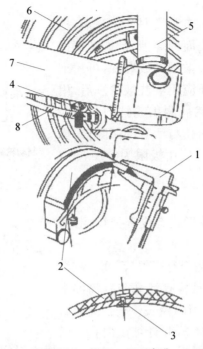

1-卡尺　2-摩擦片　3-铆钉　4-观察孔　5-减振器
6-制动底板　7-后桥壳　8-驻车制动钢索

图 5－5－13　制动蹄摩擦片厚度的检查

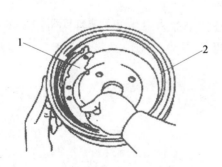

1-制动蹄摩擦片　2-制动鼓

图 5－5－14　制动蹄与制动鼓接触面积的检查

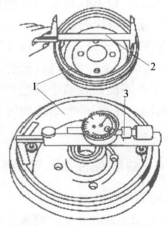

1-制动鼓　2-卡尺　3-圆度误差测量工具

图 5－5－15　制动鼓内圆表面磨损与尺寸的检查

（4）制动器定位弹簧及回位弹簧的检查

检查后制动器拉力弹簧、回位弹簧、下回位弹簧和楔形调整板调整拉簧的自由长度。若增长率达到 5％,则应更换新弹簧。

（5）制动轮缸的检修

分解轮缸后,用清洗液清洗轮缸零件。清洗后,检查制动轮缸内孔与活塞外圆表面的烧蚀、刮伤和磨损情况。如果制动轮缸内孔有轻微刮伤或腐蚀,可用细砂布磨光。磨光后的轮缸内孔应用清洗液清洗后,用无润滑油的压缩空气吹干。然后测出轮缸内孔孔径 b,活塞外圆直径 c,并计算出内孔与活塞的间隙值,标准值为 0.04 mm～0.106 mm,使用极限为 0.15 mm,如图 5-5-16 所示。

图 5-5-16　制动轮缸缸体与活塞的检查

3. 制动主缸的检修

制动主缸可能出现的失效形式有皮碗损坏、活塞与缸筒的磨损而造成泄漏。

首先进行拆检,观察皮碗是否有裂纹、活塞与缸筒是否有明显磨损,也可以用量具检查活塞与缸筒的配合间隙。如图 5-5-17 所示,用内径表检查缸筒的直径 b,用千分尺检查活塞的外径 c,并计算出内孔与活塞之间的间隙值,其标准值为 0.04 mm～0.09 mm,使用极限为 0.15 mm。

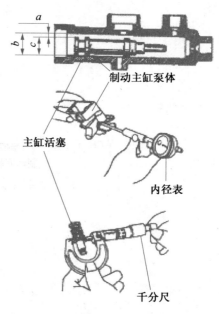

图 5-5-17　制动主缸与活塞的检查

4. 驻车制动器的检修

因桑塔纳 2000 轿车是通过传动机构对后轮制动器进行操纵的,所以其驻车制动器的检查与调整不单独进行,可按下述方法进行。

松开驻车制动杆拉,用千斤顶顶起后轮使之能自由转动。用力踩一下制动踏板,把驻车制动杆拉紧两个齿,直到用手不能旋转两个被制动的后轮为止。松开驻车制动器拉杆,两个后车轮能够自如旋转即为调整合适。

5.5.4　制动系的装配与调整

1. 车轮制动器的装配与调整

（1）前轮制动器的装配与调整

安装密封圈和防尘套。安装时应注意带外密封唇边的防尘罩应先用旋具将密封唇边嵌入钳体的槽口内,然后再用专用工具将活塞压入缸筒内,接着将活塞装入钳体。换上新的摩擦片。装上制动钳,用 40 N·m 的力矩拧紧紧固螺栓。安装上、下回位弹簧。安装完毕以后,应该按维护的技术要求和步骤进行放气,并使摩擦片能正确就位后进行调整,使之符合技术要求。

（2）后轮制动器的装配与调整

先组装制动轮缸,组装时必须注意清洁,活塞和皮碗安装时应涂以制动泵润滑剂,皮碗不得有磨损和膨胀现象,装配后应检查其密封性。将制动轮缸按规定力矩紧固于制动底板上。装上复位弹簧,并将制动蹄与推杆联结好。装上楔形调整块,调整块凸出的一边朝向制动底板。将另一个带有传动臂的制动蹄片装到推杆上,然后装入复位弹簧。将驻车制动拉索在传动臂上装好。将制动蹄安装在制动底板上,抵住制动轮缸。装入下复位弹簧,提起制动蹄,装到下面的支架中。装上楔形件拉力弹簧、制动蹄保持弹簧和座圈装入制动鼓、后轮轴承和调整锁紧螺母等,检查调整后轮轴承松紧度。用力踩踏制动踏板,使制动蹄正确就位。按照制动系维护方法和技术要求放气后检查调整好制动蹄与制动鼓间隙。

2. 制动主缸的安装与调整

制动主缸的安装只需按拆卸相反的顺序将其安装在真空助力器的前端,并按规定的力矩旋紧固定螺母,装上制动油管,加注原厂规定的制动液至最高标记处,然后按技术要求进行制动系统的排气并补充制动液至规定值。制动液应每两年更换一次。不管是添加还是更换制动液,都应使用原厂规定的制动液,不同厂家生产的制动液不能混用。

3. 真空助力器的安装与检查

真空助力器的安装应按拆卸的相反顺序进行。安装前必须调整制动主缸推杆上的叉头尺寸。更换新的真空助力器时,应注意真空助力器与踏板支架的联结有三个螺栓和四个螺栓两种形式。装复后的真空助力器工作是否正常,可通过真空助力器性能检查和密封性检查确认。

§5.6　防抱死制动系统

汽车制动时,其制动力的最大值受地面附着力的制约,而轮胎与路面的附着力取决于其间的垂直载荷和附着系数。在汽车实际行驶过程中,轮胎与路面之间的垂直载荷和附着系数会随许多因素而变化,因此,轮胎与路面之间的附着力实际上是经常变化的。车轮相对于路面的运动状态对附着力有着重要影响,尤其是在湿滑路面上其影响更为明显。车轮运动状态可以用滑移率来表示,滑移率是指车轮在纵向运动中滑移成分所占的比例。当车轮在路面上自由滚动时,车轮中心的纵向速度完全是由于车轮滚动产生的,此时,滑移率为零;当车轮被制动到完全抱死在路面上进行滑移时,车轮中心的纵向速度则完全是由于车轮滑移产生的,此时,滑移率为100%;当车轮在路面上一边滚动一边滑移时,车轮的中心纵向速度的一部分是由于车轮滚动产生的,另一部分则是由于车轮滑移产生的,滑移率介于0和100%之间。车轮滑移所占的成分越多,滑移率的数值就越大。由试验得知,汽车车轮的滑移率在15%～20%时,轮胎与路面间有最大的纵向附着系数,而横向附着系数也较大。此时,汽车抵抗横向干扰力的能力较强,且汽车有最短的制动距离,因此是汽车紧急制动的理想状态。为了达到这种理想状态,充分发挥轮胎与路面间的这种潜在附着能力,目前轿车上普遍装备了防抱死制动系统(Antilock Braking System,简称 ABS)。

防抱死制动系统的作用就是在制动过程中通过调节制动轮缸的制动压力使作用于车轮的制动力受到控制,从而将车轮的滑移率控制在较为理想的范围之内,使汽车在紧急制动时的制动距离最短且有较好的操纵稳定性,获得最佳的制动效果。

5.6.1 防抱死制动系统的类型

按不同的分类方法,防抱死制动系统可以分成不同的类型。实际使用中,常按控制通道和车轮转速传感器的数目进行分类。

防抱死制动系统中能够独立进行制动压力调节的制动管路称为控制通道。如果某车轮的制动压力可以进行单独调节,称这种控制方式为独立控制,独立控制单独占用一个控制通道;如果对两个或两个以上车轮的制动压力是一同进行调节的,则称这种控制方式为一同控制,一同控制共用一个控制通道。在对两个车轮的制动压力进行一同控制时,如果以保证附着力较大的车轮不发生制动抱死为原则进行制动压力调节,称这种控制方式为按高选原则一同控制;如果以保证附着力较小的车轮不发生制动抱死为原则进行制动压力调节,称这种控制方式为按低选原则一同控制。

防抱死制动系统按照控制通道数可分为四通道系统、三通道系统、双通道系统和单通道系统。

1. 四通道式防抱死制动系统

四通道式防抱死制动系统,如图 5-6-1 所示,有四个转速传感器,在通往四个车轮制动轮缸的管路中,各设一个制动压力调节装置(如电磁阀),进行独立控制,构成四通道控制形式。

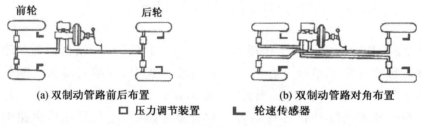

(a) 双制动管路前后布置　　　　　　　　(b) 双制动管路对角布置
□ 压力调节装置　　■ 轮速传感器

图 5-6-1　四通道式防抱死制动系统

由于四通道防抱死制动系统是根据各车轮轮速传感器输入的信号,分别对各个车轮进行独立控制的,因此附着系数利用率高,制动时可以最大限度地利用每个车轮的最大附着力。四通道控制方式特别适用于汽车左右两侧车轮附着系数相近的路面,不仅可以获得良好的方向稳定性和方向控制能力,而且可以得到最短的制动距离。但是如果汽车左右轮附着力相差较大,如行驶在附着系数对分的路面上或者汽车两侧垂直载荷相差较大时,制动时两个车轮的地面制动力就相差较大。因此会产生横摆力矩,使车身向制动力较大的一侧跑偏,不能保证汽车按预定方向行驶,会影响汽车的方向稳定性,加之成本较高,所以实用中的防抱死制动系统采用这种方式的并不多。

2. 三通道式防抱死制动系统

三通道式防抱死制动系统如图 5-6-2 所示。一般三通道式防抱死制动系统是对两前轮进行独立控制，两后轮按低选原则进行一同控制，因此也称之为混合控制。

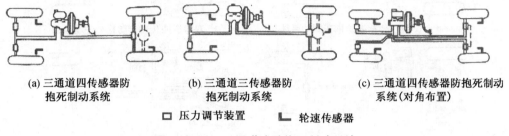

(a) 三通道四传感器防　　　(b) 三通道三传感器防　　　(c) 三通道四传感器防抱死制动
　抱死制动系统　　　　　　　抱死制动系统　　　　　　　系统(对角布置)

□ 压力调节装置　　　　┗ 轮速传感器

图 5-6-2　三通道式防抱死制动系统

如图 5-6-2(c) 所示对角布置的双管路制动系统中，虽然在通往四个车轮制动轮缸的制动管路中，各设置一个制动压力调节装置，但两个后轮制动压力调节装置却是由电子控制器按低选原则一同控制的，因此，实际上仍然是三通道防抱死制动系统。国产桑塔纳 2000Gsi、捷达、都市先锋等轿车即采用这种形式。

两后轮按低选原则进行一同控制时，可以保证汽车在各种条件下左右两后轮的制动力相等，即使两侧车轮的附着力相差较大，两个车轮的制动力都限制在附着力较小的水平，使两个后轮的制动力始终保持平衡，保证汽车在各种条件下制动时都具有良好的方向稳定性。当然，在两后轮按低选原则进行一同控制时，可能出现附着系数大的一侧后轮的附着力不能充分利用的问题，使汽车的总制动力有所减少。但应该看到，在紧急制动时，由于发生轴荷前移，在汽车的总制动力中，后轮的制动力所占比例较小，尤其是轿车，前轮的附着力比后轮的附着力大得多，通常后轮制动力只占总制动力的 30% 左右。因此，后轮附着力未能充分利用的损失对汽车的总制动力影响不大。

对两前轮进行独立控制，主要是考虑轿车，特别是前轮驱动的汽车，前轮的制动力在汽车总制动力中所占的比例较大(可达 70% 左右)，可以充分利用两前轮的附着力。一方面使汽车获得尽可能大的总制动力，利于缩短制动距离；另一方面可使制动中两前轮始终保持较大的横向附着力，使汽车保持良好的转向控制能力。尽管两前轮独立控制可能导致两前轮制动力不平衡，但由于两前轮制动力不平衡对汽车行驶方向稳定性影响相对较小，而且可以通过驾驶人的转向操纵对由此造成的影响进行修正，因此三通道防抱死制动系统在轿车上被普遍采用。

3. 双通道式防抱死制动系统

为了减少制动压力调节部分装置的数量，降低系统成本，也有汽车采用双通道防抱死制动系统。各种可能的双通道方式如图 5-6-3 所示。在按前后布置的双管路制动系统的前后制动管路中各设置一个制动压力调节装置，分别对两前轮和两后轮进行一同控制。

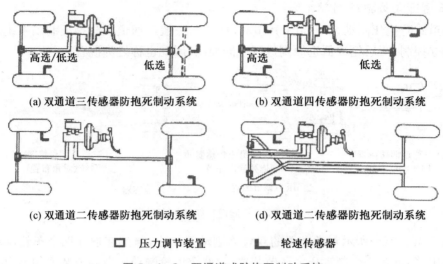

(a) 双通道三传感器防抱死制动系统   (b) 双通道四传感器防抱死制动系统

(c) 双通道二传感器防抱死制动系统   (d) 双通道二传感器防抱死制动系统

□ 压力调节装置   └ 轮速传感器

图 5 - 6 - 3 双通道式防抱死制动系统

4. 单通道式防抱死制动系统

单通道式防抱死制动系统在后轮制动器总管中设置一个制动压力调节器,在后桥主减速器上安装一个轮速传感器(也有在两后轮上各安装一个传感器),如图 5 - 6 - 4 所示。

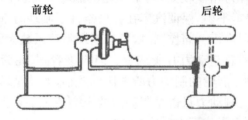

图 5 - 6 - 4 单通道式防抱死制动系统

单通道防抱死制动系统一般都是对两后轮按低选原则进行一同控制。单通道防抱死制动系统不能使两后轮的附着力得到充分利用,因而制动距离不一定会明显缩短。另外前轮制动轮缸的压力并未进行控制,制动时前轮仍会出现抱死,因而转向操纵能力也未能得到改善。但由于该形式制动时两后轮并未抱死,能够显著地提高制动时的方向稳定性,在安全上是一大优点,加之其具有结构简单、成本低等优点,所以单通道防抱死制动系统目前在一些轻型载货汽车上仍广泛应用。

对于防抱死制动系统,除上述分类方法外,还有一些分类方法,如按照制动压力调节器的动力来源分为液压式和气压式;按照制动压力调节器调压方式分为循环式和可变容积式;按照制动压力调节器与制动主缸的结构关系分为整体式和分离式等。

5.6.2 防抱死制动系统的基本组成

防抱死制动系统通常都由车轮转速传感器、防抱死制动系统电控单元、制动压力调节器及控制电路、防抱死制动系统报警装置等组成。典型防抱死制动系统的组成如图 5 - 6 - 5 所示。

车轮转速传感器用于检测车轮转速,并将此信号传送给防抱死制动系统电控单元。电

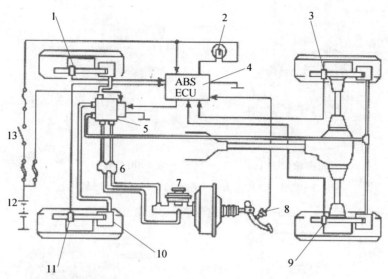

1、11-前轮转速传感器　2-ABS 报警灯　3、9-后轮转速传感器　4-电控
单元(ECU)　5-制动压力调节器　6-比例分配阀　7-制动主缸　8-制
动灯开关　10-制动轮缸　12-蓄电池　13-点火开关

图 5-6-5　典型防抱死制动系统的组成

控单元加以处理后分析是否有车轮即将抱死滑移,如果没有车轮即将抱死滑移,制动压力调节器不参与工作,制动主缸和各制动轮缸相通,制动轮缸中的压力继续增大,此即为防抱死制动系统在制动过程中的增压状态。如果电控单元判断出某一车轮即将抱死滑移,它即向制动压力调节器发出命令,关闭制动主缸与该车轮制动轮缸的通道,使该车轮制动轮缸的压力不再增大,此即为防抱死制动系统在制动过程中的保压状态。若电控单元判断出该轮仍趋于抱死滑移状态,它即向制动压力调节器发出命令,打开该车轮制动轮缸与储液器的通道,使该车轮制动轮缸中的制动油压降低,此即为防抱死制动系统在制动过程中的减压状态。如此反复,其频率为 10~20 次/秒,将车轮滑移率值保持在最佳的范围内,从而获得最佳的制动效果。

车轮防抱死制动系统具有如下优点:① 增加汽车制动时的方向稳定性,减少因车轮侧滑引起的事故;② 缩短制动距离;③ 提高汽车制动时的方向操纵性;④ 改善轮胎的磨损状况。

5.6.3　防抱死制动系统主要元件结构及工作原理

1. 车轮转速传感器

转速传感器的功用是检测车轮的速度,并将速度信号输入防抱死制动系统的电控单元。目前,用于防抱死制动系统的转速传感器主要有电磁式和霍尔式两种。

(1)电磁式转速传感器

电磁式转速传感器是一种非接触式传感器。转速传感器在车轮上的安装形式如图 5-6-6 所示。它主要由传感头和齿圈两部分组成,齿圈一般安装在轮毂或轮轴上随车轮一起旋转,有的齿圈也安装在差速器或传动轴上,随传动轴一起转动。传感头固定在齿圈附近的支架上,传感头与齿圈间的间隙约为 1 mm。

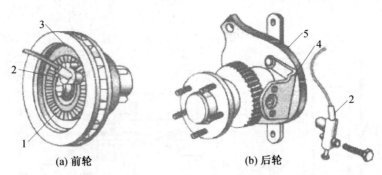

(a) 前轮　　　　　　　**(b) 后轮**

1-齿圈　2-传感头　3-制动盘　4-托架　5-轴座

图 5-6-6　转速传感器在车轮上的安装

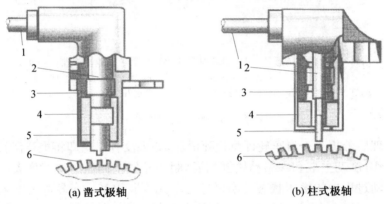

(a) 凿式极轴　　　　　　　　**(b) 柱式极轴**

1-电缆　2-永磁体　3-传感器外壳　4-感应线圈　5-极轴　6-齿圈

图 5-6-7　电磁式转速传感器在车轮上的安装

　　传感头的结构如图 5-6-7 所示,它由永磁体、极轴和感应线圈等组成。极轴同永磁体相连,感应线圈套在极轴的外面。极轴头部结构有凿式和柱式两种。齿圈旋转时,齿顶和齿隙交替对向极轴。当齿顶对向极轴时,磁路的磁隙最小,因此磁阻也最小,通过感应线圈的磁通量最大;当齿隙对向极轴时,磁路的磁隙最大,磁阻也最大,通过感应线圈的磁通量最小。所以在齿圈旋转过程中,感应线圈内部的磁通量交替变化从而产生感应电动势,此信号通过感应线圈末端的电缆输入防抱死制动系统的电控单元。当齿圈的转速发生变化时,感应电动势的频率也随之变化,如图 5-6-8 所示。防抱死制动系统电控单元即通过检测感应电动势的频率来检测车轮的转速。

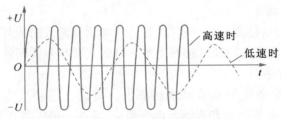

图 5-6-8　电磁式转速传感器输出电压信号

电磁式轮速传感器结构简单、成本低,但其输出信号的幅值随转速的变化而变化,若车速过慢,其输出信号低于 1 V,电控单元就无法检测。而且,响应频率不高,当转速过高时,传感器的频率响应跟不上。同时,其抗电磁波干扰能力差。目前,国内外防抱死制动系统的控制速度范围一般为 15 km/h～160 km/h,今后要求控制速度范围扩大到 8 km/h～260 km/h 甚至更大,显然电磁感应式轮速传感器很难适应。而霍尔传感器刚好能弥补以上不足。

(2) 霍尔式转速传感器

霍尔轮速传感器也是由传感头和齿圈组成。传感头由永磁体、霍尔元件和电子电路等组成,永磁体的磁力线穿过霍尔元件通向齿圈,如图 5-6-9 所示。

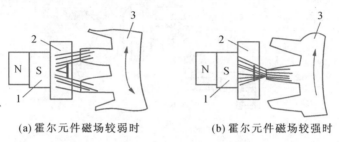

(a) 霍尔元件磁场较弱时　　　　(b) 霍尔元件磁场较强时

1-永磁体　2-霍尔元件　3-齿圈

图 5-6-9　霍尔转速传感器示意图

当齿圈位于如图 5-6-9(a)所示位置时,穿过霍尔元件的磁力线分散,磁场相对较弱;而当齿圈位于如图 5-6-9(b)所示位置时,穿过霍尔元件的磁力线集中,磁场相对较强。齿圈转动时,穿过霍尔元件的磁力线密度发生变化,因而引起霍尔电压的变化,霍尔元件将输出一个毫伏(mV)级的准正弦波电压。该准正弦波电压信号经电子电路转换成标准的脉冲电压信号并放大后输入防抱死制动系统电控单元。

霍尔轮速传感器具有以下优点:① 输出信号电压幅值不受转速的影响;② 频率响应高,其响应频率高达 20 kHz,相当于车速为 1 000 km/h 时所检测的信号频率;③ 抗电磁波干扰能力强。因此,霍尔传感器不仅广泛应用于防抱死制动系统轮速检测,也广泛应用于其他控制系统的转速检测。

2. 制动压力调节器

制动压力调节器的功用是接受防抱死制动系统电控单元的指令,通过电磁阀的动作来实现车轮制动器制动压力的自动调节,使车轮制动时处于最理想的滑移率状态。

(1) 制动压力调节器的类型

根据制动压力调节器的动力源不同可分为液压式和气压式两种。液压式主要用于轿车和一些轻型载货汽车,气压式主要用于大型客车或载货汽车。根据制动压力调节器与制动主缸的结构关系可分为整体式和分置式两种。整体式制动压力调节器与制动主缸制成一体;分置式制动压力调节器自成一体,通过制动管路与制动主缸相连。根据压力调节器的调压方式可分为循环式和可变容式两种。循环式压力调节器通过电磁阀直接控制轮缸的制动压力,可变容式压力调节器通过电磁阀间接改变轮缸的制动压力。

（2）制动压力调节器的调压方式及工作过程

1）循环式制动压力调节器

如图 5-6-10 所示，循环式制动压力调节器是在制动主缸与制动轮缸之间串联一个电磁阀，直接控制制动轮缸的制动压力。它主要由制动踏板机构、制动主缸、回油泵、储液器、电磁阀和制动轮缸组成。在调压过程中，利用三位三通电磁阀控制制动轮缸与制动主缸、制动轮缸与储液器的通断来实现增压、保压、减压控制循环。其中储液器的功用是在减压过程中将从轮缸流经电磁阀的制动液暂时储存起来。回油泵的作用是将减压过程中从制动轮缸流进储液器的制动液泵回制动主缸。

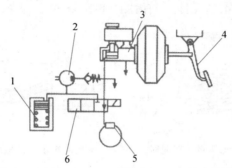

1-储液器　2-回油泵　3-制动主缸　4-制动踏板机构
5-制动轮缸　6-电磁阀

图 5-6-10　循环式制动压力调节器的基本工作原理

循环式制动压力调节器的工作过程如下。

常规制动状态。如图 5-6-11 所示，在常规制动过程中，防抱死制动系统不工作，回油泵也不工作。电磁线圈中无电流通过，柱塞在回位弹簧的作用下下移，回油孔 B 关闭，进油孔 A 打开，A、C 孔相通，由制动主缸来的制动液直接进入制动轮缸，制动轮缸压力随制动主缸压力的升高而增大。

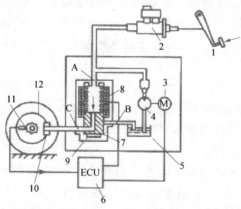

1-制动踏板　2-制动主缸　3-电动机　4-电动泵　5-储液器　6-防抱死制动系统电控单元　7-柱塞　8-电磁线圈　9-电磁阀　10-制动轮缸　11-车轮转速传感器　12-车轮　A-接制动主缸　B-接回路管　C-接制动轮缸

图 5-6-11　循环式制动压力调节器的常规制动状态

保压状态。如图 5 - 6 - 12 所示,当防抱死制动系统电控单元给电磁阀一个较小的保持电流(2A,约为最大电流的 1/2),在电磁吸力作用下,柱塞上移一段距离,A、B 孔均关闭,制动主缸、制动轮缸和回油孔相互隔离,制动轮缸内的压力保持不变,处于保压状态。

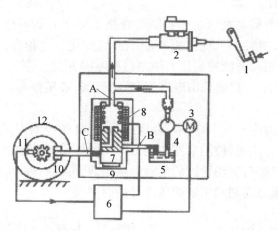

1-制动踏板　2-制动主缸　3-电动机　4-电动泵　5-储液器　6-防抱死制动系统电控单元　7-柱塞　8-电磁线圈　9-电磁阀　10-制动轮缸　11-车轮转速传感器　12-车轮　A-接制动主缸　B-接回路管　C-接制动轮缸

图 5 - 6 - 12　循环式制动压力调节器的保压状态

减压状态。如图 5 - 6 - 13 所示,当车轮将要抱死时,防抱死制动系统电控单元根据车轮转速传感器的信号,给电磁阀提供一个最大电流(5A)。在电磁吸力的作用下,柱塞进一步上移,A 孔关闭,B、C 孔打开,B、C 相通,即制动轮缸与回油管相通,制动轮缸中的制动液经电磁阀流进储液器,制动轮缸压力下降。与此同时,电动机起动,带动回油泵工作,将流回储液器的制动液加压后输送到制动主缸,系统处于减压状态。

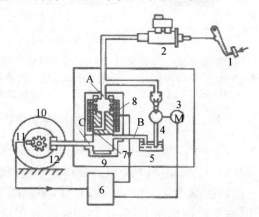

1-制动踏板　2-制动主缸　3-电动机　4-电动泵　5-储液器　6-防抱死制动系统电控单元　7-柱塞　8-电磁线圈　9-电磁阀　10-制动轮缸　11-车轮转速传感器　12-车轮　A-接制动主缸　B-接回路管　C-接制动轮缸

图 5 - 6 - 13　循环式制动压力调节器的减压状态

增压状态。当制动压力下降后,车轮的转速增加,防抱死制动系统电控单元检测到车轮转速增快时,便切断通往电磁阀的电流,柱塞再次处于图 5-6-11 所示位置。此时,回油孔关闭,制动主缸与制动轮缸再次相通,制动主缸的高压制动液再次进入制动轮缸,制动轮缸压力增加。

2) 变容式制动压力调节器

变容式制动压力调节器是在汽车原有制动管路上增加一套液压控制装置,用它来控制制动管路中制动液容积的增减,从而控制制动压力的变化。这种压力调节器的主要特点是制动压力油路和防抱死制动系统控制压力油路是相互隔开的。变容式制动压力调节器的基本原理如图 5-6-14 所示。它主要由电磁阀、控制活塞、液压泵和储能器等组成,其工作过程如下。

常规制动状态。如图 5-6-14 所示,常规制动时,电磁线圈中无电流通过,电磁阀将控制活塞的工作腔与回油管接通,控制活塞在强力弹簧的作用下被推到最左端,活塞顶端推杆将单向阀打开,使制动主缸与制动轮缸的制动管路相通。此时,制动主缸的制动液直接进入制动轮缸,制动轮缸内压力随制动主缸的压力升高而增大。

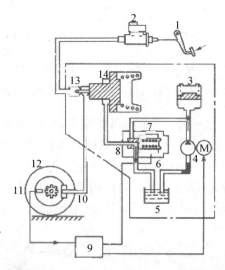

1-制动踏板 2-制动主缸 3-储能器 4-电动液压泵 5-储液器
6-电磁线圈 7-电磁阀 8-柱塞 9-防抱死制动系统电控单元 10-制动轮缸 11-转速传感器 12-车轮 13-单向阀 14-控制活塞

图 5-6-14 变容式制动压力调节器的常规制动状态

减压状态。如图 5-6-15 所示,当防抱死制动系统电子控制单元向电磁线圈输入一个大电流时,电磁阀内的柱塞在电磁力的作用下克服弹簧移到右边,将储能器与控制活塞的工作腔管路接通,制动液进入控制活塞工作腔推动活塞右移,单向阀关闭,制动主缸与制动轮缸之间的通路被切断。同时由于控制活塞右移,使制动轮缸容积增大,因而制动压力下降,处于减压状态。

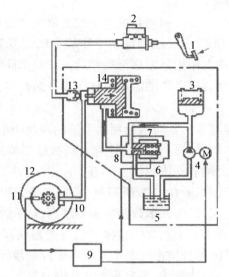

1-制动踏板　2-制动主缸　3-储能器　4-电动液压泵　5-储液器
6-电磁线圈　7-电磁阀　8-柱塞　9-防抱死制动系统电控单元
10-制动轮缸　11-转速传感器　12-车轮　13-单向阀　14-控制活塞

图 5-6-15　变容式制动压力调节器的减压状态

保压状态。如图 5-6-16 所示,当防抱死制动系统电子控制单元向电磁线圈输入一个小电流时,电磁线圈电磁力减小,柱塞在弹簧力的作用下左移至将储能器、回油管及控制活塞工作腔管路相互关闭。此时控制活塞左侧的油压保持一定,控制活塞在油压和弹簧作用下保持在一定的位置,而此时单向阀仍处于关闭状态,制动轮缸的容积也不发生变化,制动压力保持一定,处于保压状态。

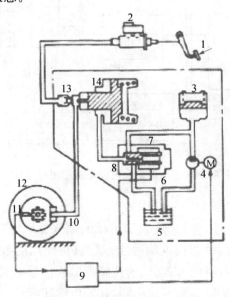

1-制动踏板　2-制动主缸　3-储能器　4-电动液压泵　5-储液器
6-电磁线圈　7-电磁阀　8-柱塞　9-防抱死制动系统电控单元
10-制动轮缸　11-转速传感器　12-车轮　13-单向阀　14-控制活塞

图 5-6-16　变容式制动压力调节器的保压状态

增压状态。需要增压时,防抱死制动系统电子控制单元切断电磁线圈的电流,柱塞回到左端初始位置,如图5-6-14所示。控制活塞工作腔与回油管路接通,控制活塞左侧的控制油压解除,控制活塞在弹簧力作用下左移至最左端。此时单向阀又被顶开,制动主缸与制动轮缸相通,制动轮缸内的制动压力将随制动主缸压力升高而增大,处于增压状态。

3. 防抱死制动系统电子控制单元

防抱死制动系统电子控制单元是防抱死制动系统的控制中枢。其主要功用是接受轮速传感器及其他传感器输入的信号,进行放大、计算、比较,按照特定的控制逻辑,分析判断后输出控制指令,控制制动压力调节器执行压力调节。

防抱死制动系统电子控制单元从开始研制至今,发展变化很大。硬件由安装在印刷电路板上的一系列电子器件构成,目前大多数是由集成度高、运算速度快的数字电路组成。电子器件封装在金属壳体内,形成一个独立的整体。软件则是固存在只读存储器(ROM)中的一系列控制程序和参数。目前各种防抱死制动系统电子控制单元的内部电路及控制程序并不相同,但大致都由图5-6-17所示的几个基本电路组成。

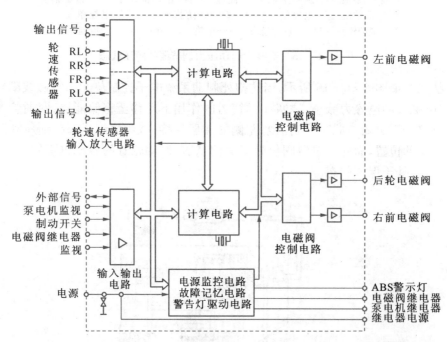

图5-6-17 防抱死制动系统电控单元内部电路框图(三通道四轮速传感器系统)

(1) 输入级电路

输入级电路是由低通滤波、整形、放大等组成的输入放大电路,其功用是对轮速传感器输入的交变信号进行预处理,并将模拟信号变成计算机使用的数字信号。不同的防抱死制动系统中,轮速传感器的数目不同,因而轮速传感器输入信号电路数目也不同。为了对轮速传感器进行监测,依照轮速传感器数目的不同,计算电路还经输入电路输出相应的监测信号至各轮速传感器,然后再经输入电路将反馈信号送入计算电路。

输入电路还接受点火开关、制动开关、液位开关等外部信号。输入电路除传送轮速传感器监测信号外,还接受电磁继电器、泵电机继电器等工作电路的监测信号,并将这些信号经处理后送入计算电路。

（2）计算电路

计算电路是电子控制单元的核心，主要由微处理器构成。计算电路的功用是根据轮速传感器等输入的信号，按照软件特定的逻辑程序进行计算、分析、处理，形成相应的控制指令。计算电路按照特定的逻辑程序，根据轮速传感器输入的轮速信号，计算出车轮瞬时速度，然后得出加速度、初始速度、参考车速和滑移率，最后根据加速度和滑移率形成相应的控制指令，向输出级（电磁阀控制电路）输出制动压力减小、保持或增大控制信号。

计算电路一般是由两个微处理器组成，其主要目的是为了保证系统的安全可靠性。有的是由一个控制微处理器和一个安全微处理器组成，有的是两个完全相同的微处理器组成。两个微处理器的处理结果进行比较，如果两个微处理器处理结果不一致，微处理器立即使防抱死制动系统退出工作，防止系统发生故障后导致错误控制。

计算机不仅能检测自己内部的工作过程，还能监测系统中有关部件的工作状况，如轮速传感器、泵电机工作电路、电磁阀继电器工作电路等。当监测到这些电路工作不正常时，也立即向安全保护电路输出停止防抱死制动系统工作的指令。

（3）输出级电路

输出级电路的主要功用是将计算机电路输出的数字控制信号（如控制压力减小、保持、增大信号），转换成模拟控制信号，通过控制功率放大器，驱动执行器工作。电磁阀控制电路根据计算电路输出的控制信号，向执行器——各电磁阀提供各种控制电流，以实现制动压力的增大、保持或减小的调节功能。

（4）安全保护电路

安全保护电路由电源监控、故障记忆、继电器驱动、防抱死制动系统报警灯驱动等电路组成。该电路接受蓄电池（或发电机）的电压信号，对电源电压是否在稳定范围内进行监控，同时将蓄电池和发电机的 12 V 或 14 V 电源电压，变成电子控制单元内部需要的稳定的 5 V 电压。

由于微处理器具有监测功能，该电路能根据微处理器输出的指令，对有关继电器电路和防抱死制动系统报警灯电路进行控制。当发现影响防抱死制动系统正常工作的故障时，如电源电压过低、轮速传感器信号不正常，以及计算电路、电磁阀控制电路等有故障时，能根据微处理器的指令，切断有关继电器的电源电路，使防抱死制动系统停止工作，恢复常规制动功能，起到失效保护作用。同时，将仪表板上的防抱死制动系统报警灯点亮，提醒驾驶人防抱死制动系统已出现故障，应进行修理。

微处理器监测到防抱死制动系统出现故障时，除上述动作外，现代防抱死制动系统一般都具有故障记忆功能，能将故障信息存储在存储器内，以便在进行自诊断时，将存储的故障信息调出，供维修时使用。

扫一扫可见本章小结和复习参考题

参考文献

扫一扫可见
本书参考答案

［1］谭锦金,何晶.汽车底盘构造与维修［M］.大连:大连理工大学出版社,2007.

［2］中国汽车维修行业协会.发动机与底盘检修技术(下册)(模块 D)［M］.北京:人民交通出版社,2008.

［3］邹小明,曾鑫.汽车底盘构造与维修［M］.北京:科学出版社,2008.

［4］陈家瑞.汽车构造(下册)［M］.北京:人民交通出版社,1997.

［5］魏建秋,蒋耘农.国产大众系列轿车维修手册［M］.北京:金盾出版社,2009.

［6］胡俊,康建军.汽车底盘构造与维修［M］.北京:科学出版社,2008.

［7］沈锦.汽车底盘构造与检修［M］.北京:机械工业出版社,2010.

［8］黄伟,肖文光.汽车底盘维修［M］.北京:化学工业出版社,2010.

［9］多晓莉,曹乃悦.汽车行驶与转向系统维修［M］.北京:国防工业出版社,2011.

［10］金家龙.汽车底盘构造与维修［M］.北京:电子工业出版社,2002.

［11］张宝生,邵林波.汽车底盘构造与维修［M］.北京:冶金工业出版社,2009.

［12］钱锦武.汽车底盘构造与维修［M］.大连:大连理工大学出版社,2011.

［13］何高山,曾范亮.汽车底盘构造与维修［M］.武汉:华中科技大学出版社,2010.

［14］刘建民.汽车底盘构造与维修［M］.西安:西北工业大学出版社,2008.

［15］董宝承.汽车底盘构造与维修［M］.北京:机械工业出版社,2005.

［16］周林福.汽车底盘构造与检修［M］.北京:人民交通出版社,2011.

［17］窦春雨.汽车底盘构造与维修［M］.长沙:国防科技大学出版社,2009.

［18］卢浩义,梁朝彦.汽车底盘电控系统原理与检修［M］.青岛:中国海洋大学出版社,2011.

［19］李春明.汽车底盘电控技术［M］.北京:机械工业出版社,2009.

［20］孙培峰.汽车底盘构造与检修［M］.杭州:浙江大学出版社,2007.

学习工单1　汽车底盘结构认识

班级		学号		姓名	

学习目标	知识目标	(1) 了解汽车底盘的基本结构及工作原理；掌握各系统的功用、组成及安装位置。 (2) 了解汽车底盘的驱动布置形式，熟悉其结构特点。
	能力目标	(1) 能正确识别汽车底盘各组成部分，了解其安装位置及相互关系。 (2) 能根据所选车型正确判断汽车底盘驱动布置形式，并描述其特点。
学习资源		多媒体教学设备和课件、网络教学资源、维修资料、实车、举升机
信息获取		车型_____　车辆识别代码_____

一、相关知识学习

通过学习、查阅相关资料或网络信息，完成下列问题。

1. 汽车底盘的作用是什么？

_____

_____

_____

_____

2. 汽车底盘由_____、_____、_____、_____四部分组成。

3. 汽车底盘的总体布置一般有_____、_____、_____和_____等形式。

4. 写出图示传动传动系统各零部件的名称。

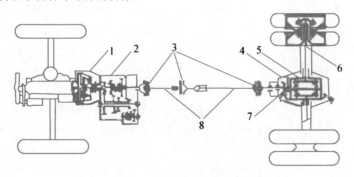

1. _____　　2. _____　　3. _____　　4. _____

5. _____　　6. _____　　7. _____　　8. _____

5. 汽车的驱动形式可用车轮数来表示，如"4×2"，其中"4"表示的是_____，"2"表示的是_____。

6. 生活中常用经济型轿车的驱动形式为(　　)。

A. 6×4　　　B. 4×4　　　C. 4×2　　　D. 6×2

二、汽车底盘布置形式的认识

在实训车间，使用举升设备顶起车辆，观察汽车底盘组成部分的安装位置和布置形式，了解它们的作用和特点。

1. 观察不同布置形式的车辆,列出两种发动机前置后轮驱动和发动机前置前轮驱动的车型,并说明两种布置形式的优缺点。

2. 观察四轮驱动的汽车,说出它与普通两轮驱动汽车相比有什么优点?

学习工单 2　离合器的构造与检修

班级		学号		姓名	

学习目标	知识目标	(1) 了解离合器的功用和要求,熟悉常见离合器的构造及工作过程。 (2) 能正确描述离合器的工作原理。
	能力目标	(1) 能正确认知离合器的组成零件,熟悉离合器的安装位置及内部结构。 (2) 学会正确使用工具、量具,能按照正确顺序和方法进行离合器拆装检修。 (3) 能正确检查和调整离合器踏板高度和自由行程。
学习资源		多媒体教学设备和课件、网络教学资源、维修资料、离合器总成、常用工具
信息获取		离合器的类型＿＿＿＿＿＿＿＿＿＿＿＿＿＿＿＿＿＿＿＿＿＿＿＿＿＿＿＿＿＿＿＿＿

一、相关知识学习

通过学习、查阅相关资料或网络信息,完成下列问题。

1. 离合器的功用＿＿＿＿＿＿＿＿＿＿＿＿＿＿＿＿＿＿＿＿＿＿＿＿＿＿＿＿＿＿＿＿＿＿＿

＿＿＿

＿＿＿

2. 离合器由＿＿＿＿＿＿＿＿＿、＿＿＿＿＿＿＿、＿＿＿＿＿＿＿、＿＿＿＿＿＿＿等部分组成。

3. 膜片弹簧离合器的特点是＿＿＿＿＿＿＿＿＿＿＿＿＿＿＿＿＿＿＿＿＿＿＿＿＿＿＿＿＿＿

＿＿＿

4. 理解离合器的工作原理

实车操作,观察离合器动作,完成下列选择。

(1) 离合器在常态下是:□分离　□接合

(2) 踩下离合器踏板后,离合器是:□分离　□接合

(3) 旋转飞轮,观察踩下踏板后,离合器是否移动:

□是　□否;从动盘是否移动:□是　□否;

输出轴是否移动:□是　□否

二、拆装离合器,认识其结构

参照维修手册拆装离合器总成,认识其结构零件及

其位置。

1. 结合离合器及传动机构实物,对照图示写出各零

部件的名称。

1.＿＿＿＿＿＿＿＿＿＿＿＿＿＿＿

2.＿＿＿＿＿＿＿＿＿＿＿＿＿＿＿

3.＿＿＿＿＿＿＿＿＿＿＿＿＿＿＿

4.＿＿＿＿＿＿＿＿＿＿＿＿＿＿＿

5.＿＿＿＿＿＿＿＿＿＿＿＿＿＿＿

6.＿＿＿＿＿＿＿＿＿＿＿＿＿＿＿

7. _____	8. _____	9. _____
10. _____	11. _____	12. _____
13. _____	14. _____	15. _____
16. _____	17. _____	18. _____

2. 观察实物，写出图示离合器从动盘各零件的名称。

带扭转减振器的从动盘

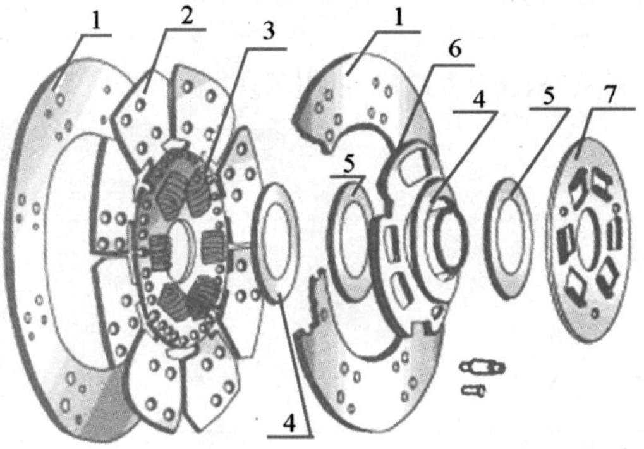

1. _____
2. _____
3. _____
4. _____
5. _____
6. _____
7. _____

三、离合器踏板自由行程的检查与调整

1. 踏板自由行程过大会导致离合器_____；踏板自由行程过小则会导致离合器_____；离合器使用过程中，离合器从动盘摩擦片会磨损，因而自由行程会：□变大　□变小。

2. 离合器踏板高度及自由行程的检查与调整。

实验车型：_____

检测项目	测量值	是否正常
离合器踏板高度		
离合器踏板自由行程		

3. 写出所实验车型离合器踏板高度和自由行程的调整方法。

(1) 踏板高度的调整方法_____

_____

_____

(2) 踏板自由行程的调整方法_____

_____

_____

学习工单 3　手动变速器的构造与检修

班级		学号		姓名	
学习 目标	知识 目标	（1）了解手动变速器的功用,熟悉其结构及各挡传递路线。 （2）能正确描述手动变速器的工作原理。			
	能力 目标	（1）能正确识别手动变速器的各个组成部分,认识每个部件的结构和作用。 （2）能正确拆卸和装配手动变速器,并对变速器零件进行检查,判断其技术状况。			
学习资源		多媒体教学设备和课件、网络教学资源、维修资料、手动变速器总成、常用工具和量具			
信息获取		变速器类型_____			

一、相关知识学习

通过学习、查阅相关资料或网络信息,完成下列问题。

1. 变速器的作用是:

□变速变矩　　□使汽车倒驶　　□使汽车差速　　□中断动力　　□改变动力传递方向

2. 变速器由_____和_____组成。

二、变速器的拆装及结构认识

1. 参照维修手册,进行变速器的分解,并记录分解步骤。

_____

_____

_____

_____

_____

_____

_____

_____

_____

_____

2. 观察所分解的变速器,完成下列问题。

（1）它是_____轴式,_____挡变速器,用于_____（A. 前置前驱；B. 前置后驱）的车上。

（2）观察同步器结构,理解其工作原理,写出下列图示各零件的名称。

1. _____

2. _____

3. _____

4. _____

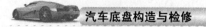

（续表）

（3）任选一款手动变速器，绘制该变速器工作原理示意图。

（4）根据所绘制的变速器工作原理示意图，写出各挡动力传递路线。

挡位	动力传递路线
一	
二	
三	
四	
五	
六	

学习工单 4　主减速器和差速器的构造与检修

班级		学号		姓名	

学习目标	知识目标	(1) 了解主减速器和差速器的功用,熟悉主减速器和差速器的结构。 (2) 能正确描述主减速器的工作原理。
	能力目标	(1) 能正确识别主减速器和差速器的组成零件,熟悉其安装位置及内部结构。 (2) 能正确拆卸和装配主减速器和差速器,正确进行主减速器和差速器主要机件的检修与调整。
学习资源		多媒体教学设备和课件、网络教学资源、维修资料、主减速器和差速器总成、常用工具和量具
信息获取		车型_____,主减速器类型_____。

一、相关知识学习

通过学习、查阅相关资料或网络信息,完成下列问题。

1. 驱动桥主要由哪几部分组成? 这几部分各起什么作用?

_____

_____

_____

_____

2. 写出图示东风 EQ1090E 型汽车驱动桥各零件的名称。

1. _____
2. _____
3. _____
4. _____
5. _____
6. _____
7. _____
8. _____
9. _____
10. _____
11. _____
12. _____
13. _____
14. _____
15. _____
16. _____

（续表）

17. _____	18. _____	19. _____
20. _____	21. _____	22. _____
23. _____	24. _____	25. _____

3. 观察在下列条件下差速器行星齿轮和半轴齿轮的旋转情况。

条件	行星齿轮	右侧半轴齿轮	左侧半轴齿轮
左右侧齿轮同步转动	□有自转 □无自转	□与差速器壳转速相同 □与差速器壳转速不同	□与差速器壳转速相同 □与差速器壳转速不同
右侧车轮（驱动轴）固定	□有自转 □无自转	不转动	□与差速器壳转速相同 □为差速器壳转速2倍
左侧车轮（驱动轴）固定	□有自转 □无自转	□与差速器壳转速相同 □为差速器壳转速2倍	不转动

二、主减速器和差速器装配与调整

1. 轴承预紧度的调整

(1) 主动圆锥齿轮轴承预紧度的调整

_____

_____

_____

(2) 从动圆锥齿轮轴承预紧度的调整

_____

_____

_____

2. 主从动锥齿轮啮合印痕和啮合间隙的检查与调整

(1) 啮合印痕的检查

_____

_____

_____

(2) 啮合间隙的检查

_____

_____

_____

(3) 啮合印痕及间隙的调整

_____

_____

_____

学习工单5　汽车行驶系的构造与检修

班级		学号		姓名	

学习目标	知识目标	（1）了解行驶系统的功用、类型及组成，熟悉车桥、车架、悬架和车轮的典型结构。 （2）能正确描述车架、车桥和悬架的工作原理。
	能力目标	（1）能正确识别行驶系统各组成部件，了解其安装及相互关系。 （2）能区分车架、车桥和悬架的类型，描述它们的特点。 （3）熟悉行驶系统主要部件的检修方法。
学习资源	多媒体教学设备和课件、网络教学资源、维修资料、实车、常用工具和量具	
信息获取	实验车型	

一、相关知识学习

通过学习、查阅相关资料或网络信息，完成下列问题。

1. 行驶系的组成及作用。

_____

_____

_____

2. 轿车轮胎规格如何表示？举例说明。

_____

_____

3. 写出下列图示车架名称。

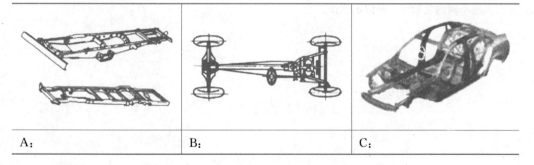

A：	B：	C：

4. 悬架装置由哪几部分组成？各部分的功用是什么？

_____

_____

_____

_____

_____

5. 转向车轮定位有哪几个主要参数？各起什么作用？

_____

_____

_____

_____

二、轮毂轴承的检查与调整

1. 简述所测车辆轮毂轴承预紧度的调整方法。

_____

_____

_____

2. 若轮毂轴承间隙不符合规定要求,会产生哪些问题？

_____

_____

_____

三、车轮检查与换位

1. 检查车辆的轮胎规格、胎面花纹及轮胎类型。

轮胎规格	轮胎花纹	轮胎类型

2. 画出四轮车辆的轮胎交叉换位示意图。

学习工单6　汽车转向系的构造与检修

班级			学号		姓名	
学习目标	知识目标	（1）了解转向系统的功用和组成，熟悉转向系统的结构原理。 （2）能正确描述转向系统的工作原理。				
	能力目标	（1）熟悉转向系统主要部件的位置、结构和原理。 （2）能正确进行转向系统部件的拆装与检修。 （3）熟悉检验车轮轮毂轴承预紧度的方法，能正确进行车轮轴承预紧度的调整。				
学习资源		多媒体教学设备和课件、网络教学资源、维修资料、实车、转向器总成、常用工具和量具				
信息获取		实验车型_____				

一、相关知识学习

通过学习、查阅相关资料或网络信息，完成下列问题。

1. 转向系的作用是什么？它有哪几种类型？

_____

_____

_____

_____

_____

_____

2. 根据图示写出机械式转向系统各零部件名称

1. _____	2. _____
3. _____	4. _____
5. _____	6. _____
7. _____	8. _____
9. _____	10. _____
11. _____	12. _____
13. _____	

3. 什么是转向盘的自由行程？为什么转向盘留有自由行程？自由行程过大或过小对汽车转向操纵性能会有何影响？一般范围应是多少？

_____

_____

_____

_____

（续表）

二、循环球式转向器的拆装与调整

1. 记录转向器拆装步骤：

_____

_____

_____

_____

2. 对照所分解的循环球式转向器实物，写出下列图示各零件的名称。

1. _____

2. _____

3. _____

4. _____

5. _____

6. _____

7. _____

8. _____

9. _____

3. 装配转向器时哪些项目需要调整，如果调整不当会对车辆使用造成哪些不良影响？

_____

_____

_____

_____

_____

_____

_____

_____

_____

_____

_____

_____

_____

_____

学习工单 7　汽车制动系的构造与检修

班级		学号		姓名	
学习 目标	知识 目标	（1）熟悉制动系统的功用及组成元件结构，能正确描述其工作原理。 （2）掌握不同类型制动器的结构和性能特点。			
	能力 目标	（1）熟悉制动系统的安装位置，能正确指出制动系统的组成元件，并说出它们的名称。 （2）能正确区分制动器的类型，正确拆装和检修制动器。			
学习资源		多媒体教学设备和课件、网络教学资源、维修资料、实车、常用工具和量具			
信息获取		实验车型_____；制动器类型：前轮_____，后轮_____。			

一、相关知识学习

通过学习、查阅相关资料或网络信息，完成下列问题。

1. 制动系统有何功用？它由哪几部分组成？

_____

_____

_____

_____

_____

_____

_____

_____

_____

_____

2. 桑塔纳 2000 型轿车制动系统布置形式如图所示。根据图示说明其布置形式，有何特点？

11　5　4　3　2　1　12　6　7　8　9　10

发动机泄气管

_____

_____

_____

_____

_____

_____

_____

_____

_____

汽车底盘构造与检修

（续表）

二、制动器的结构认识

1. 写出下列图示盘式制动器各零件的名称。

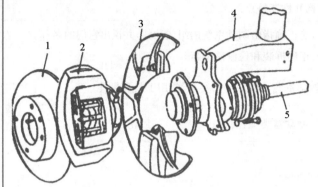

1. _____
2. _____
3. _____
4. _____
5. _____

2. 写出下列图示鼓式制动器各零件的名称。

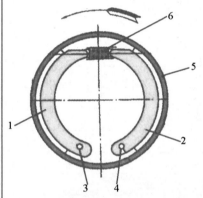

1. _____
2. _____
3. _____
4. _____
5. _____
6. _____

三、根据实操，记录盘式制动器拆卸步骤及检查结果

1. 拆卸制动钳：_____

_____

2. 拆卸制动蹄块：_____

_____

3. 检查制动盘和制动蹄摩擦片的磨损情况和制动盘的跳动：

_____

_____

_____

_____

_____